北大社 "十四五"普通高等教育本科规划教材
高等院校经济管理类专业"互联网+"创新规划教材

证券投资学
——价值计算与技术分析

苗文龙　王　刚　编著

北京大学出版社
PEKING UNIVERSITY PRESS

内 容 简 介

在"互联网+"及数字金融发展趋势下,本书通过讲解系统的投资学理论及分析方法,不仅可以帮助读者熟悉国内外经济形势及投资管理运作方式,还可以培养读者解决投资问题的能力和技能,是高校理论和社会实践连接的一个枢纽。本书吸收和借鉴了许多其他优秀经典教材的长处,同时融入了金融周期等最新研究成果,吸收了特许金融分析师认证考试资料、证券从业资格考试资料、基金从业资格考试资料等国内外教材的价值估算方法和技术分析方法,包括基础理论、价值计算、技术分析、证券监管四部分内容,具有理论性和实践性相结合、价值计算与技术分析相结合等特点。

本书以二维码形式链接了教材的教学资源,读者可根据需要进行下载。

本书适合作为高等院校经济管理类专业的本科生教材,也可以作为非经济管理类专业的本科生选修教材,还可以作为硕士研究生及相关从业人员的参考资料。

图书在版编目(CIP)数据

证券投资学:价值计算与技术分析/苗文龙,王刚编著. —北京:北京大学出版社,2024.1
高等院校经济管理类专业"互联网+"创新规划教材
ISBN 978-7-301-34683-9

Ⅰ.①证… Ⅱ.①苗… ②王… Ⅲ.①证券投资—高等学校—教材 Ⅳ.①F830.91

中国国家版本馆 CIP 数据核字(2023)第 231563 号

书　　　名	证券投资学——价值计算与技术分析 ZHENGQUAN TOUZIXUE——JIAZHIJISUAN YU JISHUFENXI
著作责任者	苗文龙　王　刚　编著
策 划 编 辑	李娉婷
责 任 编 辑	赵天思　李娉婷
数 字 编 辑	金常伟
标 准 书 号	ISBN 978-7-301-34683-9
出 版 发 行	北京大学出版社
地　　　址	北京市海淀区成府路 205 号　100871
网　　　址	http://www.pup.cn　新浪微博:@北京大学出版社
电 子 邮 箱	编辑部 pup6@pup.cn　总编室 zpup@pup.cn
电　　　话	邮购部 010-62752015　发行部 010-62750672　编辑部 010-62750667
印 刷 者	北京圣夫亚美印刷有限公司
经 销 者	新华书店
	787 毫米×1092 毫米　16 开本　21 印张　500 千字 2024 年 1 月第 1 版　2024 年 1 月第 1 次印刷
定　　　价	59.00 元

未经许可,不得以任何方式复制或抄袭本书之部分或全部内容。
版权所有,侵权必究
举报电话:010-62752024　电子邮箱:fd@pup.cn
图书如有印装质量问题,请与出版部联系,电话:010-62756370

前 言
PREFACE

证券投资学是国内外金融学专业和其他财经类专业的核心专业课程,是特许金融分析师认证考试的必考内容,是中国证券从业资格考试的核心科目。本书是"证券投资学"课程的教学参考资料。

为满足国内经济学和管理学两大学科的发展对教学提出的要求,本书完整、准确、全面贯彻党的二十大精神,根据国家经济学及金融学专业教育大纲,审慎吸收当前流行教材的优点,在以下三方面建立了自己的特色。

(1)相对于国内流行的翻译教材,本书填补了这些书目在中国市场监管规则方面的漏洞,有利于读者更清晰地理解和把握中国金融市场及其波动规律。

(2)本书总结了证券从业资格考试、特许金融分析师认证考试等教材中的价值估算方法,补充了技术分析方法,对价值估算方法和技术分析方法进行了整合。

(3)本书在基础理论部分梳理了行为金融理论的最新进展,具有理论性和实践性相结合、价值计算与技术分析相结合等特色。

学习本书有助于读者对金融投资知识架构有一个系统和清晰的认识,有助于读者对金融投资的实际问题进行深入思考,并真正解决一些问题。

本书经过教学实践、教学研讨、讲义整理、业界讨论、专家评审、编校审核等多个环节。为了保证内容的整体性和顺畅性,本书主要由陕西师范大学国际商学院苗文龙教授执笔完成。在此过程中,江岳基金总裁王刚先生结合多年的从业投资经验,对本书相关投资技术方法进行了修改和完善。在后期校对阶段,陕西师范大学国际商学院研究生钟伊云和马宇鲜做了大量工作。本书是陕西省创新创业课程建设成果,也是援助昌吉学院时期的建设成果。

本书参考了许多国内外学者的著作,以确保内容的正确性、前沿性和系统性。在此向相关作者与出版者深表感谢。毋庸讳言,本书尽管前后经过多年的琢磨和编写,但也难免存在一些疏漏和瑕疵,还需要各界专家和各院校师生不吝批评和建议,还需要经历时间和市场的检验。在此,我们期盼和感谢大家对本书提出宝贵的意见或建议,帮助本书在以后的修订中进一步完善。

编 者
2023 年 5 月

资源索引

目 录
CONTENTS

第一篇 基础理论

第一章 概述 ··· 3
- 第一节 概念与特征 ··· 5
- 第二节 金融资产的种类和金融工具 ·· 9
- 第三节 证券市场结构和交易机制 ··· 13
- 第四节 基金公司及基金分类 ··· 19
- 第五节 收益与风险 ··· 21
- 第六节 资产配置策略 ·· 24

第二章 价值投资理论 ··· 26
- 第一节 资本市场效率 ·· 28
- 第二节 投资组合管理理论 ·· 30
- 第三节 资本资产定价模型 ·· 35

第三章 行为金融理论 ··· 42
- 第一节 对有效市场假说的检验 ·· 44
- 第二节 前景理论 ·· 49
- 第三节 行为资产定价模型 ·· 55
- 第四节 行为组合理论 ·· 58

第二篇 价值计算

第四章 经济基本分析 ··· 63
- 第一节 宏观分析 ·· 65
- 第二节 行业分析 ·· 75
- 第三节 公司分析 ·· 82

第五章 债券投资概述 ··· 88
- 第一节 债券基本概述 ·· 90
- 第二节 债券的发行与交易 ·· 95

第三节　中国的国债 · 97

　　第四节　中国公司债券的发行 · 104

第六章　债券估值分析 · 106

　　第一节　利率期限结构 · 108

　　第二节　无套利原则下的债券估值 · 114

　　第三节　债券的收益率 · 117

第七章　债券信用风险测算 · 121

　　第一节　传统评估方法 · 123

　　第二节　结构评估模型 · 125

　　第三节　简化形式模型 · 129

　　第四节　债券保护条款 · 134

第八章　债券组合管理 · 137

　　第一节　久期 · 139

　　第二节　凸性 · 141

　　第三节　有效久期与有效凸性 · 143

　　第四节　债券组合管理策略 · 145

第九章　股票投资概述 · 149

　　第一节　股票概述 · 151

　　第二节　股票发行与交易 · 155

　　第三节　中国的股票发行 · 161

第十章　股票估值分析 · 174

　　第一节　股票价格类型 · 176

　　第二节　股利贴现模型 · 179

　　第三节　估值比率法 · 182

　　第四节　其他估值方法 · 185

第十一章　股利与股票价格指数 · 190

　　第一节　股利、除权和除息 · 192

　　第二节　股票价格指数 · 194

第十二章　衍生证券投资分析 · 200

　　第一节　远期与期货 · 202

　　第二节　期权 · 212

　　第三节　金融互换 · 222

第十三章　投资基金概述 ... 225
- 第一节　投资基金基本概述 ... 227
- 第二节　分类与投资特点 ... 228
- 第三节　投资基金估值 ... 234
- 第四节　中国（不含港、澳、台）投资基金发展情况 ... 235

第十四章　投资基金运营管理 ... 239
- 第一节　运营管理与活动规范 ... 241
- 第二节　投资组合管理策略 ... 245
- 第三节　绩效评估方法 ... 250

第三篇　技术分析

第十五章　技术分析概述 ... 257
- 第一节　技术分析法 ... 259
- 第二节　投资策略 ... 262

第十六章　技术形态分析 ... 265
- 第一节　K线理论 ... 267
- 第二节　道氏理论 ... 270
- 第三节　趋势线理论 ... 276
- 第四节　移动平均线理论 ... 284

第十七章　技术指标分析 ... 289
- 第一节　技术指标分析概述 ... 291
- 第二节　价量关系指标 ... 292
- 第三节　涨跌指标分析 ... 296
- 第四节　价差指标分析 ... 301

第四篇　证券监管

第十八章　证券投资监管 ... 311
- 第一节　证券监管制度 ... 313
- 第二节　中国证券监管体系 ... 314

参考文献 ... 328

第一篇

基 础 理 论

证券投资学主要有价值投资理论和行为金融理论两大支撑理论。本篇在介绍证券投资学基本概念和必备知识的基础上，分别介绍价值投资理论及行为金融理论，为第二篇和第三篇的学习提供帮助。

第一章

概　　述

学习目标

- 掌握投资的关键特征，区别实物投资和金融投资；
- 理解金融市场及金融工具的分类；
- 了解证券市场的主要机构和功能；
- 理解证券的收益和风险的表示方法；
- 理解资产配置策略与投资者生命周期。

投资者在进行投资之前，首先要知晓可供进行投资的金融工具种类及其风险和收益特征，清楚地了解自己的风险喜好、心理承受能力、经济承受能力。本章主要基于金融市场学知识，帮助读者了解金融市场、金融工具等内容。本章思维导图如图 1-1 所示。

思维导图

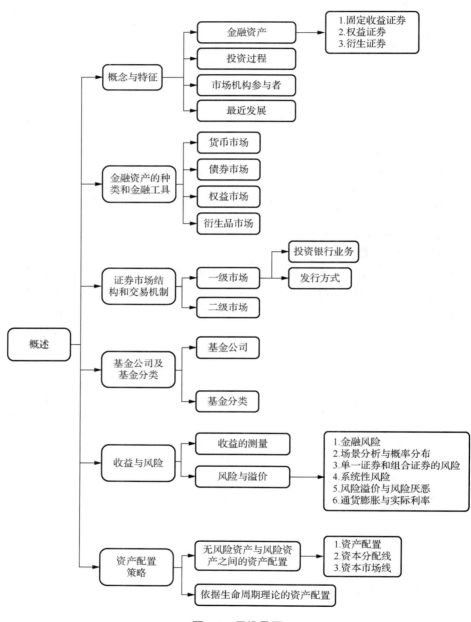

图 1-1 思维导图

第一节 概念与特征

投资是指为获得未来不确定的预期收益而进行的现期确定性的资源投入。需要注意的是，现期资源投入是确定的，未来的预期收益是不确定的。

一、实物资产与金融资产

（一）实物资产

实物资产是用于生产商品和提供服务的资产，包括土地、建筑物、设备，以及可用来生产商品和提供服务的知识。社会的物质财富最终取决于其生产商品和提供服务的生产力，这种生产力是实物资产的功能之一。

（二）金融资产

金融资产是对实物资产及其产生的收益的索取权，包括债券、股票等证券。金融资产是经济发展到一定阶段后，人们拥有实物资产的凭证，并不能对社会生产力产生直接的贡献。

实物资产能产生净收益，金融资产能决定收益或财富在投资者之间的分配。市场个体的资产负债表可以包括数量显著的金融资产、金融负债，但加总计算一国所有个体的资产负债表，得到国内净财富时，金融资产、金融负债就被抵消了，只留下土地、建筑物、设备等实物资产作为经济的净财富。

二、金融资产分类

根据收益索取权的不同，金融资产可分为三类：固定收益证券、权益证券和衍生证券。

（一）固定收益证券

固定收益证券是能提供固定数额的或根据固定公式计算得出的现金流的金融资产。除借款人宣布破产外，固定收益证券的收益支付将按照固定的数额进行，或依据固定公式计算得出的数额进行。固定收益证券的投资收益与债券发行人的财务状况之间的相关程度最低。

固定收益证券的期限和支付条款具有多种形式。货币市场上交易的是短期的、高流动性的、风险较低的固定收益证券。例如，短期国债、商业票据、银行承兑汇票、回购协议等。资本市场上交易的是长期债券。例如，长期国债、地方政府长期债券等。

（二）权益证券

权益证券是对公司股票的所有权。权益所有者不能得到任何形式的支付承诺，只能通过权益价格上涨和企业可能支付的股利获得收益。权益证券通常在资本市场上交易。

（三）衍生证券

衍生证券是依据其他资产价格获得收益的金融资产。例如，远期、期货、期权、互换等都是衍生证券。通过衍生证券，人们可以进行套期保值和风险转移。

三、金融市场

金融市场使人们可以最大限度地利用实物资产，原因如下。

（一）金融市场的信号功能与跨主体资源配置

在市场经济体系中，金融市场对资源配置发挥着重要作用。正如党的二十大报告所明确的，要充分发挥市场在资源配置中的决定性作用，更好发挥政府作用。股票市场投资者很大程度上影响着公司的融资速度和发展速度。优秀的公司将被有效的金融市场赋予较高的股票价格，更容易获得迅速发展所需要的资金，加速公司的研发和投资。精确地预测优秀、未来有发展潜力的公司几乎是不可能的，但金融市场的信号功能鼓励资源跨主体向预期好的公司配置。

（二）消费时机的选择与跨时期资源配置

金融市场允许消费者根据生命周期调节储蓄投资、提高总效用。在生命的高收入时期，将储蓄投资为金融资产；在低收入时期，出售金融资产，为消费提供资金。

（三）风险的分配与管理

所有的实物资产都包含着风险，金融市场及各类金融机构可以使具有冒险精神和一定判断力的投资者一起分担风险。投资风险态度比较保守的投资者可以选择投资公司债券，享受固定回报；投资风险态度比较乐观的投资者可以选择投资公司股票，享受浮动回报。

（四）所有权与经营权的分离

在经营规模日益庞大的趋势下，公司股东选出执行董事会，执行董事会再雇用、监督企业的管理者，使得企业的所有者与管理者成为不同的群体。所有权与经营权的分离导致了委托代理问题和内部人控制问题。

1. 委托代理问题

委托代理问题是指在代理人受委托人的委托采取行动时，代理人和委托人的利益并不完全一致，在信息不对称、委托人不能对代理人进行完全监督的情况下，代理人有动机为了自身利益做出有损委托人利益的行为。

2. 内部人控制问题

内部人控制问题是指由管理者（内部人）实际控制公司所产生的问题。主要表现为：过分的在职消费；信息披露不规范、不及时；短期行为；过度投资和过度耗用资产；工资、奖金等收入增长过快，侵占利润；转移国有资产；置小股东利益和声誉于不顾；大量拖欠债务；等等。金融市场推进资源最优配置的前提条件是市场必须有足够的信息透明度供投资者进行决策，如果公司在经营前景上误导社会公众，将导致风险事件。

在决策、执行、监督三权分立的英国和美国公司治理模式下，公司治理利益相关者主要包括股东、董事会、经理层，这些利益关系决定公司的发展方向和业绩。公司治理讨论的基本问题是：如何使企业的管理者在利用资本供给者提供的资产的同时，对资本供给者负责；如何利用公司治理的结构和机制，明确公司不同利益相关者的权力、责任，建立委托人和代理人之间激励兼容的制度安排，从而提高公司的战略决策能力，为投资者创造价值。感兴趣的读者，还可以了解一下德国公司治理模式和东亚家族公司治理模式。

因此，公司治理是建构在"所有权层次"上的一门科学，研究如何科学地向管理者授权、如何科学地对管理者进行监管等内容。公司治理区别于公司管理，后者是建构在"经营权层次"上的一门科学，研究的是经营者在获得授权的情形下，为实现经营目标应采取什么经营手段。党的二十大报告明确，要紧抓公司治理"牛鼻子"，加强股东资质穿透审核和股东行为监管，严格关联交易管理；加强董事会、高级管理层履职行为监督，不断增强公司治理机构之间和高管人员之间的相互支持相互监督。

四、投资过程

投资过程主要包括四个有机联系的阶段：投资目标、投资组合、证券分析、投资策略。

（一）投资目标

投资目标是根据价值判断和技术分析初步确定的收益目标。

（二）投资组合

投资组合是投资资产的集合，投资资产可分为几大类，包括股票、债券、房地产、商品等。投资组合包括资产配置和证券选择。资产配置指在广泛的资产类别中进行投资组合的配比。证券选择指在每类资产中选择特定的证券。

（三）证券分析

首先是对选择的特定证券进行价值分析，证券价值即证券未来投资时期内所能带来收益的现值。其次是对证券进行技术分析，在实际投资时，需结合现实价格走势，判断介入时机和撤出时机。

（四）投资策略

投资策略是指投资者在证券投资活动中为避免风险、获取最理想收益而综合采取的策略。例如，多元化分散投资策略。

五、市场机构参与者

（一）金融中介

金融中介是连接借入者和借出者的机构，接受借出者的资金并且贷给借入者。金融中介包括商业银行、投资公司、保险公司、信用合作组织。

（二）投资银行

投资银行是专门向公众发行新证券的公司（主要是承销发行），从发行证券中收取一定的费用，对证券发行公司提出建议。投资银行主要负责一级市场上的证券营销，使证券在一级市场上被提供给投资者。一级市场是向公众提供新发行证券的市场。投资者可以将先前发行的股票在二级市场上进行交易。

（三）基金公司

基金公司是通过发行基金证券集中投资者的资金，并将其交由专家管理，进行股票、债券等金融投资，使货币资产得到增值的专门机构。基金分类、投资基金概述、投资基金运营管理将在本章第四节、第十三章、第十四章进行介绍。

六、最近发展

（一）金融全球化

金融全球化就是金融体系形成全球范围的投资环境。例如，美国投资者可以通过以下四种方法参与国外投资机会。

① 投资美国存托凭证。美国存托凭证是一种在美国国内交易的证券，但它代表着对国外股票的股份所有权。

② 投资以美元标明面值的国外证券。

③ 投资国际化的共同基金。

④ 投资回报依赖于国外证券市场价格的衍生证券。

（二）资产证券化

资产证券化就是将缺乏流动性但能够产生预期未来现金流的资产（如住房抵押贷款、应收账款、债券）出售给特定发行人，形成以该资产组合作为抵押的资产池，以资产池为基础创设一种金融工具或权利凭证，进而在金融市场上进行销售及交易的过程。

（三）金融工程化

金融工程化就是按照客户特征，通过"松绑"或"捆绑"创造新证券的过程。在这一过程中，金融工程师会考虑各种风险来源的暴露问题，他们把证券看作可以根据证券市场交易者的需求来塑造或重新安排的现金流组合。"松绑"是指分解某种证券,并将其现金流重新分配,从而创造一些新证券。"捆绑"是指将两种或两种以上证券组合成一种复合证券。

(四)金融信息化及网络化

金融信息化及网络化是通过互联网和其他计算机方面的先进技术改进金融市场运行效率。金融信息化及网络化的三个典型方式是在线交易、在线信息收集和自动交易转账。

值得关注的是区块链技术在金融领域的应用。例如,区块链技术在股权交易市场机制优化方面的应用。

区块链是一种交易验证和数据共享的技术,可以使彼此之间没有建立传统信任关系的经济主体达成合作。区块链采用分布式结构,无须通过中央权威机构,而是运用算法建立信任。区块链上的区块信息承载功能,不仅可以记录、存储和传播所有权变更信息,在事后管理、监管细则方面做到可追溯,有效解决由信息不对称引起的道德风险和逆向选择问题;而且每个节点都有一个完全相同的区块链副本,任一节点的损坏都不影响其他节点和整个网络,使全部交易的历史信息可查,便于核验金融机构运行是否合规。这些特征决定了区块链在股权交易后的清算、结算、保管方面有着重要的作用,交易标的可以变成编码通过区块链进行传输。党的二十大明确,加快金融监管数字化智能化转型,积极推进监管大数据平台建设,完善监管数据治理,打通信息孤岛,有效保护数据安全。

第二节　金融资产的种类和金融工具

不同的金融资产分别在货币市场、债券市场、权益市场和衍生品市场进行交易。

一、货币市场

货币市场是固定收益证券市场的一个子市场。货币市场上证券交易金额巨大,交易者是机构,个人投资者通过货币市场共同基金投资于货币市场上的证券。货币市场的主要功能是保持证券的流动性,使其能够随时转换成法定货币。货币市场一方面满足了借款者的短期资金需求,另一方面也为暂时闲置的资金找到了获取投资收益的渠道,其期限为1年以内。货币市场主要有以下金融工具。

(一)短期国债

短期国债通常以低于面值的价格折价发行,到期时归还面值,购买价格和最终到期归还面值之间的差额就是投资者的收益。个人投资者一般从承销短期国债的经纪人手中购买。短期国债具有违约风险较小、流通性高、手续费低、收入免税、价格风险小等特征,最低购买额度为1000元。

（二）大额可转让定期存单

大额可转让定期存单是一种银行定期存款，存单金额超过一定数值时可以转让，存单的所有者可以在定期存款到期日之前将存单出售给其他投资者。大额可转让定期存单的期限多为 1 年以内；利率多为固定利率。大额可转让定期存单的投资风险主要有信用风险和市场风险，影响其收益和风险的因素主要是发行银行的信用评级、存单的期限及存单的供求量。

（三）商业票据

商业票据是由大公司向公众发行的短期无抵押债务票据，有时会以某一银行的信用为担保。商业票据的最长期限为 270 天，金额为 10 万元的倍数。投资商业票据时需要关注发行者、面额及期限、信用评级、非利息成本等要素。

（四）银行承兑汇票

银行承兑汇票是银行的客户向银行递交的一份支付命令，命令银行在未来的某一日期支付一定数额的现金。在商品交易活动中，售货人有时会与购货人签发汇票，汇票经银行做出"承兑"字样并签章，即为银行承兑汇票。银行承兑汇票由银行承诺承担最后付款责任，承兑银行会收取一定的手续费。银行承兑汇票的期限有 30 天、60 天、90 天、180 天、270 天等，交易规模一般为 20 万元、30 万元和 50 万元等。

（五）回购协议与逆回购协议

回购协议是借入资金方在将证券出售给投资者时签订的协议，回购协议中借入资金方承诺在一定期限后按照协议价格将证券买回，以此获取融通资金。回购协议中，回购价一般高于出售价，两者的价格差就是投资者的收益。实质上，回购协议等同于证券抵押贷款。

逆回购协议是投资者买下证券，同时签订协议，承诺在未来一定时期后以较高的价格再将这些证券卖给借入资金方。逆回购协议的风险在于到约定期限后，借入资金方有可能无力购回抵押证券。为降低信用风险，可设置保证金（证券抵押品的市值高于贷款价值的部分），同时根据证券抵押品的市值随时调整保证金。

（六）欧洲美元

欧洲美元是在美国以外的银行或美国银行的国外分支行存放的美元标值的存款。欧洲美元的期限一般在 6 个月之内。

（七）经纪人通知贷款

经纪人通知贷款即购买股票的投资者可以从他们的经纪人那里借得部分资金用于股票投资。经纪人也可以从银行贷款。

（八）中央银行基金

中央银行基金（例如美国联邦基金）是商业银行在中央银行储备账户上存放的资金。在中央银行基金市场上，拥有富余储备金的银行可以把富余资金借给储备金短缺的银行，其利率便成为中央银行基金利率。

二、债券市场

债券市场主要包括中期国债与长期国债、地方政府债券、公司债券等。

（一）中期国债与长期国债

中期国债和长期国债是指本金偿还期限在 1 年以上的国债。中期国债期限为 1 年到 10 年，长期国债期限为 10 年以上。利息支付方式为息票支付。

（二）地方政府债券

地方政府债券是由地方政府发行的免税债券。虽然地方政府债券享有免税待遇，但是到期后价格高于购买价格的资本利得，必须缴纳资本所得税。

地方政府债券有两种形式：第一种是责任债券，以发行者的"全部信心和信用"（例如税收权力）为支撑；第二种是岁入债券，为特定项目融资，并且以该项目每年的收入或者以运作该项目的地方机构的年收入为支撑。

（三）公司债券

公司债券是由公司发行的长期债务，每半年付息一次，并且在到期日归还面值，是公司直接向公众借款的一种手段。

公司债券按有无担保品可分为安全债券和无保护债券。安全债券在公司破产时，有特定的担保品作为支持；无保护债券在公司破产时，没有担保品的支持。

公司债券按发行人是否给予投资者选择权分为附有选择权的公司债券和不附有选择权的公司债券。附有选择权的公司债券指给予投资者一定的选择权。例如，可转换债券给予投资者将一份债券转换成约定数目股票的权利。反之，若投资者没有选择权，即不附有选择权的公司债券。

（四）通货膨胀保值债券

通货膨胀保值债券是债券利率按照一定比例，随着消费者价格指数的变化而变化的债券。通货膨胀保值债券提供了一个稳定的实际收入现金流，若持有至期满，投资者从这些债券上得到的实际利息率是无风险的。

（五）欧洲债券和国际债券

欧洲债券是以非发行国货币计价的债券。例如，以美元计价在英国出售的债券；以英镑计价在日本出售的债券。

国际债券是在海外以投资者所在国的本币发行债券，例如，扬基债券是由非美国发行者在美国出售的，以美元计价的债券；武士债券是非日本发行者在日本出售的，以日元计价的债券。

三、权益市场

（一）普通股

普通股是公司的股票，股东有投票权，同时可获得股利。每一份普通股都给予其所有者对公司经营管理的一份投票权，在公司年度股东大会上的一份投票权，以及对公司所有者收益的一份分享权（如享有公司分派的红利的权利）。

公司通常由股东选出的董事会控制，董事会再选聘管理者。管理者拥有对公司大多数业务的决定权；董事会的职责在于监督管理者，使其行为符合股东财富最大化的目标。董事会在年度股东大会上选举出来，不参加年度股东大会的股东，可以授权代理人以自己的名义进行投票。

普通股的特征有以下几个。

（1）剩余索取权，意味着股东在所有对公司资产和收入拥有索取权的索取者中排在最后。索取者包括税务部门、公司雇员、供应商、公司债券持有者及信贷者、清算者等。同时，股东只对公司运营收入扣除利息和所得税后的部分拥有索取权。管理者可以将这部分剩余收益以现金红利的形式分派给股东，也可以将其用于再投资。

（2）有限责任，意味着公司倒闭时，股东的最大损失只是其初始投资。

（二）优先股

优先股是公司承诺每年提供一个固定的现金流的股份，它具有既类似权益又类似债务的特点。优先股的持有者不具有公司管理方面的投票权。

优先股的特征有以下几个。

（1）优先股是一种权益投资，优先股股利是累积性的，任何未支付的优先股红利都必须在向普通股股东发放任何形式的红利之前全部予以支付。

（2）优先股股利不能像债券利息那样进行税前扣除。

（3）公司破产时，优先股持有者对公司剩余财产的索取权排在债券持有者之后。

优先股还包括可赎回优先股、可转换优先股、可调利率优先股。

（1）可赎回优先股是指在一定条件下可以被发行公司赎回的优先股。

（2）可转换优先股是指在一定条件下可以以特定的比例转换成普通股的优先股。

（3）可调利率优先股是指将其红利利率同市场利率联系起来的优先股。

四、衍生品市场

衍生品市场中的衍生证券是一种契约,其交易属于"零和游戏",遵循"有输必有赢,输赢必相等"的规律。因此,衍生证券的交易实际上是对风险的再分配,它不会创造财富,甚至不会创造虚拟资本,这是衍生证券不同于股票等基础证券的特点之一。

衍生证券主要有远期、期货、期权、金融互换,以及这四类契约的再衍生及再组合证券,具体在第十二章介绍。

第三节 证券市场结构和交易机制

按照证券交易和发行的功能,证券市场分为一级市场和二级市场。

一、一级市场

一级市场是用于发行新证券的市场。公司需要筹集资金时,可以选择新发证券或增发证券,股票、债券和其他证券的发行通常由投资银行在一级市场上完成。

(一)股票的发行方式

首次公开发行(initial public offering,IPO)是指公司第一次向社会公众发行股票。增发是由已经完成过首次公开发行的公司再次发行股票、增加公司股份规模。

是否投资首次公开发行股票,可参考图1-2和图1-3进行分析决策。

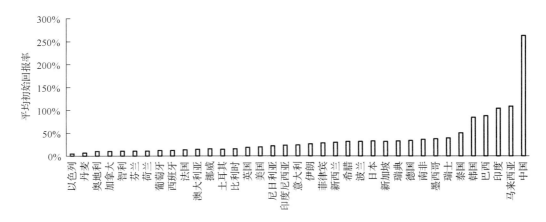

图1-2 不同国家首次公开发行股票的平均初始回报率

数据来源:LOUGHRAN T, RITTER J R, RYDQVIST K, 1994. Initial public offerings: international insights[J]. Pacific-basin finance journal, 2 (2-3): 165-199.

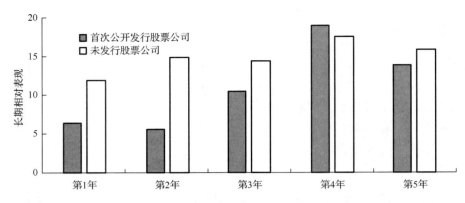

图 1-3　首次公开发行股票公司与未发行股票公司的长期相对表现

数据来源：RITTER J R, University of Florida, 2005.

（二）投资银行业务

1．承销商

承销商是从发行公司处购买证券并将证券再次卖出去的公司。通常，一家牵头投资银行会和其他投资银行组织成为一个承销辛迪加，共同承担证券发行中的各项责任。投资银行会参考证券发行中的各个条款，对发行公司提出建议。

2．预先注册登记表

预先注册登记表必须在证券发行前上报证券监管部门，阐述发行情况及发行公司前景，向证券监管部门申明。在得到批准之前，发行公司不得发行证券。

3．招股说明书

招股说明书是供社会公众了解发行公司情况，说明发行相关事宜的规范性文件。

4．包销

包销是指投资银行先以一个低于发行价格的价格向发行公司购买证券，再将它们以发行价格转卖给公众，在此过程中，投资银行承担了证券不能以规定的发行价格卖出去的全部风险。

（三）私募

私募，即非公开发行，是向特定投资者筹集资金的一种方式。私募远比公开发行便宜，公司不必准备那些公开发行所要求的种类繁多而成本高昂的登记文件，可以直接募集资金。但私募不适用于大规模的资金募集活动，私募资金的流动性比较差，投资者可能支付的价格也比较低。

二、二级市场

二级市场是已发行证券进行交易的市场。投资者在二级市场上买进或卖出已发行证券。

1. 直接交易市场

直接交易市场是组织水平最低的市场，买家和卖家必须直接寻找对方。其特点是零星参与、价格低廉、商品不标准化。

2. 经纪人市场

经纪人市场是组织水平稍高一个层次的市场，在一个商品交易活跃的市场上，经纪人发现为买家和卖家提供搜索服务可以盈利，便专门从事信息搜索和经纪人业务。

3. 交易商市场

交易商市场中的交易者专注于某种特殊资产，并用自己的账户买卖该种资产。每个交易商专注于不同的资产，利用自己的账户购买该种资产，稍后出售该种资产并从中获得利润，为市场提供证券交易价格信息，从而节省了交易者的搜寻成本。场外交易市场是交易商市场的一个例子。

4. 竞价市场

竞价市场是指所有交易者聚在一起进行资产买卖的市场。竞价市场相对于交易商市场的一个优势是交易者不必再在交易商之间比较以寻找最优价格，而是所有交易者聚在一起达成一个广泛接受的价格并消除买卖差价。

5. 指令

市场指令是指立即以当前市场价格执行买入或者卖出交易的指令。

限价指令是指投资者赋予指令特定的价格，在该价格下他们愿意买入或者卖出。

三、交易机制

1. 证券交易市场的分类

证券交易市场作为二级市场，在组织形式上可分为证券交易所和场外交易市场两种类型。

（1）证券交易所，是指证券流通市场中有组织、有固定地点，并能够使证券集中、公开、规范交易的场所。例如，上海证券交易所、深圳证券交易所、纽约证券交易所等。

在证券交易所进场交易的是证券经纪人，证券经纪人又可进一步分为代客户买卖证券的经纪商和自行买卖证券的自营商。

经纪商又分为佣金经纪商、大厅经纪商和专家经纪商。其中，佣金经纪商是证券交易所会员公司派往交易大厅，专门为客户代理买卖的经纪商，交易完成后收取佣金。大厅经纪商是以私人身份在证券交易所取得会员席位、不属于任何会员公司的经纪商。专家经纪商又称为做市商，是以自有资金在证券市场上挂牌买进同时又卖出某种证券，不断报出证券价格的经纪商。

（2）场外交易市场，是证券交易所以外的分散的、非组织化的证券交易市场的总称，一般有三种：柜台市场、第三市场、第四市场。

柜台市场又称为证券商柜台买卖市场，是证券经纪人不通过证券交易所，而是直接将未上市的证券（有时也包括部分已上市证券）直接同投资者进行买卖的市场。柜台市场没有大型证券交易所设立的中央市场，但个别柜台市场也有较大的规模，而且有的柜台市场上的数千家证券自营商间有业务联系、装备现代电子通信设备。

第三市场是指证券在证券交易所上市却在场外交易市场进行交易的市场。上市证券在证券交易所交易必须支付交易所成员的证券经纪人一定数量的佣金，所以非证券交易所成员的证券经纪人选择在场外交易市场交易，可以降低交易费用。

第四市场又称为电子通信网络，是支持不经证券经纪人而直接交易的计算机网络系统，允许参与者通过网络设置市场指令或者限价指令，所有参与者均能够使用限价委托登记簿，是直接联系买卖双方的私人计算机网络系统。电子通信网络须由证券监管部门批准并且在全国证券交易商协会注册。

2. 不同证券交易市场的交易机制

不同的证券交易市场具有不同的交易机制，主要有全额交易和保证金信用交易。

（1）全额交易是指交易双方对所有达成的交易实行逐笔清算，并逐笔交付证券和资金。全额交易一般为现货交易。

（2）保证金信用交易又称为融资融券交易、垫头交易，是指证券买卖者通过交付一定数量的保证金得到证券经纪人的信用而进行证券买卖的行为。保证金比率通常在30%左右，具体形式上分为融资和融券。

融资交易是指投资者看涨某种证券时向证券经纪人借钱买入该证券，证券价格上涨后卖出该证券并向证券经纪人支付本息。

融券交易是指投资者向证券经纪人借入看跌证券卖出，证券价格下跌后买入该证券并向证券经纪人偿还证券和利息。

$$保证金比率 = 权益账面价值 \div 股票价值$$

四、卖空机制

卖空是指投资者出售从证券经纪人拆借的而非自由的证券，之后再从市场上购买并偿还证券和利息。

现实中，所借出的证券通常由证券经纪人来提供，证券经纪人一般持有其他投资者以借名登记的多种证券（证券经纪人代表他们以自己的名字注册持有证券），证券的拥有者无须知道他的证券被借给卖空者了。如果证券拥有者想要卖出他的份额，证券经纪人只需再向其他投资者拆借即可。因此，卖空有一个不确定的期限。

卖空的交易规则有以下几个。

（1）只允许在最后记录的一笔股票价格为上升的情况下进行卖空交易，防止过度投机造成的股价波动。

（2）卖空所获得的收入必须保存在证券经纪人的账户上，不能将这笔资金用于投资。

（3）卖空者被要求向证券经纪人缴纳保证金抵补卖空期间股价上涨带来的损失。

卖空机制使投资者即便在股票价格下跌时也可以从中获利。

五、违法交易

投资者为了收益最大化，通过合谋、信息舆论或其他方式操纵证券价格，到一定限度便构成了破坏金融管理秩序罪。机构投资者典型的违法交易手段主要有以下4种，《中华人民共和国刑法》《中华人民共和国证券法》对此做了较明确的界定。

（1）内幕交易，包括两种情形。情形一是证券交易内幕信息的知情人[①]和非法获取内幕信息的人，在内幕信息公开前，买卖该公司的证券，泄露该信息，或者建议他人买卖该证券；情形二是证券交易场所、证券公司、证券登记结算机构、证券服务机构和其他金融机构的从业人员、有关监管部门或者行业协会的工作人员，违反规定，利用因职务便利获取的内幕信息以及其他未公开的信息，从事与该信息相关的证券交易活动，或者明示、暗示他人从事相关交易活动。

（2）操纵市场。

（3）编造、传播虚假信息。

（4）损害客户利益。

操纵市场，编造、传播虚假信息，损害客户利益的相关行为将在第十八章中进行介绍。

根据中国证监会1994年1月至2018年12月已处罚的证券违法案件，机构投资者市场操作违法手法可以总结为表1-1。可以看出，违法交易严重威胁着中国股市的稳定发展。而且，中国证监会发现的违法案件充其量只是冰山一角，大量的违法交易或未明显违法的交易仍有待深入挖掘。

[①]《中华人民共和国证券法》规定，证券交易内幕信息的知情人包括：（一）发行人及其董事、监事、高级管理人员；（二）持有公司百分之五以上股份的股东及其董事、监事、高级管理人员，公司的实际控制人及其董事、监事、高级管理人员；（三）发行人控股或者实际控制的公司及其董事、监事、高级管理人员；（四）由于所任公司职务或者因与公司业务往来可以获取公司有关内幕信息的人员；（五）上市公司收购人或者重大资产交易方及其控股股东、实际控制人、董事、监事和高级管理人员；（六）因职务、工作可以获取内幕信息的证券交易场所、证券公司、证券登记结算机构、证券服务机构的有关人员；（七）因职责、工作可以获取内幕信息的证券监督管理机构工作人员；（八）因法定职责对证券的发行、交易或者对上市公司及其收购、重大资产交易进行管理可以获取内幕信息的有关主管部门、监管机构的工作人员；（九）国务院证券监督管理机构规定的可以获取内幕信息的其他人员。

表 1-1　机构投资者市场操作违法手法

细　　分		行　为　特　征	程　　序
操纵市场	连续操纵	通过单独或者合谋，集中资金优势、持股优势或者利用信息优势联合或者连续买卖，操纵证券交易价格。 (1) 行为主体可以是个人或多人合谋； (2) 产生一定的市场假象和价格变动； (3) 抬高或压低证券价格行为，本身并非一定具有违法性，只有当行为人的主观意图在于诱使他人购入证券，以获取不正当利益或者转移风险时，该交易行为才具有违法性	(1) 建仓阶段。主要手法有：一是操纵人与上市公司联手；二是证券营业部违规向操纵人提供股票账户；三是证券公司在自营业务中跟随操纵人买卖股票，为庄家出谋划策，甚至互相配合；四是证券营业部在经纪业务中，利用各种方式突破规定，引诱营业部内部客户跟风操作增加交易量等；五是证券营业部为操纵人提供资金支持、技术支持。 (2) 控盘阶段。包括两种主要情形：一是操纵人在取得50%的流通股以后，不再继续增仓，而是通过倒仓将股价拉升至成本的2~4倍，然后借助公司基本面消息的帮助或大势趋好的掩护，在高位持续放量后出货；二是操纵人继续增仓，控盘达到流通盘的70%以上，成为市场所谓的"强庄股"。 (3) 飙升阶段。股价在此阶段出现大幅上升，但是持仓的集中程度变化不大。操纵人在此阶段大量使用洗售、相对委托等行为拉抬股价，吸引他人跟风买入，借机出货。违规行为有：一是上市公司发布虚假信息、虚假业绩；二是咨询机构的鼓吹；三是操纵人炮制虚假题材，并利用网络等媒介进行广泛散播，吸引市场注意；四是使用对倒等手法大胆逼空，连续涨停。 (4) 快速回落阶段。此阶段股价已经远离成本区，操纵人为套现获利大量出货，导致股价快速下跌
	合谋操纵	与他人串通，以事先约定的时间、价格和方式相互进行证券交易或相互买卖并不持有的证券，影响证券交易价格或者证券交易量。 (1) 行为方式表现为两种。一是相互交易。在现行集中交易市场电脑竞价撮合成交的交易状态下，串通双方的委托在时间上和价格上具有相似性，数量上具有一致性，即可成立。二是不实交易，即相互买卖并不持有的证券。在市场上只要有下单，即使未被接受，通常也会迫使其他投资者抬高出价，从而影响成交价格，因此并不要求串通者之间的买卖成交。 (2) 主观上必须有影响证券交易价格或者证券交易量的意图，其最终目的在于诱使他人买卖	
	洗售操纵	以自己为交易对象，进行不转移所有权的自买自卖，影响证券交易价格或者证券交易量。实际操纵中，通常由同一投资者在两家不同的证券商开户，同时分别委托这两家证券商以一定的价格做相反方向的买卖，以撮合交易，目的在于创造交易记录，所持有的证券种类和数量并没有增减。 (1) 行为人已完成交易，但所有权实质上没有变更。 (2) 主观方面必须具备影响证券价格的意图，而且有诱使他人买卖的意图。通常洗售行为本身就足以认定行为人具有上述主观意图	
	利用开、收市时间集中交易	成交量巨幅放大，买卖方非常集中	
	虚假申报	抬高股票价格	

续表

细　　分		行为特征	程　　序
内幕交易	短期行为	个股信息保密程度较好，市场尚无广泛的传闻，内幕信息获得者在利好（利空）消息出台前集中买入（卖出）	信息披露前股价上涨幅度较大，曾有大户在信息披露前集中买入或卖出，并在信息披露后卖出或买入，其账面盈利较多
	中长期行为	重大信息（如高送配、增资扩股、业绩大幅改善、资产重组等）一般在公布前较长一段时间就已泄露，内幕交易者提前较长时间买入	信息披露前的较长一段时间以来，股价呈持续上扬走势或阶段性上扬走势，持股账户高度集中，在信息披露后或披露一段时间后，这些账户获利卖出

资料来源：根据《中华人民共和国刑法》《中华人民共和国证券法》整理。

第四节　基金公司及基金分类

随着经济和金融行业的发展，很多个人投资者逐渐不再直接进行证券交易，而是将资金交给基金公司及其他机构代为管理和投资。

一、基金公司

基金公司是一种将个人投资者的资金集中起来投资于股票和其他资产的金融中介。基金公司可以为投资者实现以下功能：①记录、保存与管理；②多样化和可分割性；③专家管理；④低交易成本。

二、基金分类

基金分类主要有以下几种。

（1）基金按组织形式分为公司型基金和契约型基金。

公司型基金是基金公司按照股份有限公司的形式成立，投资者购买基金公司的股份，并按照购买份额的大小来划分所有权。每一份额的价值被称为净资产价值。

契约型基金又称信托型基金，在基金存续期内投资于固定的资产组合，其资金可来源于多个投资者的资金组合。基金发起人购买那些已存入信托的资产组合，然后以基金股份的形式卖给公众，基金股份又称"基金单位"。资产组合本金产生的一切收入和支出都是由受托人（通常是一家银行或信托公司）付给基金股份持有人的。

（2）基金按是否存在封闭期，可以分为开放式基金和封闭式基金。

开放式基金允许随时以净资产价值赎回或购进基金股份（对买卖行为收取一定的费用），又称为共同基金。

封闭式基金是交易价格可以不同于资产净值的基金，可以不以资产净值赎回。

（3）另外，还有一些其他的基金种类。

混合基金，是将基金资产投资于股票、债券等多种资产的基金。

房地产投资信托基金，一般投资于房地产或以房地产为抵押的贷款。除了发行基金股份，它还通过向银行借款、发行债券或抵押贷款等方式筹集资金。大多数房地产投资信托基金有着很高的债务杠杆。

对冲基金，是一种运用买空、卖空、杠杆交易等方式套利或避险的基金，一般只对特定个人或机构投资者开放，不受证券监督管理委员会规定的约束，所以可投资于风险更高的证券。

对冲基金和开放式基金有以下几点不同。

（1）对冲基金不像开放式基金一样需要注册，也不受证券监督管理委员会规定的限制。

（2）对冲基金要求投资者同意"锁定"条款，"锁定"条款规定投资者在购买基金后一定的时间内不能赎回基金。"锁定"条款允许对冲基金投资于非流动性的资产。对冲基金可以采用开放式基金不能使用的投资策略——利用衍生工具交易、卖空交易、杠杆交易等。

（3）开放式基金收取的管理费用占资产的比例是固定的（1%~1.5%）。对冲基金除收取固定比例的管理费用之外，还要收取一部分比例（通常为20%）的投资利润。对冲基金从设计之初便是投资于多种资产，例如衍生品、有破产可能的企业、可转换债券等。

（4）对冲基金总是试图通过寻找证券定价中暂时性的错误来获利，对冲基金并不是通过将资金在整个证券市场上大量移动来获利，而是通过在买入一种证券的同时卖出另一种证券来获利。对冲基金试图做到"市场中性"，但这并不意味着它是低风险的，对冲基金的收益有可能极不稳定。

具体来说，开放式基金的投资策略与基金投资对象的特征存在密切联系。开放式基金按投资策略又可以细分为以下几种。

（1）货币市场基金：主要投资于商业票据、回购协议、大额可转让存单等货币市场证券，持有人可凭基金签发支票，与股份赎回相关的资本利得也无须纳税。

（2）权益基金：主要投资于股票市场，通常要求持有5%的货币市场证券，以保证满足基金赎回要求且具有一定的流动性。

（3）特殊行业基金：主要投资于某些特殊行业的股票，例如生物科学行业、公用事业、贵金属行业、电信行业等。

（4）固定收益基金：主要投资于公司债券、国债等固定收益资产。

（5）国际基金：专注于国际投资。

（6）均衡基金：为个人投资者的证券组合而设计，例如生命周期基金。

（7）资产分配基金。

（8）指数基金：指数基金试图与整个市场指数的表现相匹配，一般会按照不同证券在某一特定指数中的权重，相应购买同样比例的该证券，形成指数基金。

开放式基金的销售方式有两种：一种是由承销商直接销售，另一种是由经纪商代替承销商进行间接销售。

第五节 收益与风险

一、收益的测量

持有期收益率是单位货币在特定投资期限内的收益。

$$持有期收益率 = \frac{(期末价格 - 期初价格) + 现金股利}{期初价格} = 股利收益率 + 资本收益率$$

即

$$R = \frac{(P_t - P_{t-1}) + D_t}{P_{t-1}} \quad (1\text{-}1)$$

式中，R 表示持有期收益率；t 表示特定的时间段；D_t 表示第 t 期的现金股利（或利息收入）；P_t 表示第 t 期期末的证券价格；P_{t-1} 表示第 $t-1$ 期的证券价格，即期初价格。

在式（1-1）的分子中，$(P_t - P_{t-1})$ 表示该期间的资本利得或资本损失。这里隐含的假定是在持有期末支付股利，否则就忽略了从股利支付日到持有期期末这段时间的再投资收益。

多个投资期收益率的计算方法有算术平均法和几何平均法。

1. 算术平均法

根据算术平均法计算的季度收益是各个季度的收益之和除以季度数。

2. 几何平均法

根据几何平均法计算的季度收益是指在投资期中对总收益贡献相同的平均季度收益。

二、风险与溢价

（一）金融风险

金融风险是指金融变量的各种可能值偏离其期望值的可能性和幅度。

金融风险按其来源可分为汇率风险（货币风险）、利率风险、流动性风险、信用风险、市场风险和营运风险。

金融风险按会计标准可分为会计风险和经济风险。

金融风险按其能否分散可分为系统性风险和非系统性风险。

（1）系统性风险是由那些影响整个金融市场的因素所引起的风险，这些因素包括经济周期、政治周期、宏观经济政策调整等。这一部分风险影响所有金融变量的可能值，不能通过分散投资相互抵消或者削弱，因此又称为不可分散风险。

（2）非系统性风险是一种与特定公司或特定行业相关的风险。通过分散投资，非系统性风险能被降低；如果分散非常充分、有效，这种风险还能被消除，因此，非系统性风险又称为可分散风险。

（二）场景分析与概率分布

风险证券的收益不能事先确定，投资者只能估计各种可能发生的结果（事件）及其可能性（概率）。

场景分析列举出所有可能的场景结果，指明每种场景结果发生的可能性（概率），以及每种场景结果下的持有期收益率。

所有可能的持有期收益率和相应的概率即为持有期收益率的概率分布。

预期收益率是持有期收益率分布的平均值，用公式表示为：

$$\overline{R} = \sum_{i=1}^{n} R_i P_i \tag{1-2}$$

式中，$\overline{R}$ 表示预期收益率；R_i 表示第 i 种场景结果的持有期收益率；P_i 表示持有期收益率 R_i 发生的概率；n 表示场景结果的数目。

（三）单一证券和组合证券的风险

1. 单一证券

预期收益率描述了以概率为权数的平均收益率。实际发生的收益率与预期收益率的偏差越大，投资于该证券的风险也就越大。因此，单一证券的风险，通常用统计学中的方差或标准差来表示，标准差 σ 可用公式表示为：

$$\sigma = \sqrt{\sum_{i=1}^{n} (R_i - \overline{R})^2 P_i} \tag{1-3}$$

式中，变量含义同上。

标准差的直接含义是，当证券收益率服从正态分布时，约三分之二的收益率在 $\overline{R} \pm \sigma$ 的范围内，约95%的收益率在 $\overline{R} \pm 2\sigma$ 的范围内。

2. 组合证券

首先，计算有 n 个证券的组合证券的收益。组合证券的预期收益率就是组成该组合的各种证券的预期收益率的加权平均数，权重是投资于各种证券的资金占总投资额的比例，用公式表示为：

$$\overline{R_p} = \sum_{i=1}^{n} X_i \overline{R_i} \tag{1-4}$$

式中，$\overline{R_p}$ 表示组合证券的预期收益率；X_i 表示投资于证券 i 的资金占总投资额的比例或权重；$\overline{R_i}$ 表示证券 i 的预期收益率；n 表示组合证券中证券的数目。

其次，计算有 n 个证券的组合证券的风险。组合证券的风险用标准差 σ_p 表示，计算公式为：

$$\sigma_p = \sqrt{\sum_{i=1}^{n} \sum_{j=1}^{n} X_i X_j \sigma_{ij}} \tag{1-5}$$

式中，n 是组合证券中证券的数目；X_i 和 X_j 分别是证券 i 和证券 j 投资资金占总投资额的比例；σ_{ij} 是证券 i 和证券 j 预期收益率的协方差。

式（1-5）也可以用矩阵来表示，公式中的双加号 $\sum_{i=1}^{n}\sum_{j=1}^{n}$ 意味着把方阵 $n \times n$ 的所有元素相加。该组合证券的方差为矩阵中各元素之和，$i=j$ 时为矩阵对角线方差元素，其他为矩阵非对角线协方差元素，该矩阵称为方差-协方差矩阵。

（四）系统性风险

如果把证券市场处于均衡状态时的所有证券按其市值比重组成一个市场组合，这个组合的非系统性风险将等于零。这样就可以用某种证券的收益率和市场组合的收益率之间的贝塔系数作为衡量这种证券系统性风险的指标。某种证券的贝塔系数 β_i 的计算公式为：

$$\beta_i = \frac{\sigma_{iM}}{\sigma_M^2} \tag{1-6}$$

式中，σ_{iM} 表示该证券和市场组合的收益率的协方差；σ_M^2 表示市场组合的收益率的方差。

由于系统性风险无法通过多样化投资来抵消，因此一个市场组合的贝塔系数 β_p 等于该组合中各种证券的贝塔系数的加权平均数，权重为各种证券的市值占整个组合总市值的比重 X_i，其公式为：

$$\beta_p = \sum_{i=1}^{n} X_i \beta_i \tag{1-7}$$

如果一个证券或一个市场组合的贝塔系数等于 1，说明其系统性风险跟市场组合的系统性风险完全一样；如果贝塔系数大于 1，说明其系统性风险大于市场组合；如果贝塔系数小于 1，说明其系统性风险小于市场组合；如果贝塔系数等于 0，说明没有系统性风险。

（五）风险溢价与风险厌恶

无风险利率指能够确定获得的回报率，一般指投资于国债、货币市场基金或银行存款所获取的收益率。

风险溢价指超过无风险利率的超额回报。风险溢价用公式表示为：

$$E(r_p) - r_f = \beta_p \left[E(r_M) - r_f \right] \tag{1-8}$$

即风险利率 $E(r_p)$ 减无风险利率 r_f 等于系数 β_p 乘以市场组合的收益率 $E(r_M)$ 与无风险利率 r_f 的差。

风险厌恶指投资者的风险态度是倾向于不接受风险。

（六）通货膨胀率、名义利率与实际利率

实际利率与名义利率的区别在于是否考虑了通货膨胀率。

通货膨胀率：价格上涨的比率，一般用居民消费价格指数的增长率来衡量，用 i 表示。

名义利率：以名义货币表示的利率（未经过购买力调整），用 R 表示。

实际利率：实际利率大约等于名义利率减去通货膨胀率，即：

$$r \approx R - i \tag{1-9}$$

第六节 资产配置策略

资产配置,即在广泛的投资类别中进行的投资组合选择。影响投资者资产配置的因素众多,这里主要介绍以下两个策略。

一、无风险资产与风险资产之间的资产配置

投资者可以将资产配置为无风险资产和风险资产的组合。

资本分配线指通过对无风险资产和风险资产进行组合,分配所获得的收益和风险的各种资产组合。用公式表示为:

$$E(r_c) - r_f = y\left[E(r_p) - r_f\right] \tag{1-10}$$

式中,y 为风险资产在整个资产组合中的比重;$E(r_c)$ 为风险资产 c 的期望收益率。

资本分配线如图 1-4 所示。

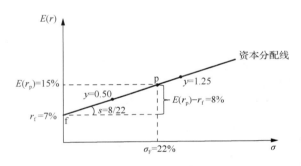

图 1-4 资本分配线

资本市场线指用市场指数组合代替风险资产的资本分配线。

二、依据生命周期理论的资产配置

生命周期理论认为理性消费者会预测一生的收入情况,然后根据全部预期收入来安排每期的平滑性消费,并进行储蓄决策,从而实现整个生命周期效用的最大化。人生不同阶段的储蓄率表现出先上升后下降的趋势。

为了观察不同年龄群体的金融资产结构的差别,可将居民持有的金融资产分为两类:流动性金融资产和资本性金融资产[①]。

2010 年美国人口老龄化程度为 13.09%,不同年龄分组居民持有的流动性金融资产和资

---

① 流动性金融资产是用以保障家庭流动性交易需求的资产,包括持有的现金、银行存款等。资本性金融资产是用以长期投资、获取高额回报率的生产性资本,包括债券、股票、人寿保险等。

本性金融资产的比例如图 1-5（a）所示。随着年龄增加，55 岁以后，美国居民持有的流动性金融资产比重一直上升，而持有的资本性金融资产比重先升后降。

随着中国人口老龄化程度加深，家庭持有的金融资产不但总量有所变化，而且结构也有所调整。1998—2012 年中国家庭金融资产结构变化如图 1-5（b）所示，其中，流动性金融资产比重在下降，资本性金融资产比重在上升。其原因在于：居民持有现金、银行存款的比例减少，持有股票、共同基金的比例上升。

这一规律与 2000—2012 年的德国家庭金融资产结构变化截然相反，如图 1-5（c）所示。

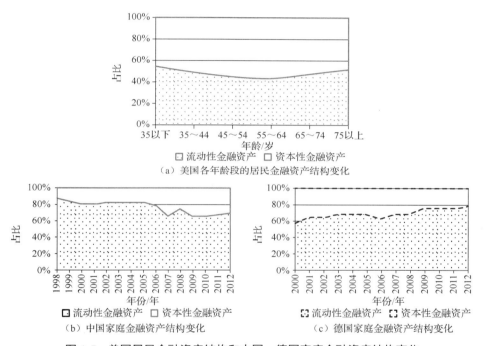

图 1-5　美国居民金融资产结构和中国、德国家庭金融资产结构变化

资料来源：
FRED 数据库、《中国统计年鉴》《中国劳动统计年鉴》《中国金融年鉴》、欧盟统计局各年数据；
莫骄，2014. 人口老龄化背景下的家庭金融资产选择[D]. 天津：南开大学.

第一章习题

第二章

价值投资理论

学习目标

- 理解有效市场假说对实际投资的意义；
- 理解资产组合管理的思路；
- 掌握资本资产定价模型；
- 理解资本资产定价模型的缺陷。

证券投资的决策内容只有三个：买什么、什么时候买、什么时候卖。这三项内容的共同点在于需要计算证券的价值及其与市场价格的差。证券价值计算的基本理论是价值投资理论。本章主要介绍价值投资理论的基本假设、基本理念、基本模型。本章思维导图如图 2-1 所示。

思维导图

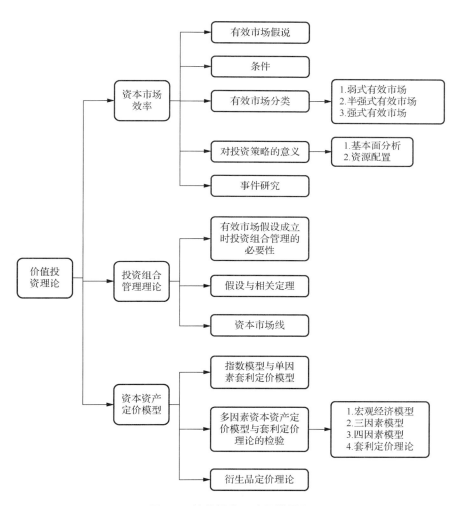

图 2-1　价值投资理论思维导图

第一节 资本市场效率

一、有效市场假说

有效市场假说假设证券价格完全反映所有可用信息。若资本市场上的证券价格充分而准确地反映了全部信息，则认为该资本市场是有效率的。即，若证券价格不会由于向所有投资者公开信息集而受到影响，则该市场对信息集是有效率的，这意味着以信息集为基础的证券交易不可能获得超额收益。

二、条件

有效市场的条件有以下几个。
（1）同质性投资者。所有投资者都是理性的，都具有相同的风险偏好，对盈利和损失具有对称性的效用。
（2）信息完全公开，且投资者能同时获得和处理信息。
（3）非理性行为相互抵消。
（4）套利者的理性行为消除非理性投资者的影响。
（5）市场上非理性投资者会逐渐消亡。

经验证明，花费时间与金钱收集信息的投资者能够发现其他投资者所不能发现的信息。如果信息的收集、整理与分析是有成本的，此类投资者一定期望他的投资分析能够增加预期收益。格罗斯曼和施蒂格利茨对此进一步研究认为，当且仅当花费时间和资源去分析和揭露新的信息可以使投资者得到更高的投资收益率时，投资者才有动机从事这种活动。市场有效程度随着一些因素的变化而变化。例如，新兴市场财务披露要求低，有效性比成熟市场要低；小股票更容易被分析师忽视，因此小股票比大股票的有效性低。

由于在有效市场的现有信息下，证券价格充分反映其价值，只有当新的信息出现时，证券价格才会上涨或下跌。新的信息必须是不可预测的，由不可预测的新信息所引起的价格变动也是不可预见的，所以证券价格（特别是股票价格）随机游走（证券价格变化具有随机性和不可预测性）。如果有兴趣，可查阅文献，其中有一种检验有效市场的方法是：收益大增的公司年报披露当天，其股价是否大幅上扬，第二天是否仍大幅上扬？

三、有效市场分类

罗伯茨在 1967 年提出了有效市场的三种类型：弱式有效市场、半强式有效市场和强式有效市场。有效市场类型如图 2-2 所示。

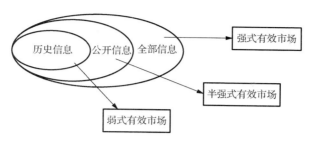

图 2-2　有效市场类型

弱式有效市场假说：证券价格已经反映了所有历史信息。通过观察价格、交易量、短期利率等市场交易数据所获取的信息都会反映在股票价格中。弱式有效市场中趋势分析是徒劳的。

半强式有效市场假说：证券价格已经反映了所有公开信息，所有有关公司发展前景的公开信息都包含在股票价格中，除了过去的价格，公开信息还包括产品线、管理质量、资产负债表构成、专利权、收益预测、会计实务等基本数据。因此，半强式有效市场中，基本面分析是无法获得超额收益的。

强式有效市场假说：证券价格反映了全部信息，包括内幕信息。

四、对投资策略的意义

（一）基本面分析

基本面分析主要研究证券价值的决定因素，如收益和红利前景，对未来利率和公司风险的预测，等等。基本面分析通过预测公司股利及盈利状况的前景，估计未来的利率走势，评估公司的风险水平，从而预测公司股票未来的价格。这种分析实际上是要确定一个股东从每股股票中所获取的收益的贴现值，如果贴现值高于股票价格，则该股票值得购买。

基本面分析研究的主要内容包括：公司股票过去的收益水平，公司的资产负债表，公司管理质量，公司的行业地位，整个行业的发展前景，宏观经济趋势分析，宏观经济政策背景分析，等等。

有效市场假说一般认为大部分基本面分析没有什么意义。

（二）资源配置

对有效市场的偏离可能使具有信息优势的一方获得盈利机会，处于信息劣势的一方则会付出相应的代价。

对有效市场的偏离还会引起巨大的成本损失，这些成本损失将由所有人共同承担，即引起无效的资源配置。

在市场经济中，实物资产的配置很大程度上受相应的金融资产价格影响。如果市场是无效的，并且金融资产通常被错误定价，那么资源自然会被错误配置。金融资产价格被高估的公司（低效益、低效率的公司）将获得廉价的资本，而被低估的公司（高效益、高效率的公司）将失去被投资的机会，成本上升。因此，资本市场的低效将限制市场经济中有发展潜力的公司的发展速度。

五、事件研究

事件研究是一种实证财务研究技术，运用这一技术，观察者可以评估某一事件对某个公司股票价格的影响程度。例如，股市分析家可以通过研究股息的变化来评估事件的影响。事件研究可以量化股息变化和股票收益率之间的关系。

事件所产生的异常收益估计了股票的实际收益与基准收益之差。

基准收益一般通过实践中的一些方法来估计。例如股票所在的市场的指数收益，还可以利用资本资产定价模型来确定基准收益。

异常收益多利用"市场模型"来估计。

假设 t 时间内的股票收益率为 r_t，可以用以下数学表达式来表示：

$$r_t = a + br_{M,t} + e_t \tag{2-1}$$

式中，$r_{M,t}$ 是 t 时间内的市场收益率；e_t 是由公司层面因素引起的股票收益率；系数 b 表示股票收益率对市场收益率的敏感程度；a 表示股票在市场收益率为零时所实现的平均收益率。

因此，式（2-1）将 r_t 分解为市场层面因素和公司层面因素。

$$e_t = r_t - (a + br_{M,t}) \tag{2-2}$$

此时，可以用 e_t 表示所研究的事件所引起的那部分收益，即在已知股票对市场敏感程度的前提下，超出人们基于常规市场收益变化所得的股票收益的那部分收益。

第二节　投资组合管理理论

一、有效市场假说成立时投资组合管理的必要性

如果有效市场假说成立，证券价格就反映了证券的价值，无人能获得超额投资收益。但即使在完全有效的市场中，理性的投资组合管理也是非常重要的。原因有以下几个。

（一）风险分散化

即使所有证券都是公平定价的，每只证券也都面临着公司或行业层面的风险，需要通过分散化来消除。因此，即使在完全有效的市场中，理性证券选择也要求有一个充分分散化的投资组合，帮助分散风险。

（二）赋税成本

高税赋的投资者通常不愿意购买有利于低税赋投资者的证券。免税的地方政府债券税前利润比较低，但对高税赋的投资者来说，他们仍觉得购入此类证券有益；而对于低税赋的投资者来说，免税的地方政府债券不具有吸引力。对于处在更高层的高税赋投资者来说，

他们宁愿将投资组合向资本利得方向倾斜，而不是立刻获得利息、股息和股利等收入，因为当前的税率越高，延期实现资本利得收入的证券就越有价值。因此，这些投资者更倾向于能提供更大的资本利得收入的股票。

（三）年龄与风险承受能力

不同年龄投资者的风险承受能力不同，投资组合策略也会不同。例如，依靠存款度日的老年投资者，往往回避那些市值会随利率大幅度变动的长期债券或股票。相反，较为年轻的投资者更倾向于长期债券或股票，因为对于将来生活还很漫长的年轻人来说，稳定的收益流比保留本金更重要。

（四）特定风险范畴

理性投资组合管理也与投资者的特定风险范畴有关。例如，汽车公司的一个管理者，通常不在汽车股票上进行投资，因为他已经在汽车行业投入了全部的人力资本，其薪水由汽车公司来定，如果再将资金投资于汽车股票，则无法分散风险。

二、资本资产定价模型的假设与相关定理

（一）同质性投资者假设

资本资产定价模型主要采用了同质性投资者假设，具体而言，包括以下几个方面。

（1）所有投资者的投资期限均相同。这样避免了因不同投资者的投资期限不同而在加总过程中出现期限加权技术问题。

（2）投资者根据投资组合在单一投资期内的预期收益率和标准差来评价这些投资组合。这样避免了投资者对不同时期差异化收益率和标准差的动态分析处理问题。

（3）投资者偏好更高的投资收益，当面临其他条件相同的两种选择时，他们将选择具有较高预期收益率的那一种。这一条件符合理性人假设。

（4）投资者是厌恶风险的，当面临其他条件相同的两种选择时，他们将选择具有较小标准差的那一种。

（5）每种资产都是无限可分的。这一条件保证了投资数量为连续数据。

（6）投资者可按相同的无风险利率借入或贷出资金。这一条件解决了部分投资者面临的资金约束问题。

（7）税收和交易费用均忽略不计。这一条件省去了投资的其他成本费用因素。

（8）对于所有投资者来说，信息都是免费的，并且是立即可得的。这一条件保证了投资者具有对称的、充分的信息。

（9）投资者对于各种资产的收益率、标准差、协方差等具有相同的预期。

这些假定虽然与现实世界存在很大差距，但通过这个假想的世界，我们可以导出证券市场均衡关系的基本性质，并以此为基础，探讨现实世界中风险和收益之间的关系。

（二）同质性投资者假设的相关定理

1. 分离定理

根据同质性投资者假设的条件，可以得出：投资者具有相同预期，因此每个投资者的最优风险组合都是相同的，从而每个投资者的线性有效集都是一样的，即投资者在可以以无风险利率自由借贷的情况下选择投资组合时，都会选择无风险资产和风险投资组合的最优组合点。最优组合点相对于其它的投资组合在风险上或是报酬上都具有优势。投资人对风险的态度，只会影响投入的资金数量，而不会影响最优组合点（最优组合中证券的比例）。

由此可以导出分离定理：投资者对风险和收益的偏好状况与该投资者的最优风险组合是无关的。

2. 市场组合实现定理

根据分离定理，可以得出：在均衡状态下，每种证券在均衡点处的投资组合中都有一个非零的比例。

在均衡状态下，每一个投资者对每一种证券都愿意持有一定的数量，市场上各种证券的价格都处于使该证券的供求相等的水平上，无风险利率的水平也正好使得借入资金的总量等于贷出资金的总量。在均衡时，最优风险组合中各证券的构成比例等于市场组合中各证券的构成比例。

市场组合是指由所有证券构成的组合，在这个组合中，每一种证券的构成比例等于该证券的相对市值。一种证券的相对市值等于该证券总市值除以所有证券市值的总和。从理论上说，市场组合不仅由普通股构成，还包括优先股、债券、房地产等其他资产。但在现实中，市场组合常局限于普通股。

3. 共同基金定理

如果投资者的投资范围仅限于资本市场，而且市场是有效的，那么市场组合就大致等于最优风险组合。于是单个投资者就不必进行复杂的分析和计算，只要持有指数基金（共同基金）和无风险资产就可以了。如果把货币市场基金看作无风险资产，那么投资者的简单投资策略是：根据自己的风险厌恶系数，将资金合理地分配于货币市场基金和指数基金（共同基金）。

共同基金定理将证券选择问题分解成两个不同的问题：一是技术问题，即由专业的基金经理人创立指数基金（共同基金）；二是个人问题，即根据投资者个人的风险厌恶系数将资金在指数基金（共同基金）与无风险资产之间进行合理配置。

三、资本市场线

马科维茨于 1952 年提出均值-方差组合模型。该模型在不能卖空和没有风险借贷的假设下，根据单个证券预期收益率的均值和方差找出投资组合边界，即找出一定收益率水平下方差最小的投资组合。

（一）投资组合规则

由两种风险资产组成的投资组合有以下 3 个规则。

规则 1：投资组合的收益率是构成投资组合的所有证券的收益率的加权平均，权重是投资组合中各种证券的投资比例，即

$$r_p = w_b r_b + w_s r_s \tag{2-3}$$

式中，r_p 为投资组合的收益率；w_b 为证券 b 的权重；r_b 为证券 b 的收益率；w_s 为证券 s 的权重；r_s 为证券 s 的收益率。

规则 2：投资组合的预期收益率是构成投资组合的所有证券的预期收益率的加权平均，权重是投资组合中各种证券的投资比例，即

$$E(r_p) = w_b E(r_b) + w_s E(r_s) \tag{2-4}$$

式中，$E(r_p)$ 为投资组合的预期收益率；$E(r_b)$ 为证券 b 的预期收益率；$E(r_s)$ 为证券 s 的预期收益率。

规则 3：投资组合的收益率的方差可以表述为：

$$\sigma_p^2 = (w_b \sigma_b)^2 + (w_s \sigma_s)^2 + 2(w_b \sigma_b)(w_s \sigma_s)\rho_{bs} \tag{2-5}$$

式中，σ_p^2 为投资组合的方差；σ_b 为证券 b 的标准差；σ_s 为证券 s 的标准差；ρ_{bs} 为证券 b 和证券 s 收益率的相关系数。

$$\rho_{bs} = \frac{\text{Cov}(r_b, r_s)}{\sigma_b \times \sigma_s}$$

$$\text{Cov}(r_b, r_s) = \sum_{i=1}^{k} p(i)\left[r_b(i) - \overline{r_b}\right]\left[r_s(i) - \overline{r_s}\right]$$

（二）有效边界

根据对投资组合的相关计算，可以得到投资的有效边界。有效边界代表了在每一组合风险水平下预期收益率最高的所有可能的投资集合，如图 2-3 所示。

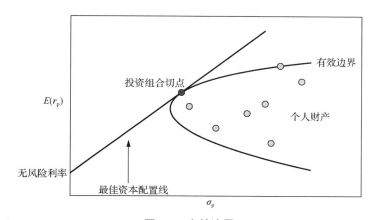

图 2-3　有效边界

（三）可行集与有效集

面对可供选择的 N 种证券，投资者投资于每种证券的资金比例的变动将产生无数的投资组合，每种组合都有对应的收益和风险。可行集就是由 N 种证券构成的所有投资组合的集合，它包含了现实生活中所有可能的组合，任何一个组合都位于可行集的内部或边界上，如图2-4所示。

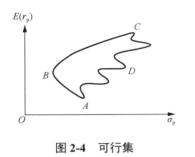

图2-4 可行集

理性投资者都是厌恶风险而偏好收益的。对于同样的风险水平，他们将会选择能提供最大预期收益率的组合；对于同样的预期收益率，他们将会选择风险水平最低的组合。能同时满足这两个条件的投资组合的集合就是有效集，又称有效边界。处于有效边界上的组合称为有效组合。图2-4中边界上 B-C 之间的曲线为有效集。

（四）无差异曲线

对任何一个厌恶风险而追求收益最大化的投资者来说，风险越小或收益率越大的投资组合，代表的投资效用越大。但是，不同的投资者对风险的厌恶程度或对收益的偏好程度存在差异，这时需要用无差异曲线来反映这种差异。无差异曲线代表了能够使投资者得到相同期望效用的资产组合的集合，同可行集一样，可以在标准差-期望收益率坐标上表示，如图2-5所示。

无差异曲线具有以下4个特征。

（1）曲线斜率为正，并且一般凸向右下方。

（2）一条曲线对应一定的期望效用，越靠近左上方的曲线代表的期望效用越大（如 I_1）。

（3）无差异曲线越陡峭，表明投资者越厌恶风险。

（4）具有不同风险偏好的投资者的无差异曲线不能相交。

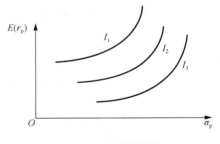

图2-5 无差异曲线

（五）投资效用最大化的资产组合

确定了有效集的位置后，投资者就可以根据个人对风险的偏好程度，在有效集曲线上寻找能够使投资效用最大化的资产组合。如图2-6所示，这个组合位于有效集曲线 P_1-P_2 与无差异曲线 I_2 的切点 P 上（这里仅讨论不允许卖空情况下的最佳资产组合）。而且无差异曲线下凸，有效集曲线上凸，决定了两者之间有且仅有一个切点，对任何投资者而言，最佳资产组合总是唯一的。

无风险资产是指未来收益率固定不变、不存在任何不确定性的资产或证券。实践中常常将短期国债视为无风险资产。当存在无风险资产时，投资者可以对无风险资产和风险资产进行配比，形成新的资产组合。

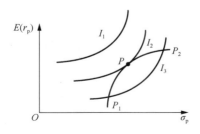

图2-6 投资效用最大化的资产组合

因此，由有效集曲线与无差异曲线的切点决定的最佳资产组合也将发生变化。

在实践中，投资组合管理理论的局限性与争论主要可以概括为以下几个方面。

（1）均衡市场。均衡是理论、是信念，在现实中，很难找到一定时期平稳的均衡，而且均衡点是动态的，无人能给出市场的均衡值。

（2）理性人假设的局限。在金融市场投资中，感性和情绪往往占据上风。

（3）同质性投资者假设的缺陷。真正切合实际的投资规律研究，应考虑投资者在不同方面的异质性。

（4）交易成本、资本结构及代理证券等因素的影响不容忽视。

（5）风险度量方法存在缺陷，如正态分布假设等。现实中，资产价格波动往往具有肥尾（厚尾）特征。

另外，比较具有实战价值的讨论是，一般组合中有多少股票较为合理或合适呢？巴菲特反对过度分散，反对持有 40 只以上的股票，这样容易造成投资者对每只股票都不甚了解。但他也不赞成只持有 1 个行业或 1 只股票。在资产管理实践中，他从来没有这样做过。适当分散，指投资组合中保持合理的股票数量，且都比较优秀，这样能够大大降低风险。

第三节 资本资产定价模型

投资组合管理理论的主要应用和发展就是资本资产定价模型和量化投资策略。

资本资产定价模型（CAPM）主要基于投资者理性预期、同质预期、信息完全、无摩擦、一般均衡等一系列假定，具体模型为指数模型、单因素套利定价模型、多因素资本资产定价模型等（博迪等，2016）。

一、指数模型与单因素套利定价模型

（一）期望收益-贝塔关系

如果对于一个可观测的预期有效指数 M 来说，期望收益-贝塔关系存在，则任何证券 i 的期望收益都可以表述为：

$$E(r_i) = r_f + \beta_i \left[E(r_M) - r_f \right] \tag{2-6}$$

式中，$\beta_i = \dfrac{\text{Cov}(r_i, r_M)}{\sigma_M^2}$，其他变量含义同上文。

式（2-6）作为最常被检验的资本资产定价模型，早期的样本检验遵循三个基本步骤：建立样本数据、估计证券特征线（SCL）、估计证券市场线（SML）。

1. 建立样本数据

确定一个样本期间，如 60 个月。在每一个样本期间，收集 50 只能代表市场的股票投资组合（如上证综合指数）和 1 个月短期国债的收益率（无风险利率），数据包括以下几个。

（1）$r_{i,t}$ = 样本期间内 50 只股票的收益率，$i = 1, \cdots, 50$；$t = 1, \cdots, 60$。

(2) $r_{M,t}$=样本期间内上证综合指数的收益率。
(3) $r_{f,t}$=样本期间内每月的无风险利率。

共有(50+2)×60=3120 个收益率数据。

2. 估计证券特征线

证券特征线即
$$r_i = a_i + r_M \beta_i$$
式中，a_i 为回归的截距项。

对于每一种股票 i，将一阶回归方程的斜率作为贝塔系数 β_i 的估计值，从而得到：
$$r_{i,t} - r_{f,t} = a_i + b_i(r_{M,t} - r_{f,t}) + e_{i,t} \tag{2-7}$$

计算得到：

(1) $r_i - r_f$=每只股票超额收益的样本均值（50 只股票的超额收益的均值、50 个观察值），$r_i - r_f = \frac{1}{60}\sum_{t=1}^{60}(r_{i,t} - r_{f,t})$；

(2) b_i=每只股票贝塔系数的样本估计值（50 只股票、50 个贝塔系数的估计值）；

(3) $r_M - r_f$=市场指数超额收益的样本均值，$r_M - r_f = \frac{1}{60}\sum_{t=1}^{60}(r_{M,t} - r_{f,t})$；

(4) $\sigma^2(e_i)$=每只股票残值项方差的估计值。

每只股票超额收益的样本均值和市场指数超额收益的样本均值可以用来估计预期超额收益，b_i 为每只股票贝塔系数的估计值，$\sigma^2(e_i)$ 可以用于估计每只股票的非系统性风险。

3. 估计证券市场线

将 $E(r_i) = r_f + \beta_i[E(r_M) - r_f]$ 视为上述样本股票的证券市场线，根据回归方程估计出 γ_0、γ_1，将一阶回归的估计值 b_i 作为自变量：
$$r_i - r_f = \gamma_0 + \gamma_1 b_i \qquad i = 1,\cdots,50 \tag{2-8}$$

式中，$r_i - r_f$ 为被解释变量，根据证券特征线估计得到，为 50 只股票各自超额收益的样本均值，即 50 个观察值的变量；b_i 为自变量，根据证券特征线估计得到，为 50 只股票各自的贝塔系数的样本估计值，进而估计得到 γ_0、γ_1 的估计值。

如果资本资产定价模型有效，那么 γ_0 和 γ_1 应满足：$\gamma_0 = 0$ 且 $\gamma_1 = r_M - r_f$。然而，进一步分析发现：在证券市场线描述的期望收益-贝塔关系下，证券的超额收益率仅与系统性风险有关，而与非系统性风险无关。其中，系统性风险用贝塔系数的估计值衡量，非系统性风险用 $\sigma^2(e_i)$ 的估计值衡量。将这些估计值代入式（2-8）中，作为扩展的证券市场线中的变量，得
$$r_i - r_f = \gamma_0 + \gamma_1 b_i + \gamma_2 \sigma^2(e_i) \tag{2-9}$$

假设检验条件为：$\gamma_0 = 0$、$\gamma_1 = r_M - r_f$、$\gamma_2 = 0$。$\gamma_2 = 0$ 意味着非系统性风险没有带来风险溢价，根据资本资产定价模型，风险溢价只与贝塔系数有关。因此，式（2-9）右边的量，除贝塔系数外，其他变量的系数都应该为 0。

检验结果：采用的两阶段回归方法（首先使用时间序列数据回归估计证券的贝塔系数，再用这些贝塔系数检验证券市场线中风险与平均收益率之间的关系）操作简单，但检验结果往往不支持资本资产定价模型。

同时，这种方法也存在着一定的问题。第一，股票收益率波动较大，降低了平均收益率检验的准确性。第二，检验方法的有效性也令人担忧。一是检验中使用的市场指数并不是资本资产定价模型中所指的市场组合。二是鉴于资产的波动性，一阶回归得到的证券贝塔系数有较大的抽样误差，因此不能直接作为二阶回归中的输入值。三是投资者并不能以无风险利率融资，与资本资产定价模型的假设不一致。

（二）罗尔批判与罗尔批判进展

1. 罗尔批判

（1）资本资产定价模型中有一个可检验的假设：市场投资组合是均值-方差有效的。

（2）期望收益-贝塔系数之间的线性关系是从市场投资组合的有效性中得出的，因此不能独立检验。期望收益与贝塔系数的线性关系和市场投资组合有效性之间存在着"当且仅当"的关系。

（3）若使用样本期间的收益和方差（与事前期望收益和方差对立），单个资产收益的观测样本中有无穷的事后均值-方差有效组合。单个资产和这些有效组合的贝塔系数都将会与资产的平均收益率线性相关。换言之，如果基于这些投资组合计算贝塔系数，那么无论真实的市场投资组合在事前是否均值-方差有效，贝塔系数都会与证券市场线所表示的关系相吻合。

（4）除非能知道真实的市场投资组合，并将其用于检验，否则资本资产定价模型是不可检验的。即除非样本包含所有单个资产，否则就无法检验这个理论。

（5）将上证综合指数作为市场投资组合的代理变量有两方面的问题。①即使真实的市场投资组合是非有效的，该代理变量也有可能是均值-方差有效的。②无论代理变量是否均值-方差有效，大多合理的代理变量之间以及与真实市场投资组合之间都可能存在着高度相关性。这种高度的相关性会使市场投资组合的确切构成显得不那么重要，但是不同的代理变量导致的结论却大不相同。这个问题被称为基准误差，是指理论检验中使用了错误的基准（代理变量）。

2. 罗尔批判进展

罗尔、罗斯、康德尔和斯坦博对罗尔批判进行了扩展。他们认为有些检验拒绝了平均收益率与贝塔系数之间的正相关关系，说明了检验中代理变量的非有效性，而并非推翻了理论上的期望收益-贝塔关系。他们还强调，如果资本资产定价模型是正确的，即使是高度分散化的资产组合（如所有样本股票的价值加权或等加权组合），也不一定会有显著的期望收益-贝塔关系。

康德尔和斯坦博还分析了在存在买空限制、零贝塔的资本资产定价模型下，资本资产定价模型普通两阶段回归检验的特性。在这种情况下，期望收益-贝塔关系描述了股票的期望收益、有效边界上的组合 E 的期望收益以及零贝塔组合 Z：

$$E(r_i) - E(r_Z) = \beta_i [E(r_E) - E(r_Z)] \quad (2\text{-}10)$$

式中，β_i 代表了有效投资组合 E 中证券 i 的贝塔值。

由于无法构建或者观察有效投资组合 E（因为不知道所有资产的期望收益率和方差），因此我们也无法直接估计式（2-10）。康德尔和斯坦博用代理市场的投资组合 M 代替 E，并使用更有效的最小方差回归对零贝塔的资本资产定价模型进行二阶回归估计，即

$$r_i - r_Z = \gamma_0 + \gamma_1 \hat{\beta}_i \quad (2\text{-}11)$$

式中，$\hat{\beta}_i$ 为 β_i 的估计值。

结果显示 γ_0 和 γ_1 的估计值将会受到代理市场变量相对有限性的影响。如果回归中使用的代理市场投资组合有效，那么检验非常明确；但如果代理市场投资组合无效，对资本资产定价模型的检验效果也将非常糟糕。因此，缺乏合理的有效代理变量，将无法对模型进行有效检验。不幸的是，判断代理变量的有效性是很难的，所以也无法辨别检验的有效性。

二、多因素资本资产定价模型

多因素资本资产定价模型的检验包括三个步骤：①风险因素的说明与界定；②检验和比较规避这些主要风险因素的资产组合；③对解释能力和套期投资组合风险溢价的检验。

（一）宏观经济模型

1. 主要思路

寻找和确定能够代理系统性风险因素的变量，即与系统性风险因素相关性最高的资产组合；假设纯因子组合能作为因素的替代存在，将因素本身作为替代；仿照法马-麦克贝斯方法对这些因素进行检验。这种检验方法的一个重要过程就是将股票组成资产组合。

2. 主要步骤

回顾单因素资本资产定价模型，它是通过构造贝塔值分散化的资产组合来加强检验能力。在多因素资本资产定价模型的框架下，有效组合的标准并不是那么明晰。

Chen 等（1986）根据规模（流通股票的市场价值，与股票的平均收益率相关）将样本股组成了 20 个资产组合。

在一阶回归中用 5 年的月数据来估计 20 个资产组合的因素贝塔值，对每个资产组合检验的方程如下：

$$r = \alpha + \beta_M M + \beta_{IP} IP + \beta_{EI} EI + \beta_{UI} UI + \beta_{CG} CG + \beta_{GB} GB + e \quad (2\text{-}12)$$

式中，M 表示股票市场指数，在此使用了两个代理变量——价值加权的纽约证券交易所指数（VMNY）和等权重的纽约证券交易所指数（EWNY）；IP 表示行业生产的增长率；EI 表示通货膨胀的预期变化，为短期国债利率的变化；UI 表示非预期的通货膨胀，为实际通货

膨胀率和预期通货膨胀率之差；CG 表示风险溢价的非预期变化，由 Baa 级公司债券和长期政府债券的收益率之差测量；GB 表示期限溢价的非预期变化，由长期和短期政府债券的收益率之差测量。

在二阶回归中用 20 组一阶回归估计的因素贝塔值作为解释变量（20 个资产组合对应 20 个观测值）：

$$r = \gamma_0 + \gamma_M \beta_M + \gamma_{IP} \beta_{IP} + \gamma_{EI} \beta_{EI} + \gamma_{UI} \beta_{UI} + \gamma_{CG} \beta_{CG} + \gamma_{GB} \beta_{GB} + e \tag{2-13}$$

对 5 年的月数据进行二阶回归；每过 12 个月就对一阶回归的因素贝塔值重新估计一次；将所有二阶回归中估计的因素风险溢价（参数 γ 的值）进行平均。

检验结果显示：EWNY 和 VWNY 统计都不显著（t 统计量分别为 1.218 和-0.633，都小于 2）。此外，VWNY 因素的符号出现错误，意味着出现了负的市场风险溢价。行业生产的增长率 IP、风险溢价的非预期变化 CG 以及非预期的通货膨胀 UI 都有着显著的解释能力。

（二）三因素模型

1. 主要思路

法马和弗伦奇于 1993 年提出的三因素模型在多因素资本资产定价模型中占主流地位。三因素模型中的系统性风险因素有：公司规模、账面-市值比、市场指数。基于经验实证得出，小公司股票和具有较高账面-市值比的股票的历史平均收益率一般要高于资本资产定价模型预测的收益率。这些观测数据说明：公司规模或账面-市值比能代理一部分资本资产定价模型中贝塔值所没有考虑到的系统性风险敞口导致的相关风险溢价。

2. 主要步骤

将小公司与大公司股票的收益率之差作为每期的规模因素，记为 r_{SMB}（小减大）；将高账面-市值比公司与低账面-市值比公司股票的收益率之差，记为 r_{HML}（高减低）。三因素定价模型检验方程如下：

$$E(r_i) - r_f = \alpha_i + \beta_M (r_M - r_f) + \beta_{HML} r_{HML} + \beta_{SMB} r_{SMB} + e_i \tag{2-14}$$

式中，系数 β_M、β_{HML}、β_{SMB} 分别是三个因素的股票贝塔值，即因子载荷。

根据套利定价理论，如果这些因素是相关的，那么这些因子载荷导致的风险溢价就能够完全解释超额收益率，即方程中截距项 α_i 将为 0。

为了构造能追踪公司规模和账面-市值比因素的资产组合，戴维斯、法马和弗伦奇将工业公司按照公司规模（市场价值）和账面-市值比 B/M 进行排序并分组。规模溢价因子 SMB 是规模最小和最大的三个公司的收益均值之差。每期的账面-市值比因子 HML 也用类似的方法估计。市场指数 M 是纽约证券交易所、美国证券交易所和纳斯达克市场中所有股票的价值加权收益率，将其减去 1 个月短期国债利率就得到了市场投资组合相对于无风险利率的超额收益。

为了检验三因素模型，戴维斯、法马和弗伦奇根据每个因素的大小将公司股票分成 9 个资产组合。首先根据公司规模大小将公司分成 3 组（小、中和大；S、M、B），其次根据账面-市值比高低将公司分成三组（高、中、低；H、M、L），最后交叉得到 9 个资产组合。如表 2-1 所示，S/M 组合包含了公司规模最小的 1/3 的公司股票和账面-市值比中等的 1/3 的公司股票。

表 2-1 公司资产组合情况

账面-市值比	公司规模		
	小	中	大
高	S/H	M/H	B/H
中	S/M	M/M	B/M
低	S/L	M/L	B/L

对以上每一个资产组合，用 1929—1997 年的月数据对如下模型进行一阶回归：

$$r_i - r_f = a_i + b_i(r_M - r_f) + s_i \text{SMB} + h_i \text{HML} + e_i \tag{2-15}$$

结果显示：回归的截距项（每一资产组合的 a_i 的估计值）非常小且整体上统计不显著（除了 S/L 资产组合），t 值小于 2。R^2 统计量的值大于 0.91，意味着三因素模型对超额收益具有很强的解释能力；公司规模和账面-市值比的因子载荷都有较高的 t 值，说明这些因素对模型的解释能力显著。

但是也存在一些争论，套利定价理论认为公司规模和账面-市值比是被定价了的风险因素，公司规模和账面-市值比能代理未被资本资产定价模型中贝塔值完全解释的风险。而另一个解释将这些风险溢价归因于投资者的非理性和行为偏差。争论的本质在于分析员倾向于将近期表现延伸到未来，从而夸大了近期表现较好的公司的价值。当市场意识到这个错误时，这些公司股票的价格就会出现下跌。因此，平均来说，近期表现良好、价格高且账面-市值比低的"绩优股"的表现一般差于"价值股"，因为对账面-市值比低的公司来说，高价格意味着投资者的过度乐观。虽然争论至今还未解决，但三因素模型无疑方便了人们将股票表现与一系列基准相比较。关于这些风险因素的收益补偿是反映了完全理性风险溢价还是完全非理性风险溢价，又或是两者兼有，仍存在很大的争议。

此外，还有四因素模型。四因素模型在三因素模型的基础上加入动量效应因素（流动性）以控制股票的收益行为，该模型常被用来评估股票组合的异常表现。一些学者发现股票较好或较坏的表现会持续几个月，类似于动量效应。有学者将这种动量效应纳入三因素模型中，形成四因素模型，并以该模型来评估共同基金的业绩，发现许多共同基金的阿尔法值都可以通过因子载荷和对市场动量的敏感性来解释。同时，这个额外的因素也带来了更多的难题。在近期研究中，很多学者高度关注流动性，特别是资本资产定价中的流动性溢价。

三、套利定价理论

罗斯提出的套利定价理论（arbitrage pricing theory，APT）认为，股票的收益由一系列因素产生。如宏观因素中的利率、通货膨胀率、实际经济增长率等，以及股票的增长性、周期性、稳定性等收益特性都能解释某只股票的收益水平，因而也可以综合反映股票收益的各个方面。可以用类似下面的表达式来计算股票的收益率：

$$R_i = \alpha + \beta_M R_M + \beta_G R_G + \beta_C R_C + \beta_S R_S + \varepsilon_i \tag{2-16}$$

式中，M 表示综合市场因素；G 表示增长类股票因素；C 表示周期类股票因素；S 表示稳定类股票因素；各因素系数表示各因素对股票收益影响的大小。

四、衍生品定价理论

衍生品定价理论包括期货定价理论、期权定价理论，相关理论知识将在第十二章介绍。

第二章习题

第三章

行为金融理论

学习目标

- 理解有效市场假说条件的现实性；
- 了解有效市场假说的检验方法；
- 理解前景理论的价值函数、决策函数、主要观点；
- 了解行为资产定价模型与行为组合原理；
- 了解金融周期及金融市场周期。

由于教条套用价值投资理论，现实中有很多投资者投资亏损，人们不断质疑价值投资理论的合理性和实用性，并利用大量的金融市场实验数据对其假设条件进行修改，进而发展出行为金融理论，以及一系列技术分析方法。本章主要介绍行为金融理论对价值投资理论假设的修订、前景理论、行为资产定价模型等内容。本章思维导图如图3-1所示。

思维导图

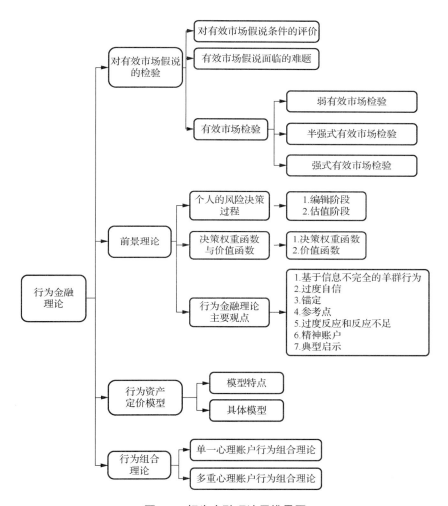

图 3-1 行为金融理论思维导图

第一节　对有效市场假说的检验

一、对有效市场假说条件的评价

（一）同质性投资者

有效市场假定：资本市场上所有的投资者都是理性人，信息是完全的，他们能够根据信息对证券进行理性评价，市场是有效的。

这一假定忽略了现实中投资者决策行为的异质性。越来越多的经验事实表明，资本市场的异象是由一些非理性行为导致的。这些非理性行为可以分为两大类：①投资者通常不能正确处理信息，从而不能正确推断未来收益率的概率分布；②即使给定未来收益率的概率分布，投资者做出的决策通常是前后矛盾的或次优的。同时，不可忽视的是，现实中可能存在操纵市场的行为。

（二）非理性行为相互抵消

有效市场假定：当部分投资者为非理性投资者时，他们的交易表现出随机性，因而彼此之间的非理性行为会相互抵消，从而不会对资产价格产生任何影响，不会形成系统的价格偏差。

现实中，市场上羊群效应和从众心理的存在，往往会使得非理性行为无法相互抵消，使资产价格形成系统性偏差。

（三）套利者的理性行为消除非理性投资者的影响

有效市场假定：即使这些非理性投资者的交易以相同的方式偏离于理性标准，竞争市场中理性套利者的存在也会消除非理性投资者对价格的影响，使资产价格回归基本价值，从而保持资本市场的有效性。

但实际上，首先，在现实的金融市场中，套利交易会由于制度约束、信息约束和交易成本等因素而受到极大的限制；其次，资产价格出现偏差时，套利者群体首先要判断市场心理状态的持续期和当前最大的获利空间。直接使价格回归真实价值的获利空间不是最大的，利用当前市场的惯性进行顺势操作、再使价格回归真实价值的方法会获得更大的收益，这使得资产价格在更多的时间和更大的空间里表现出偏差。

（四）市场上非理性投资者会逐渐消亡

有效市场假定：即使非理性投资者以非真实价值的价格交易，他的财富也将逐渐减少，以致不能在市场上生存。

然而经验表明投资者很难正确预测证券价格。

（1）孪生证券对一价定律的违背。处于同一个行业、公司规模相近、市场份额相近、核心技术相似、发展前景相似的两只股票，其价格可能存在成倍的差距。

（2）股票收益的不可预测性。投资者不能对公司的未来收益进行准确预测，连一个年度都难以准确地预测。

（3）股价对无信息事件的反应。例如，股价对股票入选指数或剔除指数的反应。一只股票在入选某类指数后，价格往往有一个明显的跳跃上升，然后稳定在这一水平；股票被剔除某类指数后，价格变动往往相反。

二、有效市场假说面临的难题

有效市场假说在华尔街并没有被广泛地接受，并且证券分析能否提高投资业绩这一争论一直持续到今天。在讨论对该假说的检验之前，必须提出其面临的可能永远不能解决的三个问题：规模问题、选择偏见问题及幸运事件问题。

（一）规模问题

假设某一投资经理负责管理 50 亿美元的投资组合，并每年只可以获得 0.1% 的投资增长，即 0.1%×50=0.05（亿美元）的年收益。作为观察者，投资者能统计他的贡献程度吗？可能不行，因为 0.1% 的投资增长将被市场的年度波动性所掩盖。充分分散的标准普尔 500 指数的年标准差在 20% 左右。相对于这些波动而言，业绩的小幅度提升是很难被察觉的。

大家都可能认可股价非常接近公平价值这一观点，只有当大型投资组合的管理者赚取足够的交易利润时，其对少数定价不当的利用才是值得的。根据这种观点，聪明的投资管理者的行为便是使市场价格向公平价值发展。与其提出"市场是有效的吗？"这样定性的问题，还不如提出更加定量的问题——"市场在多大程度上有效？"

（二）选择偏见问题

假定投资者发现了一个确实能赚钱的投资计划。他有两种选择：要么在《华尔街日报》发表他的看法以提高自己的名誉，要么保留这个秘密以赚取一大笔钱。许多投资者都会选择后者，这给我们带来了一个疑问，是不是只有当投资者发现一个投资计划不能获得异常收益时才会将其公之于众？因此，许多有效市场观点的反对者总是把"许多技术分析不能提供投资回报"作为"这些方法的成功仅因为它没有被公之于众"的证明。这就是选择偏见问题。我们能够观察到的结果已经被预先选出来支持市场失效的观点。因此，我们无法公平地评价投资组合管理者提出成功的股市策略的真实能力。

（三）幸运事件问题

似乎在任何一个月当中，投资者都能读到关于投资者和投资公司在过去取得完美的投资业绩的报道。当然，这些投资者的优异记录是对有效市场假说的驳斥。

然而，这一结论并不十分明显。考虑一个与投资游戏类似的例子，每个人用一个均匀的硬币投掷 50 次，看谁抛出的正面最多。当然，对于每个人来说期望的结果是 50% 的正面和50%的反面。如果10000人参加这项比赛，出现一两个人抛出75%的正面，此结果并不令人感到奇怪。实际上，根据初级统计学知识，能抛出75%以上正面的参赛者的期望人数是2。尽管如此，要给这些人冠以"世界抛硬币大赛冠军"的称号是愚蠢的。很明显，他们只不过是在事件发生的当天运气较好而已。有效市场显然类似于此。在任何股票是公平定价和全部信息是给定的假设下，对某一只股票下注只不过是一个投币游戏而已。

因此，上述故事的后面一定会有一个成功的投资方案。怀疑者将之称为运气，而成功者将其称为技巧。正确的检验应该能考察出成功者能否将他们的业绩在另一时期重演，但类似的检验很少。

三、有效市场的检验

（一）弱有效市场检验

有效市场的早期检验是对弱有效市场的检验。投机者能找出让他们赚取异常收益的过去价格的走势吗？这在本质上是对技术分析有效性的检验。

1. 短期收益

在短期至中期范围内，价格动量效应（即最近无论收益好坏，都将继续下去）既存在于整个市场中，也存在于跨部门的市场中（例如包括一些特定股票的市场）。辨别股票价格趋势的一种方法就是测度股票市场收益率的序列相关性。

序列相关表示股票收益与过去收益相关的趋势。正序列相关意味着正收益倾向于跟随过去的正收益（动量性）；负序列相关表示正收益倾向于被负收益跟随（纠正性）。

康拉德等人考察了纽约证券交易所股票的周收益并发现了其在短期内正序列相关。然而，周收益的相关系数都相当小，至少对于那些价格数据可靠的股票来说是这样的。因此，尽管这些研究证明了短期内股票市场收益率有弱的序列相关性，但并没有清晰地表明有交易机会的存在。

2. 中期收益

当主要的市场指数显示只存在弱序列相关性时，在收益上就出现了更强的不同的市场动量势头，存在着收益最好和最坏的股票投资组合。通过对中期股票价格（采用3～12个月的持有区间）进行调查，蒂特曼等人发现了价格动量效应。他们得出结论：尽管单个股票的收益是难以预测的，但收益最好的股票投资组合比其他存在获取利润机会的股票投资组合的收益要好。

3. 长期收益

对短期收益和中期收益的研究可得出股票市场价格中存在动量效应，而对长期收益（如跨越数年）的检验发现，在整个市场中明显存在着长期反向效应，即股票市场对相关信息反应过度。这样的反应过度将会导致短期正序列相关，随后对反应过度的纠正又意味着在一段正收益之后跟随的是负收益，结果长期就出现负序列相关。反应过度和纠正是对股票价格变化的理性回应。

除此之外，许多其他的研究表明，在长期内一些证券的极端表现呈现反向的趋势——在过去表现较好的证券在随后时期内的业绩要比其他证券的业绩差，而在过去业绩较差的证券也将在将来超出平均收益水平。反向效应，即输者反弹、胜者失色，表明股票市场对相关信息反应过度。一旦反应过度被识别，极端投资表现就会出现纠正现象。这一现象意味着反向投资策略（投资于近期表现较差而非表现较好的股票）可以盈利。

因此，市场在价格行为当中存在短期动量效应和长期反向效应。有一种解释是，短期反应过度（这引起动量效应）可能会导致长期反向效应（当市场纠正过去的错误）。

（二）半强式有效市场检验

对半强式有效市场的检验：能否利用证券交易历史信息外的可得到的公开信息来提高投资收益。检验表明，一些简单的容易获得的统计量，如股票市盈率或市场资本化比率似乎能够预测异常风险调整收益。这类发现不符合市场有效假说，因此经常被称为有效市场异象。典型的规律性事实有以下几个。

1. 市盈率效应

低市盈率股票比高市盈率股票的投资组合的收益率更高。这对投资者而言是一个意外且极具干扰性的结论，因为市盈率分析是一个简单的过程。尽管通过艰苦的工作和深刻的洞察可以获得超额收益，但运用如此简单的方法就能带来异常收益是不可能的。

2. 小公司的一月效应

将纽约证券交易所股票按各年度公司规模（即流通股总值）划分为 5 个组合，比较各组合的历史业绩发现，规模最大的公司投资组合与规模最小的公司投资组合的平均年收益率之差为 19.8%，其中，规模较小的公司投资组合的平均年收益率更高。当然，规模较小的公司投资组合的风险更大。但即使运用资本资产定价模型进行风险调整之后，规模较小的公司投资组合仍然存在一个持续的溢价，这被称为小公司效应。此后的研究还证明了小公司效应几乎每年一月都会发生，因此将其称为小公司的一月效应。

3. 小公司的被忽略效应

小公司经常被机构投资者所忽略，且小公司的信息很难被获取，这种信息的缺乏导致小公司风险较高但投资小公司可能获得较高的收益率。

4. 账面-市值比效应

法马等证明，公司净资产的账面-市值比是证券收益的有力预测工具。根据账面-市值比把公司分为 10 组，并考察每组的平均月收益率。研究表明，账面-市值比最高的 10 家公司平均月收益率为 1.63%，而最低的 10 家公司为 0.64%。收益率对账面-市值比如此强的依赖性与贝塔值无关，这意味着要么高账面-市值比公司定价相对较低，要么账面-市值比是影响均衡期望收益率的风险因素的代理变量。法马和弗伦奇发现，在控制了公司规模与账面-市值比之后,贝塔值似乎不能解释证券平均收益。这一发现对有效市场是个严重的挑战,因为这似乎暗示着可能影响收益的系统性风险其实并不重要,然而账面-市值比这一似乎不重要的因素却可能具有预测未来收益的能力。

5. 盈余公告后的价格漂移

有效市场的一个基本原则就是任何新信息都应该迅速地反映在股价上。但是,鲍尔和布朗通过实证发现,实践中股价对公司盈余公告的反应明显较为缓慢。这一结果在许多文献中得到了认同和扩展。公布的实际收益与此前市场预期的收益之间的差额就是意外收益。其中,市场预期的收益能通过华尔街分析师宣布的平均收益来大致测量,也能通过趋势分析师根据过去的盈利情况做出的预测来大致测量。

琼斯等人对这一问题进行深入研究,计算了大量公司的意外收益,并根据意外收益对它们进行排序,以此为依据将公司分为 10 级,然后计算出每一级公司股票的超额收益。结果显示:

(1) 在盈余公告日(时间为 0)出现了一个很大的异常收益(累积异常收益有一个大的增长)。如果公司的意外收益为正,那么异常收益也为正,反之亦然。

(2) 有正意外收益的公司股票的累积异常收益在盈余公告日之前会继续增长,存在动量效应;有负意外收益的股票的累积异常收益在盈余公告日之后会继续下跌。市场对信息的调整是逐渐的,导致异常收益的稳定期出现。这表明一个人只要简单地等待盈余公告,然后购买有正意外收益的公司股票,就可以获得异常收益。这是对未来持续趋势的一种精准预测,而这在有效市场中是不可能存在的,累积异常收益率变化如图 3-2 所示。

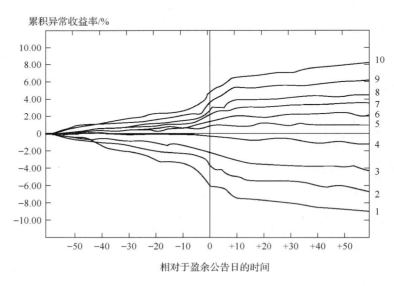

图 3-2 累积异常收益率变化

资料来源:BERNARD V L, THOMAS J K,1989. Post-earnings-announcement drift: delayed price response or risk premium? [J]. Journal of accounting research, 27: 1-36.

（三）强式有效市场检验

检验市场是否强式有效的直接方法是：内部人员交易他们公司的股票能否获得异常收益，即通过内幕消息能否获得异常收益。内部人员是指公司的董事、监事、高级管理人员和持股比例在10%以上的股东。贾菲等的研究已经证明：内部人员能够通过交易本公司的股票来获利。现实中，利用内幕消息进行交易一般会受到监管和限制。

其他投资者追随内部人员交易（例如，股票交易所专家[①]、证券分析师[②]、专业基金经理[③]等）是否能获利？披露的案例表明，利用内幕消息能够在中国股票市场获得可观的利润。因此，《中华人民共和国刑法》（简称刑法）对此行为进行制止。刑法第一百八十条规定，证券、期货交易内幕信息的知情人员或者非法获取证券、期货交易内幕信息的人员，在涉及证券的发行，证券、期货交易或者其他对证券、期货交易价格有重大影响的信息尚未公开前，买入或者卖出该证券，或者从事与该内幕信息有关的期货交易，或者泄露该信息，或者明示、暗示他人从事上述交易活动，情节严重的，处五年以下有期徒刑或者拘役，并处或者单处违法所得一倍以上五倍以下罚金；情节特别严重的，处五年以上十年以下有期徒刑，并处违法所得一倍以上五倍以下罚金。单位犯前款罪的，对单位判处罚金，并对其直接负责的主管人员和其他直接责任人员，处五年以下有期徒刑或者拘役。

总体来说，市场价格总具有向有效价格靠拢的倾向，但由于信息真实性、信息时效性、信息反应程度、理性程度等原因，市场价格总偏离有效价格。有效市场是无形的核心，弱式有效市场或半强式有效市场是现实的表现。然而，单个证券的价格则可能永久偏离有效价格。

第二节 前景理论

经过投资者在现实中长期的应用检验，前景理论成为行为金融学的主要理论。

一、个人的风险决策过程

（一）编辑阶段

（1）编码。人们通常将结果视为收益和损失，当然，收益和损失是基于某个参考点给

[①] 股票交易所专家有独占的渠道获得有关未执行的指令的重要信息，因此，如果市场不是强式有效，这些专家一般就会从这些信息中赚取超额收益。分析资料也证实了这个结论。但最近的研究表明：在引入了竞争性的费率和其他减少专家的收费标准的交易实践后，专家的资本收益率相对降低了许多。

[②] 主要研究在证券分析师的推荐之后进行投资能否获得超额收益。研究表明，在考虑了交易成本之后，根据推荐所获信息进行投资无法获得超额收益。这些结果支持了强式有效市场假说。

[③] 这项研究主要分析共同基金的业绩。大量的研究结果表明，大部分基金的业绩低于直接采取购买并持有策略所产生的业绩。考虑了经纪人佣金、基金佣金费和管理成本之后，约有2/3的共同基金的业绩不如整个市场的业绩。这些结果也支持了强式有效市场假说。

出的。参考点的选择是一个复杂的过程，一个即时的变化也有可能改变参考点的选择。

（2）合成。如果在未来的结果中存在相同的元素，那么前景可能被合成。例如，"有 0.3 的概率得到 1000 元，有 0.4 的概率得到 1000 元，有 0.3 的概率得到 0 元"的前景就能被合成为"有 0.7 的概率得到 1000 元，有 0.3 的概率得到 0 元"。

（3）剥离。一些前景可能会包含无风险部分，而这些无风险部分往往能够剥离出去。例如，"有 0.5 的概率得到 2000 元，有 0.5 的概率得到 1000 元"的前景就能被剥离为"确定得到 1000 元及有 0.5 的概率得到另外的 1000 元"。在处理损失问题时同样可以利用这种剥离的思路将确定性的结果抽出。

（4）相抵。如果两个前景同时加上或者减去一个同样的结果，那么在期望效用理论中决策不会被改变，因为期望效用理论的独立性公理说明，这种做法不影响决策。

（5）简化。前景还可以通过将结果或者概率凑整起到简化的目的。例如，"有 0.49 的概率得到 101 元"的前景可能就被简化成"有 0.5 的概率得到 100 元"。一些极端的事件，很可能就被简化成概率为 0 的事件。

（6）占优检查。如果有两个前景，其中一个前景无论是在结果上还是在概率上均优于另一个前景，就称它是占优的。通常情况下会对赌局进行占优检查，以确定该赌局的随机占优地位。如果一个赌局随机占优于另一个赌局，人们将会选择占优的那个。

（二）估值阶段

（1）编辑阶段之后，决策者对期望进行估值并进行选择。

（2）被编辑期望的全部价值 V，用两个主观量度 w 和 v 来表达。w 表示与概率 p 相对应的决策权重，为 $w(p)$，它反映了 p 对期望的全部价值的影响力，即决策权重函数。v 反映结果 x 的主观价值，分配给每一结果一个量 $v(x)$，即价值函数。而结果的定义与参考点相对应，在价值尺度中以 0 为参考点，因此，$v(x)$ 离开参考点的程度就是收益或损失的大小。

① 确定性效应：在面临正收益的选择时，如果一个确定一个不确定，确定的、收益较低的选择，优先于不确定的、收益较高的选择；如果两个都是不确定的选择，较高收益、较低概率的选择，优先于较低收益、较高概率的选择。

例如，以下有两种情况：选择 A 则收益确定为 3000 元；选择 B 则有 0.8 的概率获得 4000 元，0.2 的概率什么也没有。在这两种选择中多数人会选择 A，这就是确定性效应。

② 反射效应：人们在正的收益区间内表现为风险厌恶，而在负的收益区间内表现为风险偏好。

例如，如果把上面的问题颠倒过来：选择 A 则肯定损失 3000 元；选择 B 则有 0.8 的概率损失 4000 元，0.2 的概率一点也不损失。在这两种选择中多数人会选择 B，这就是反射效应。

③ 分离效应：当人们在进行选择的时候，常常忽略各个选择中的共同部分，而专注于不同部分，从而简化了选择的过程。人们可以通过不同的方式将选择分解为相同的和不同的部分，这就可能产生偏好的不一致。因为，不同的分解方法有时可以导致不同的偏好。

④ 概率保险：概率保险即支付一定成本来减少而不是完全消除不希望发生事件发生的概率。调查实验显示，投资者通常不会选择此类保险；期望理论效用函数为凹的相关原理却认为投资者对概率保险偏好高于普通保险。

（3）决策过程中的特征有以下几个。

① 价值函数以参考点为界将图形分为盈利和亏损两个区域。

② 盈利区域的图形表现为下凹，即风险回避特征，而亏损区域的图形表现为下凸，即风险偏好特征。

③ 亏损区域的斜率大于盈利区域的斜率，前者大约是后者的2.5倍，表明损失所产生的负效用为同等金额的盈利产生的正效用的2.5倍。

二、决策权重函数与价值函数

由前面的估值阶段可以知道在前景理论中，期望的价值是由价值函数和决策权重函数共同决定的，即

$$V = \sum_{i=1}^{n} w(p_i) v(x_i) \qquad (3\text{-}1)$$

式中，$w(p_i)$ 是决策权重函数，是一种概率评价性的单调增函数；$v(x_i)$ 是决策者主观感受所形成的价值，即价值函数。

（一）决策权重函数

人们倾向于高估低概率事件、低估高概率事件，而在中间阶段，人们对概率的变化相对不敏感。但同时，人们对极低概率赋予"0"的权重，而对极高概率赋予"1"的权重。

决策权重函数具有以下几个特点。

（1）对小概率事件的高估及其劣可加性。

（2）次确定性，即各互补概率事件决策权重之和小于确定性事件的决策权重。

（3）次比率性，即当概率比一定时，大概率对应的决策权重比率小于小概率对应的决策权重比率。

（4）端点性质不良，逼近确定性事件的边界，属于概率评价中的突变范围，决策权重常常被忽视或放大，如图3-3所示。

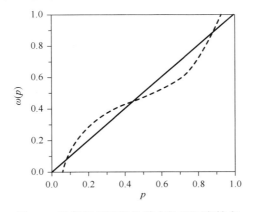

图3-3 决策权重函数的端点性质不良特点

资料来源：TVERSKY A, KAHNEMAN D, 1992. Advances in prospect theory: cumulative representation of uncertainty [J]. Journal of risk and uncertainty, 5 (4): 297-323.

（二）价值函数

价值函数具有以下几个性质。

（1）在相同概率下，对于盈利 x（$x>0$）和损失 $-x$ 的价值函数，$v(x)$ 存在着非线性特征（以现状为参考点）。

（2）在面对收益期望相同的决策时，会展现出风险厌恶的特征，即收益的价值函数通常是凹的（$v''(x)<0$）。

（3）在面对损失期望相同的决策时，会展现出风险偏好的特征，即损失的价值函数通常是凸的（$v''(-x)>0$）。

（4）对于对称的公平赌注，风险厌恶程度通常会随着赌注的变大而增加，即如果 $x>y\geqslant 0$，则 $(y,0.5;-y,0.5)$ 优于 $(x,0.5;-x,0.5)$，式中 x 和 y 表示赌注，0.5 表示概率。

价值函数示意图如图 3-4 所示。

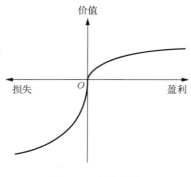

图 3-4　价值函数

资料来源：KAHNEMAN D A, TVERSKY A N, 1979. Prospect theory: an analysis of decision under risk[J]. Econometrica, 47(2): 263-291.

（5）在决策过程中，V 由概率及收益价值共同决定，即 $V(x,p;y,q)=w(p)v(x)+w(q)v(y)$。对严格正和严格负的前景评估时，则可以将该前景划分为：风险部分与无风险部分，即如果 $p+q=1$，并且满足 $x>y>0$ 或者 $x<y<0$，那么有 $V(x,p;y,q)=v(y)+w(q)[v(x)-v(y)]$。

（6）独立性公理的违反归因于次确定性，替代性公理的违反归因于次比率性，对普通保险的偏好优于概率保险归因于对损失概率的过度加权。

（7）参考点的位置以及选择问题的编码和编辑方式会对决策分析产生影响。

参考点使人们对等价值财富的风险态度发生变化。价值函数与参考点的出现，使人们对财富的态度从由绝对财富量来判断改为由相对财富量来判断。具体表现为：①反射效应；②价值函数斜率的不连续性；③损失的影响要大于收益。

（8）价值函数中的多重账户。同时存在盈利与损失的情况下的期望，可以分为四种情况：复合盈利、复合损失、混合盈利、混合损失。按照心理账户的原理，图 3-5 说明了决策者四种情况下的价值函数。

（9）价值函数中的跨期因素。人们在时间维度上的偏好表现在两个方面：①即时效应，即与一段时间后发生的事件相比，决策者偏好立即发生的事件；②同一段时间并不被感知为相同长度，时间感觉依赖于距参考点的远近，离参考点越远，时间段就越会被低估。

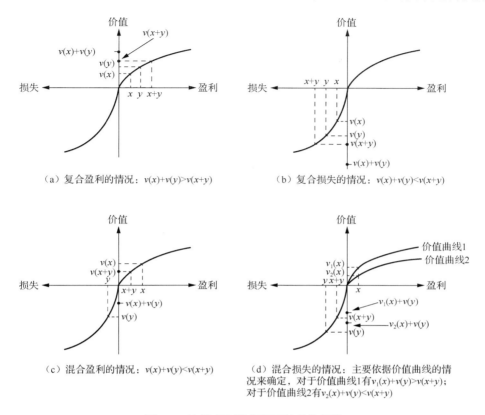

图 3-5　决策者四种情况下的价值函数

资料来源：THALER R, 1985. Mental accounting and consumer choice[J]. Marketing science, 4(3): 177-266.

前景理论中有一个有意思的实验：中奖实验。某一天，在两个不同的戏院对购票看戏的人进行中奖实验，在一家戏院，A 先生在排队买票时被告知他前面那位顾客是第 10000 名顾客，可以得到 1000 元奖金，而您是第 10001 名，可以获得 150 元奖金。在另一家戏院，B 先生排队买票被告知他是该戏院的第 10000 名顾客，可得到 100 元奖金。请问：如果你是 A 先生或 B 先生，你会开心吗？A 先生和 B 先生中谁会感觉更开心一些？

三、行为金融理论主要观点

行为金融理论以前景理论为基础，主张以下观点。

（一）基于信息不完全的羊群行为

传统的金融理论大多隐含完全信息的假设，但事实上，即使在信息传播高度发达的现代社会，信息也是不充分的，甚至是不真实的。在信息不充分的情况下，投资者的决策往往不完全依据已有的信息，还会依据对其他投资者的投资行为的判断。这样就形成了羊群行为。中国证券市场中存在的大量的"跟风""跟庄"的投资行为就是典型的羊群行为。由于市场中广泛存在羊群行为，证券价格的过度反应将是不可避免的，以致出现"涨过了头"或者"跌过了头"。投资者可以利用可预期到的股市价格反转，采取相反策略来进行套利交易。相反策略就是针对羊群行为制订的一种积极的投资策略。

（二）过度自信

人们往往过于相信自己的判断能力，高估自己成功的机会，研究者把这种心理现象称为过度自信。过度自信在投资活动中表现为投资者趋向于过度频繁交易，这会降低投资者的回报。金融专业人士（证券分析师、策划师等）也同样无法避免过度自信带来的影响。

（三）锚定

锚定是指人们趋向于把对将来的估计和过去已有的估计相联系。例如，证券分析师总是习惯于锚定自己的思维，他们喜欢提出一个投资建议，然后就停留在那儿，而不顾不利于这样做的新证据的存在，因为他们过于相信自己对于盈利的估计。显然，锚定与过度自信之间存在因果关系。

（四）参考点

人们评价事物时，总要与一定的参考点相比较。在参考点附近，人们的态度最有可能发生变化。参考点可以是特定时间（如年末）的组合市值、单个证券的购买价格，也可以是托付给基金管理人的投资额。参考点可以理解为与之进行比较的个人视点，据以构建不同情形的"现状"。参考点与锚定是不同的概念，参考点是一种个人的主观评价标准，而锚定则是一种心理现象。

（五）过度反应和反应不足

过度自信的另一个结果是过度反应与反应不足。股票市场的过度反应的例子是投机性资产价格的过分波动；反应不足的例子是，当新的重大消息到来后，股票市场的价格反应趋于滞后。

（六）精神账户

精神账户是指投资者在其头脑中把资金按用途划分为不同类别的现象。例如，把其中一些资金归类于现金资产（如现金、支票账户）；另一些资金则归类于证券资产（如股票、债券、基金）。对不同精神账户里的资金，人们的风险偏好是不一样的。

（七）典型启示

大多数投资者坚信"好公司"（指有名望的大公司）就是"好股票"，这是一种典型启示。这种认知偏差的产生是由于投资者误把"好公司"混同于"好股票"。典型启示会导致过分自信，它是指这样一种认知倾向：人们喜欢把事件分为典型的几个类别，然后，在对事件进行概率估计时，过分强调这种典型类别的重要性，而不顾其他潜在可能性的证据。

第三节 行为资产定价模型

一、基于效用函数修正的行为资产定价模型

（一）模型特点

基于效用函数修正的行为资产定价模型主要有以下特点。

1. 此类模型的研究角度从消费资本资产定价模型（CCAPM）出发，逐步引入各种行为因素，比如习惯形成、嫉妒、损失厌恶等。
2. 此类模型基本上使用一般均衡模型建立基本的分析框架。

（二）具体行为因素模型

1. 习惯形成模型

习惯形成是指消费者的偏好不但依赖于当前的消费水平，还依赖于习惯，而习惯与消费者过去的消费水平有关。

习惯形成模型将习惯形成引进代表性投资者的效用函数。越依赖习惯，投资者从当期投资中所得到的效用水平就越低。

2. 嫉妒模型

嫉妒模型将投资者的效用函数定义在其当前的平均总投资水平之上。嫉妒与追赶时髦都具有消费外在性，只是消费外在性影响偏好的时间不同，追赶时髦的消费外在性是一阶滞后的，而嫉妒的消费外在性是即时的。

3. 损失厌恶模型

损失厌恶是指人们面对同样数量的收益和损失时，损失会使他们产生更大的情绪波动。巴尔贝里等引入前景理论，重新定义了投资者的决策函数，他们假设投资者效用分为两个部分，一部分是投资者投资获得的效用，而另一部分则是投资者从持有风险资产的价值变化中获得的效用。

4. 异质性信念模型

在证券市场中存在大量的普通个体投资者和职业投资者。普通个体投资者之间由于知识、信息、能力等存在较大差别，表现出异质性。分析市场中两个对未来事件判断具有不同信念的代表性投资者，不仅投资者的异质性会影响资产价格，而且各个投资者的财富占所有投资者财富的比重，即"话语权"也会对资产价格产生影响。

当市场中只存在一位代表性投资者时，投资者的概率密度函数就是其均衡价格相关的概率密度函数。当市场中存在两个代表性投资者时，他们的概率密度函数具有相同的一般形式，但是由于使用了不同的分支概率，会彼此产生差异。所以真实概率密度函数的概率群介于两位投资者概率密度函数的概率群之间。

5. 行为随机贴现因子模型

在离散时间、离散状态模型中，随机贴现因子也被称作定价核，它衡量了每单位概率的状态价格。随机贴现因子包含了所有的风险，可分解为情绪、总消费增长率、时间等贴现因子。

行为随机贴现因子可分解为基本成分、情绪成分（衡量市场中的总体错误）。

传统随机贴现因子是原生状态变量的单调递减函数，而行为随机贴现因子是一个振荡的函数，其中的振荡形状反映了总量市场错误的特定结构。

（三）具体模型

对数效用函数是常相对风险规避（CRRA）效用函数的一种特殊情形，CAAR 效用函数的一般形式为

$$u(x) = \frac{x^{1-\gamma}}{1-\gamma}$$

对数效用函数是当 $\gamma = 1$ 时的特殊形式。

如果将对数效用函数替换成 CRRA 效用函数，可以推导得到任何证券 Z 的期望收益率，即

$$E_{\Pi,0}[r_Z(x_1)] - i_1 = (i_{1,\Pi} - i_1) - \frac{\text{Cov}[g(x_1)^{-\gamma_R}, r_Z(x_1)]}{E_{\Pi,0}[g(x_1)^{-\gamma_R}]} + i_{1,\Pi} \frac{(1-h_{Z,0})}{h_{Z,0}}$$

其中，$E_{\Pi,0}[r_Z(x_1)] - i_1$ 是指证券 Z 的期望收益率，$r_Z(x_1)$ 为证券 Z 的收益率，i_1 为市场潜在均衡利率，$g(x_1)$ 为证券 Z 收益率的分布函数。

第一项 $(i_{1,\Pi} - i_1)$ 是均衡利率错误定价的程度。

第二项 $\frac{\text{Cov}[g(x_1)^{-\gamma_R}, r_Z(x_1)]}{E_{\Pi,0}[g(x_1)^{-\gamma_R}]}$ 是价格有效时适用于证券收益率分布的风险溢价。

第三项 $i_{1,\Pi} \frac{(1-h_{Z,0})}{h_{Z,0}}$ 是一个情绪溢价，它体现了同时对于无风险利率和与证券 Z 相关的价格动态而言的错误定价。

二、基于市场反应的行为资产定价模型

基于市场反应的行为资产定价模型，是在一系列股票事件反应异象和横截面收益异象的基础上，引入各种心理偏差，对市场交易者的资产选择行为进行分析，在离散的多期模型中得到资产价格对信息和交易者行为的反应模式，从而形成行为资产定价模型。比较经典的模型有 BSV 模型、DHS 模型和 HS 模型。

（一）BSV 模型

BSV 模型所研究的心理偏差有代表性偏差和保守性偏差。BSV 模型可用于解释惯性效应、长期反转效应和公开事件的预测效应。

BSV 模型存在的主要问题：①模型对于现实市场的解释力受限；②不同心理偏差的影响程度不同；③无法确定两种心理偏差是否在市场中同时存在并发挥作用。

（二）DHS 模型

DHS 模型所研究的心理偏差有过度自信偏差和自我归因偏差。

DHS 模型表明正的收益自相关性是连续反应过度的结果，随后是长期的价格纠正，从而短期的正自相关与长期的负自相关协调一致。

DHS 模型存在的主要问题：①模型中过度自信的投资者能否归属于一类特定的投资者，例如机构、投资专家或小的个体投资者，还是可以将三者均包括在内；②无法确定具有较少信息的小的个体投资者是否仍然会表现出过度自信。

（三）HS 模型

HS 模型假定市场中有两种有限理性投资者：信息挖掘者和惯性交易者。HS 模型将中期的反应不足和长期的反应过度统一起来，因此又被称为统一理论模型。

HS 模型的分析过程：①当只有信息挖掘者时，价格对新的信息反应缓慢，存在反应不足但不存在反应过度，这主要是由于信息是逐步扩散的。②加入惯性交易者。他们利用信息挖掘者引起的反应不足进行套利。如果惯性交易者仅按照最近一期的价格变化来进行交易，将导致最初向基本面缓慢变化的价格加速变化，形成对消息的反应过度。

HS 模型的优势：①HS 模型的有限理性假设具有一定的说服力和直觉上的适用性；②HS 模型在推论过程中并不包含投资者心态或流动性干扰等外部变量；③从模型上看，相对于 BSV 模型和 DHS 模型，HS 模型可能具有较强的解释力度。

表 3-1 为 BSV 模型、DHS 模型和 HS 模型的比较。

表 3-1 BSV 模型、DHS 模型和 HS 模型的比较

比较项	BSV 模型	DHS 模型	HS 模型
投资者心理偏差	保守性偏差和代表性偏差	过度自信偏差和自我归因偏差	隐含了保守思维和代表性思维
市场假设	假设市场是均质的	假设市场是非均质的	假设市场是非均质的
异象解释过程	在保守性偏差决定的均值回复模式下，投资者对单个收益意外的反应不足导致惯性现象。在代表性偏差决定的趋势模式下，投资者对一系列同向的收益意外产生过度反应，导致长期反转现象	投资者对私人信息过度自信，公开信息在自我归因偏差的作用下，使过度自信加剧，两者共同作用产生了短期惯性现象。长期来看，价格偏离会逐渐消失，并导致长期反转现象	信息挖掘者对新的信息反应不足，惯性交易者清除这种反应不足，并直至过度反应。这导致了惯性现象和长期反转现象

第四节 行为组合理论

谢夫林和斯塔特曼借鉴现代资产组合理论（modern portfolio theory，MPT）中的有益部分，在前景理论及传统资产组合理论的基础上建立了行为组合理论（behavioral portfolio theory，BPT）。行为组合理论通过综合考虑期望财富、对投资安全性与增值潜力的欲望、期望水平及达到期望水平的概率等因素来选择符合个人意愿的最优组合。行为组合理论的分类与类型差异如图3-6所示。

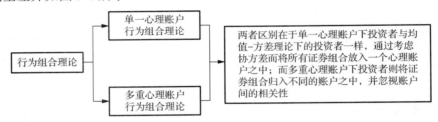

图 3-6　行为组合理论的分类与类型差异

一、单一心理账户行为组合理论

单一心理账户行为组合理论关于资产组合的选择类似于均值-方差理论中的证券组合选择。均值-方差理论的核心是(μ,σ)空间中的均值-方差有效边界；单一心理账户行为组合理论与之对应的则是$(E_h(W),\text{Prob}\{W\leq A\})$空间中的有效边界。

在两种情况下，投资者都将选择具有较高值的μ或$E_h(W)$以及具有较低值的σ或$\text{Prob}\{W\leq A\}$。因此，均值-方差有效边界通过取固定σ下的最大值μ而获得，而单一心理账户行为组合理论有效边界则通过取固定$\text{Prob}\{W\leq A\}$（约束条件）下的最大值$E_h(W)$（最大期望财富）而获得。

二、多重心理账户行为组合理论

谢夫林和斯塔特曼研究了投资者具有两个心理账户的情况，分别对应高、低两个期望值，代表投资者既希望避免贫困，又希望变得富有的愿望。投资者的目标就是将现有财富W_0在两个心理账户间分配以使整体效用达到最大。

最大化投资者整体效用的做法将会使低期望值心理账户中的组合比高期望值心理账户中的组合看起来更像无风险债券，而与之相反，高期望值心理账户里的组合更像彩票。

三、行为组合理论与现代资产组合理论的比较

均值-方差理论中的投资者通过确定每一标准差水平下最高水平的期望财富的资产组合来构造均值-方差有效边界。而行为组合理论与现代资产组合理论中的标准差相对应的是

财富低于期望水平的概率，表 3-2 为行为组合理论与现代资产组合理论的比较。

表 3-2 行为组合理论与现代资产组合理论的比较

理论	联系	区别
行为组合理论	两者分析框架相似，都是在一定风险下寻求最大收益，在风险与收益平面内构造有效边界，并根据效用函数判断最优组合	投资者对未来各种不同前景出现的概率以及相应的期望值能够进行客观公正的估价，而且因为投资者均是理性人，他们的估值也无差异
现代资产组合理论		以预期效用理论为基础，认为投资者均是风险厌恶型的，对待风险的态度始终不变，其差别只是厌恶程度不同

四、经验实例

（一）不同年龄投资者的资产组合

经验事实表明，不同年龄的投资者通常具有不同的风险偏好和投资行为，从而做出不同的资产组合选择。不同年龄投资者的资产组合实验数据见表 3-3。

表 3-3 不同年龄投资者的资产组合实验数据

家庭户主年龄/岁	股票基金	混合基金	债券基金	货币市场基金
<25	14	2	7	8
25~34	33	10	12	23
35~44	44	12	17	26
45~54	42	16	20	30
55~64	37	15	17	29
≥65	21	11	14	19

（二）不同性别投资者的资产组合

研究发现，男性比女性的交易次数多 45%，而且单身男性比单身女性的交易次数多 67%。已婚男性换手率平均每月为 6.11%，而已婚女性换手率平均每月为 4.41%。此外，女性比男性对有争议的信息更敏感；男性更关注他们的投资组合；男性更可能及时止损，而女性更可能购买并持有；女性比男性多三分之一的可能回避风险；女性相对而言只能承受较小的风险。

（三）不同人格类型投资者的资产组合

根据经典的 MBTI 测试，人格可以分为 4 个维度共 16 种类型，每一种人格类型有不同的性格特征以及风险偏好，基于人格类型，可以构建资产组合模型。

五、行为组合理论的争议

投资者关心是否存在获利机会，怎样去利用非理性现象来获利，以及是否能从错误定价中获得收益，但行为学派没有对此进行讨论。

行为方法太过松散，缺乏理论体系，导致任何异象都可以通过从一系列行为偏差中选择出来的非理性组合来解释。由于很容易对任何异象做出"逆转设计"，我们更希望能有个统一的行为理论来解释一系列市场异象。

然而一种异象的非理性与另一种异象的非理性是不相容的。例如，有些学者发现了长期纠正行为（与反应过度一致），但有些学者却发现了长期持续的异常收益（与反应不足一致）。此外，许多研究结果的统计显著性还不够，并且与比较的基准收益出现极小的偏差就会导致显著的长期超额收益。

第三章习题

第二篇

价值计算

巴菲特说，当他考虑买入一只股票的时候，他会考虑整个公司的状况来决定是否买入。没有研究过基础的投资，就像闭着眼睛开车，很容易出现亏损。这个经验点明了基本分析和价值计算的重要性。

证券投资对象分为固定收益证券、权益证券、衍生证券，投资者在进行证券投资时的决策实质上反映了他对投资对象的价值判断和风险特征判断，是按照自身风险偏好进行的。证券的未来预期收益是支撑证券价格的主要基石。本篇分别介绍基本分析方法，以及债券、股票、衍生证券、基金的价值计算方法。

第四章

经济基本分析

学习目标

- 理解政治经济周期与证券价格波动的关系;
- 理解财政政策和货币政策对证券价格走势的影响;
- 根据投资需要从不同角度进行行业分类分析;
- 理解行业生命周期、行业技术周期与证券投资的关系;
- 理解公司分析中财务指标分析对证券选择的作用。

影响证券市场价格走势的因素大致可划分为四类:一是宏观因素,例如宏观经济走势和周期,宏观经济政策调控方向和力度;二是行业因素,例如行业创新属性和生命周期;三是公司因素,例如公司市场地位和发展前景;四是市场行为因素,例如市场投资者的情绪和心理。前三个因素被称为基本因素,即市场外部因素;后一个因素是内部因素,或称技术因素。本章主要介绍证券投资过程中的宏观分析、行业分析和公司分析。本章思维导图如图4-1所示。

思维导图

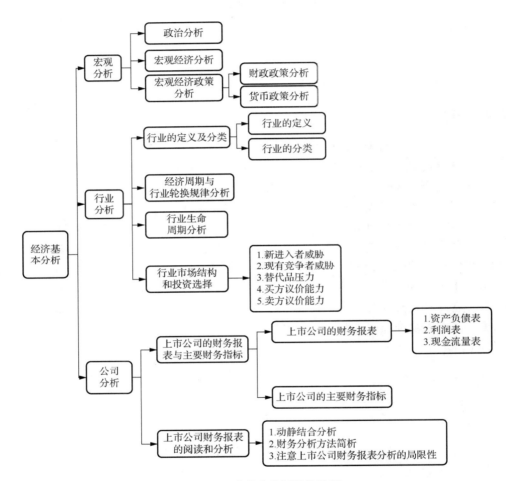

图 4-1　经济基本分析思维导图

第一节 宏观分析

宏观分析主要分析各种宏观因素对证券市场价格走势的影响。宏观因素包括政治因素、宏观经济因素和宏观经济政策因素。与行业因素和公司因素相比,宏观因素对证券市场价格走势的影响是系统性的。

一、政治分析

能够对证券市场运行产生影响的政治因素主要有以下几个。

1. 战争。战争是政治的集中体现,对证券市场的影响很大,例如海湾战争。
2. 国际重大政治活动。国际重大政治活动对证券市场的影响越来越大,例如G20峰会讨论全球气候变暖问题。
3. 国家主要领导人的言论和行动。对于国家政治决策有重要影响力的国家领导人的言行,会对证券市场产生突发性的影响。
4. 国家之间政治经济关系的调整和变动。这会对与这种变动相关的上市公司的股票产生重大影响,例如中美贸易战。

值得注意的是,经济具有一定政治周期性,金融也具有一定的政治周期性。例如美国,在历次总统换届[①]后,一般会经过短期的信贷紧缩[②],然后开始持续的金融膨胀,随着执政时间的延长,金融膨胀值超过金融趋势值的正向缺口加大,金融泡沫破裂风险加大,政府后期执政阶段开始控制金融风险,金融变量进入紧缩阶段(苗文龙,2018)。例如,在1960—2015年这一考察时段内,美国有9位总统,其中7位总统换届都表现出这一特征。法国、德国金融的政治周期性特征虽然较美国弱,但仍表现出这一规律。1960—2015年的美国信贷周期见图4-2。

二、宏观经济分析

企业在经济紧缩情况下比在经济扩张情况下更难成功。这种说法强调要将宏观分析作为投资过程分析的一个基本部分。准确预测宏观经济趋势能给投资者带来收益。但是,为获得超额收益,投资者必须比竞争者预测得更准确一些。

[①] 这里仅指换人的换届,一人连任两届总统在此不视为换届。
[②] 给社会公众的印象是上届政府遗留下很多经济问题。

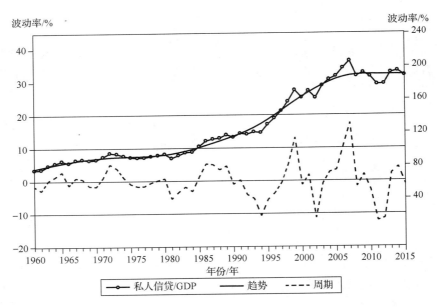

图 4-2　1960—2015 年的美国信贷周期

注：私人信贷/GDP 和趋势为右轴，周期为左轴。

宏观经济分析包括总量分析与结构分析两种方法。

（一）总量分析

总量分析是指对社会经济总体指标反映出来的经济增长速度、社会总供给与社会总需求的比较关系、经济周期的运行状况等方面进行的分析。代表性指标有国内生产总值[①]、失业率[②]、通货膨胀率[③]等。总量分析通过分析经济总量变化，把握经济冷热程度。

例如，计算经济周期有助于把握证券市场的走势和波动情况。经济通常会反复经历扩张期和收缩期，但波长和振幅可能各不相同。这种衰退和复苏不断重复出现的模式被称为经济周期。经济周期曲线的拐点被称为高峰和谷底，高峰是指从扩张期结束到收缩期开始的转折点。谷底是指收缩期结束，进入扩张期的转折点。

处于经济周期不同阶段的各个行业，其业绩可能各不相同。在谷底时，因为经济就要从衰退走向复苏，投资者可以预期周期性行业（那些对经济状态的敏感性超出一般水平的行业）的业绩会超过其他行业。与周期性行业相反，防御性行业对经济周期不太敏感。防御性行业生产的产品的销售额和利润对经济发展状况不太敏感。当经济进入收缩期时，防御性行业的业绩会超过其他行业。在行业分析部分我们将对此进行深入分析。

---

① 国内生产总值指按市场价格计算的一个国家（或地区）所有常住单位在一定时期内生产活动的最终产品和服务的总和。
② 失业率指正在寻找工作的劳动力占总劳动力（即正在工作和积极寻找工作的劳动力）的百分比。
③ 通货膨胀率指一般物价总水平在一定时期内的上涨率。

（二）结构分析

结构分析是指对产业结构、地区经济结构、收入结构与消费结构等方面的分析。分析经济结构变化，可以提高投资对象的准确性。

三、宏观经济政策分析

宏观经济政策分析指对国家宏观经济调控的相关政策的分析。例如财政政策、货币政策等。此外，在中国经济体制改革进程中，重大的改革步骤、改革的力度和方法等也是宏观经济政策分析的重要内容。

（一）财政政策分析

财政是以国家为主体的，为满足社会公共需要在进行集中性分配和再分配的过程中形成的经济关系。

财政政策是在市场失灵条件下，政府通过征税、融资、购买等行为发挥资源配置、收入分配、经济稳定和发展等职能的宏观经济政策。财政制度界定了征税、融资、购买等政府行为的权限和程序。

财政收支的状况对整个国民经济的影响十分显著，也是影响证券市场供求关系、进而影响证券价格波动及其走势的重要因素。

财政政策可以分为积极的财政政策、紧缩的财政政策以及中性（收支平衡）的财政政策。财政政策包括三大手段：政府购买、转移支付、税率调整及税收减免。不同手段的财政政策对证券市场的影响是不同的。

（1）政府购买力水平的改变会对证券市场产生结构性影响。政府购买的产业导向会影响不同上市公司的盈利水平。例如，政府采购公务用车的政策。

（2）转移支付水平的改变会对证券市场产生结构性影响。政府的转移支付是指政府无偿地支付给个人或下级政府，以增加其收入和购买力的费用。转移支付会从结构上改变社会购买力在不同产业或不同地区的分布状况，从而对不同产业、不同地区的上市公司的业绩产生影响。例如，农产品价格补贴政策。

（3）税率调整及税收减免政策的变化会对证券市场产生总体和结构性的影响。例如，降低证券交易印花税的政策、调整企业所得税的政策以及出口退税的政策。

（二）货币政策分析

货币政策是中央银行为实现其特定的经济目标而采取的各种控制调节货币供应量、利率或信用的方针、政策、措施的总称。货币政策包括政策工具、传导机制、政策目标（操作目标、中间目标、最终目标）、透明度、政策时滞等内容。按照调节货币供应量和利率的程度，货币政策可划分为三种类型：扩张性货币政策、收缩性货币政策和均衡性货币政策。概括而言，货币政策工具如表4-1所示。

表 4-1 货币政策工具

类别	指标	影响货币因素
一般性货币政策工具	法定存款准备金率	货币乘数，商业银行创造的派生存款，超额准备金
	再贴现率	再贴现规模
	公开市场业务（回购及逆回购；常备借贷便利，中期借贷便利，长期借贷便利）	直接影响准备金和货币供给量
选择性货币政策工具	消费者信用控制	首次付款额，信贷期限，商品种类
	证券市场信用控制	证券保证金率
	不动产信用控制	贷款限额，最长期限，首付款比例，分期最低额
	优惠利率	重点经济行业或产业
	预缴进口保证金	进口商预缴商品价值一定比例的存款
直接信用控制	存贷款利率限制	存贷款利率
	信用配额	商业银行信用规模
	流动性比率限制	商业银行流动性比率
	直接干预	银行的信贷业务、放款范围
间接信用控制	道义劝告（通告、指示、面谈）	商业银行对政策的贯彻和执行
	窗口指导	商业银行经营行为

资料来源：黄达, 2003. 金融学[M]. 北京：中国人民大学出版社.
米什金, 2021. 货币金融学：第十二版[M]. 王芳, 译. 北京：中国人民大学出版社.

下文从以下几个方面具体展开介绍货币政策工具。

1. 一般性货币政策工具

中央银行的一般性货币政策工具主要有：法定存款准备金率、再贴现率、公开市场业务等。

（1）法定存款准备金率。

存款准备金是金融机构为保证客户提取存款和资金清算需要而缴存在中央银行的存款，中央银行要求的存款准备金占该金融机构存款总额的比例就是法定存款准备金率。

中央银行对法定存款准备金率的调整可以通过影响货币乘数进而影响社会货币供给量，调节社会总需求，影响证券市场的资金供给和证券价格。例如，提高法定存款准备金率表现为货币政策收紧、证券市场资金供给减少、企业融资成本上升，证券市场的总体反应是价格下跌。下调法定存款准备金率则与之相反。

调整法定存款准备金率，最先影响的是投资者的投资信心，要经过一段时间才能真正带来资金面的变化。投资者在关注这一宏观调控政策时，不可只注意它的短期证券市场反应，还要看到它长期的实质性影响。

（2）再贴现率。

再贴现率是商业银行将其贴现的未到期票据向中央银行申请再贴现时的预扣利率。再贴现率提高时，商业银行会减少对中央银行的借款，货币供给总量减少；反之，再贴现率降低时，商业银行借款增加，货币供给总量增加。

在现实当中，商业银行和其他存款机构一般会尽量避免去贴现借款，而只是将其作为一种紧急手段使用，以避免被误以为财务资金状况出现问题。再贴现率政策往往是作为一种补充手段与公开市场业务结合在一起使用。

总体来说，再贴现意味着中央银行向商业银行贷款，再贴现率的高低直接影响着货币供应量的大小，从而对证券市场产生较大的影响。一般来讲，再贴现率下降时，证券价格会上涨；再贴现率上升时，证券价格会下跌。但是在不同的市场状态下，证券市场对再贴现率调整的反应会有所不同。

（3）公开市场业务。

公开市场业务是中央银行通过在金融市场上买卖政府债券来控制货币供给和利率的政策行为。

通过公开市场业务操作，中央银行可以调节流通中的货币量，从而通过传导机制影响证券市场的资金状况。一方面，公开市场业务操作的有效性需要依托于证券市场的完整性，证券市场越完善，公开市场业务操作也会越有效。另一方面，由于公开市场业务操作可以为证券市场提供流动资金，其发展也会促进证券市场的发展。

2. 选择性货币政策工具

选择性货币政策工具是指中央银行针对特定部门、特定行业或特定用途的信贷所采用的货币政策工具。比较常见的有：证券市场信用控制、不动产信用控制和消费者信用控制。

例如，证券市场信用控制即中央银行对于凭信用购进有价证券的交易，规定应支付的法定保证金比率，目的在于限制用借款购买证券的比重。

证券市场信用控制的主要计算方法为：

$$最高贷款额度=（1-法定保证金比率）\times 证券交易总额$$

证券市场信用控制的内容包括：凭信用购买证券时，规定法定保证金比率；在证券交易中对必须以现金支付的部分进行管理规定。中央银行根据经济形势和金融市场的变化，随时调整法定保证金比率，最高可达100%。这样，中央银行间接地控制了流入证券市场的资金数量。

与一般性的货币政策工具不同，选择性的货币政策工具对货币政策与国家经济运行的影响不是全局性的而是局部性的，但也可以作用于货币政策的总体目标。

3. 直接信用控制

直接信用控制是指中央银行以行政命令或其他方式，从质和量两个方面，直接对金融机构尤其是存款货币银行的信用活动进行控制。具体手段包括：存贷款利率限制、信用配额、流动性比率限制和直接干预等。其中，存贷款利率限制是最常使用的直接信用控制工具，如1980年以前美国的Q条例。

4. 间接信用控制

间接信用控制包括道义劝告和窗口指导。

道义劝告是指中央银行利用其声望和地位，对金融机构发出通告或指示，或与各金融机构负责人面谈，劝告其遵守政府政策并自动采取贯彻政策的相应措施，间接影响信用创造的数量和方向，从而达到控制信用的目的。尽管道义劝告没有法律上的约束力，但由于中央银行的特殊地位，道义劝告往往是有效的。

窗口指导是指中央银行根据产业行情、物价趋势和金融市场动向等经济运行中出现的新情况和新问题，对存款货币银行提出信贷的增减建议。若存款货币银行不接受建议，中央银行可能采取必要的措施，如可以减少其贷款的额度，甚至采取停止提供信用等制裁措施。窗口指导虽然没有法律约束力，但影响力往往比较大。

除了上述货币政策工具，在此我们也介绍一下货币政策传导机制。

货币政策传导机制包括货币供给调节机制和利率传导机制。

图4-3主要描述了货币政策的传导过程，图4-4主要描述了货币政策传导途径。

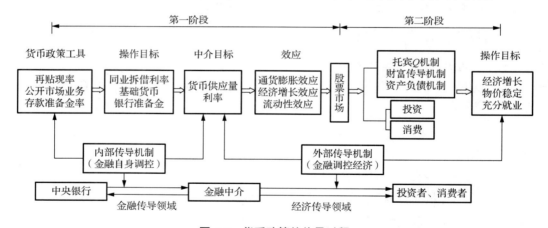

图4-3 货币政策的传导过程

据此，对《中共中央关于制定国民经济和社会发展第十四个五年规划和二〇三五年远景目标的建议》中有关货币政策传导机制的解读为：

（1）完善以公开市场业务操作利率为短期政策利率和以中期借贷便利利率为中期政策利率的中央银行政策利率体系，健全利率走廊机制，引导市场利率围绕中央银行政策利率中枢波动；

（2）深化贷款市场报价利率改革，带动存款利率逐步走向市场化，使中央银行政策利率通过市场利率向贷款利率和存款利率顺畅传导；

（3）破除贷款利率隐形下限，引导金融资源更多配置至小微、民营企业，提高小微、民营企业在信贷市场的竞争性，从制度上解决小微、民营企业融资难、融资贵问题（易纲，2020）。

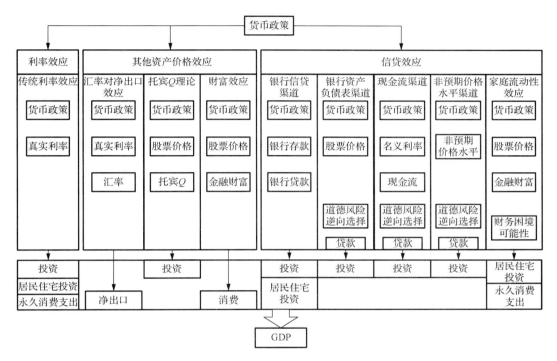

图 4-4　货币政策传导途径

资料来源：米什金，2019. 货币金融学：英文版·第十一版[M]. 北京：中国人民大学出版社.

（三）宏观审慎政策分析

宏观审慎理念提出较早，例如库克委员会（巴塞尔委员会的前身）在 1979 年提出宏观审慎的监管概念，对宏观审慎政策比较准确且权威的界定是国际货币基金组织、金融稳定理事会和国际清算银行在 2016 年的研究报告。

为了实现政策目标，宏观审慎政策工具及其作用机制成为重点关注内容。早期，人们围绕一些原则设计系统性风险预警指标。例如，明确提出要跟踪的风险（或风险元素）；所选指标能否很好地跟踪这种风险；所选指标是否受其他因素影响，如果受影响，是否需要包括其他指标以支持所选指标；可用数据的频率和质量是否足以导出或支持指标。世界银行 2014 年提出的系统性风险早期预警系统的指标体系如表 4-2 所示。这些指标为后期宏观审慎政策工具的设计和简化奠定了基础，有一些还在沿用。

表 4-2　系统性风险早期预警系统的指标体系

类别	捕获风险积累内容	指标
总量指标	金融体系和经济	GDP 增长率 金融部门对 GDP 的贡献趋势 信贷增长率 资产价格增长率 通货膨胀率 经常项目赤字占 GDP 的比例 外汇储备 财政赤字占 GDP 的比例 主权债务占 GDP 的比例 外债总额占 GDP 的比例 短期外债与外汇储备之比 家庭债务占 GDP 的比例、杠杆比率、债务收入比 企业债务占 GDP 的比例、杠杆比率、偿债覆盖率、资本金净利润率
金融部门状况指标	合计风险偿付能力	信贷与 GDP 之比：长期趋势的偏离度 资本充足率 一级资本比率 核心股本比率 缓冲资本 扣除不良贷款后的缓冲资本
	杠杆	非风险调整杠杆率，包括表外项目
	流动性	流动资产与短期负债之比 流动资产占总资产的比例 流动性与期限错配（契约与行为） 承诺但未动用的流动性工具 短期市场借贷成本 银行间市场的营业额 借入中央银行常备流动性工具的平均金额
	融资模式	对批发融资的依赖 对银行间市场的依赖 贷款与"存款加资本金"之比 借贷成本 到期模式 外币结构 未动用融资便利 集中度：交易对手、工具、市场
	汇率风险	未平仓净头寸占监管资本的比例 企业和家庭部门未对冲的货币风险

续表

类别	捕获风险积累内容	指标
金融部门状况指标	资产质量	不良贷款占贷款总额（合计，按行业分列） 拨备覆盖率 重新安排或重组贷款 处分一年内的违法程度
	表外风险	非传统资产负债表外项目的活动
	影子银行	不受监管（和宽松监管）部门/实体的风险重要性 银行与非银行机构之间的联系程度 监管和不受监管实体的联系程度
	盈利能力	资产收益率 资本金净利润率 非利息收入在总收入中的份额 净利差
市场状况指标	可能导致普遍萧条的金融市场发展	市场周转率（及流动性） 风险偏好指标（利差和风险溢价） 评级偏误 资本流动：投资组合和长期投资
资产市场状况指标	房地产（可分为住宅和商业地产）（早期预警系统还可以包括其他价格敏感的类似指标资产类别，如股票市场）	按揭贷款增长 按揭债务占国内生产总值的比例 贷款价值比 还款期限（成熟） 可变利率抵押贷款比例 房地产价格（商业和住宅） 新旧属性 地租比 与传统金融储蓄相比的回报率

风险集中度指标	横截面维度传染和放大的渠道	金融机构（包括非银行金融机构）、部门、市场之间共同的风险敞口和关联：
		  -对前25个交易对手的总风险敞口
		  -银行对非银行机构的总风险敞口
		  -银行对不受监管的金融实体的总风险敞口
		  -对敏感行业、资产类别、市场的总风险敞口
		  -总资产中大额风险敞口所占比例
		共同的商业模式
		共同的风险管理模型
		共同的估值模型
		共同的产品结构或构成
		共同的风险减轻因素（保险公司、保证人、抵押品）
		资金来源集中度：交易对手、市场、工具
		系统重要性金融机构
		系统重要性银行
		市场基础设施（清算机构，贸易仓库）
		具有系统重要性的工具和市场

资料来源：https://openknowledge.worldbank.org/server/api/core/bitstreams/5308b0c7-e4c8-59a9-92d2-d96932b547fc/content[2023-11-14].

自 2008 年全球金融危机后，宏观审慎政策工具不断丰富和发展，分类标准也存在多个。

（1）根据防范的系统性金融风险的种类，宏观审慎政策工具分为时间维度工具和横截面维度工具。

（2）根据政策工具的影响目标，宏观审慎政策工具分为基于借款人的工具和基于贷款人的工具，前者以借款人杠杆和金融机构头寸为影响目标，后者以金融机构的资产或负债为影响目标。

（3）根据政策工具的用途和方式，宏观审慎政策工具可分为信贷类、资本类和流动性类，或分为银行业工具和房地产业工具等。

（4）根据政策工具的关注重点，宏观审慎政策工具分为三类：第一类是与信贷相关的，如贷款价值比率上限、债务收入比率上限、外汇贷款上限、信贷量或者信贷增长上限等；第二类是与资本相关的，比如逆周期动态资本要求、动态拨备以及对利润分配进行限制等；第三类是与流动性相关的，包括限制净外汇头寸敞口、货币错配、期限错配及准备金等。

根据 2018 年国际货币基金组织的调查报告，141 个国家采取了 1313 项宏观审慎政策，每个国家平均约采取 9.3 项政策，采用的工具包括家庭部门工具、企业部门工具、流动性及外汇工具、非银行部门工具、结构性工具等。这与世界银行 2014 年提出的宏观审慎政策工具具有一定的相似性，具体见表 4-3。

表 4-3 宏观审慎政策工具

政策工具	具体工具		
	横截面工具	逆周期工具	适用于两个方面的工具
资本金	更高质量的资本要求 对系统重要金融机构有更高的资本要求 留存缓冲 交叉持股的限制	风险权重 逆周期缓冲	股利分配限制 杠杆率
准备金		动态规定 标准资产规定	高风险敞口的差异准备金
流动性和资金	流动性覆盖比率 净稳定资金比率 期限错配的限制		流动资产比率 存款准备金率 贷存比 外币借款限制 净未持仓限制 对非核心资金征税
资产方		对特定行业的贷款限制 贷款价值比/贷款收入比/抵押品（保证金）率 抵押品限制 信贷增长限制	对无套期保值借款人的外币贷款的限制

续表

政策工具	具体工具		
	横截面工具	逆周期工具	适用于两个方面的工具
结构性工具	银行间风险敞口限制 对非银行机构或不受监管金融实体的风险敞口限制 对集团实体的风险敞口限制 对规模、范围和组织结构的限制 附属化 网络架构风险敞口 场外交易报告 中央结算所和清算所 恢复计划和可解决性评估 大型复杂机构的改进解决框架 担保融资的保证金要求 加强信息披露 更密集的监督 对系统性实体更严格的审慎要求	资本控制	

资料来源：https://openknowledge.worldbank.org/server/api/core/bitstreams/5308b0c7-e4c8-59a9-92d2-d96932b547fc/content[2023-11-14].

第二节 行业分析

进行行业分析并确定具有发展前景的优质行业是证券投资的重要一步。投资者应根据自己的风险偏好、风险承受能力、对行业了解程度等因素确定投资行业。

一、行业的定义及分类

（一）行业的定义

行业是指从事国民经济中相同性质的生产或从事相同经济社会活动的企业和个人等构成的组织结构体系。在证券市场中，不同行业的上市公司形成了不同的板块。行业分析是对上市公司进行分析的前提，也是连接宏观分析与公司分析的桥梁，是基本分析的重要内容。

（二）行业的分类

1. 中国证监会行业分类

2012年10月26日，中国证监会发布修订的《上市公司行业分类指引》，将上市公司的经济活动分为门类、大类两级。具体讲，该指引将中国上市公司分为19个门类，见表4-4。

表 4-4　中国上市公司行业门类

A	农、林、牧、渔业	K	房地产业
B	采矿业	L	租赁和商务服务业
C	制造业	M	科学研究和技术服务业
D	电力、热力、燃气及水生产和供应业	N	水利、环境和公共设施管理业
E	建筑业	O	居民服务、修理和其他服务业
F	批发和零售业	P	教育
G	交通运输、仓储和邮政业	Q	卫生和社会工作
H	住宿和餐饮业	R	文化、体育和娱乐业
I	信息传输、软件和信息技术服务业	S	综合
J	金融业		

2．全球行业分类

全球行业分类标准把行业分成 11 个板块，选取其中 10 个板块，分析其发展的影响因素，具体见表 4-5。

表 4-5　10 个板块发展的影响因素

类型	影响因素
通信业务	① 运营商竞争格局的变化； ② 动力设备和机房环境； ③ 农村和偏远地区的发展和市场容量的扩大程度； ④ 政府对节能减排工作的重视程度，运营商对节能重要性的认识
非日常消费品	宏观经济形势；国家产业政策；居民收入水平；其他行业的影响
日常消费品	物价
原材料	技术；政策因素；社会习惯
公用事业	宏观经济波动；行业结构；市场需求
能源	需求因素；供应因素；经济环境；季节性需求规律；国际能源价格
金融	① 环境因素：经济体制和法律法规，金融市场发育程度，利率； ② 需求因素：风险因素，人口因素，居民可支配收入，消费倾向，价格因素，替代因素； ③ 供给因素：金融资产数量，金融产品数量，金融创新能力
医疗保健	行业发展阶段；政策因素；产品
工业	需求因素；政策因素
信息技术	行业竞争程度；行业结构；行政部门干预程度

二、经济周期与行业轮换规律分析

根据行业轮换规律进行投资是在计算经济周期、界定经济周期阶段的基础上,将投资组合更多地转向预期会有更高收益的行业。

(1)经济周期波峰通常伴随着高通货膨胀率和高利率,基本商品面临价格压力,对于主营能源的公司而言,例如采矿和石油行业,将是一个极好的投资时机。

(2)在波峰之后,经济进入衰退期,对经济条件不敏感的防守型行业,例如医疗保健、日常消费品、公共设施等行业,将会有更好的表现。

(3)在经济紧缩期的波谷,经济面临复苏及扩张的趋势,企业可能购买新设备,生产资料行业将会有所表现,例如高技术产业等。

(4)在扩张阶段,周期型的行业,例如非日常消费品行业将获得巨大收益,材料业、工业在扩张阶段也可能营运良好。

随着经济周期的转换,行业收益出现轮动,经济周期中的行业轮换规律详见图4-5。但在实际中,周期的每一阶段持续多长时间并不确切,其波动程度也不甚明了。这些预测正是分析人员赖以生存之处。

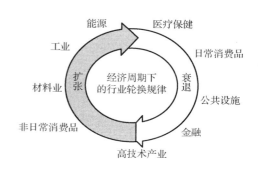

图 4-5 经济周期中的行业轮换规律

资料来源:博迪,凯恩,马科斯,2016. 投资学精要:第 9 版[M]. 胡波,王鹭然,纪晨,译. 北京:中国人民大学出版社.

三、行业生命周期分析

行业生命周期分析的目的在于把握行业周期阶段特征、选择较好的行业进行投资。行业生命周期指每一个行业经历的一个由初创、成长到衰退的发展演变过程。

(一)行业生命周期阶段

一般而言,行业的生命周期分为以下 4 个阶段。

1. 初创阶段

初创阶段,行业效益较差、增长较快、风险很大。任意一项产业都起源于一项新技术或一种新产品,例如 20 世纪 80 年代的录像机或个人电脑;20 世纪 90 年代的生物工程技术。

在这个阶段中,很难预料出哪家公司最终能够成为行业的领导者。一些公司非常成功,另一些却退出市场。因此,这一阶段选择公司进行投资存在风险。但是,这个阶段,公司的销售额和净利润会急剧扩张,因为此时市场中的新产品远远未达到市场饱和状态。

2. 成长阶段

成长阶段，行业效益逐步显现，风险仍然较大。当某个产品建立了较稳定的市场，就会出现行业领导者。从初创阶段中存活下来的公司一般比较稳定，其市场份额比较容易预测。因此，这些公司的业绩就会和整个行业的业绩紧密相关。尽管这一阶段产品已经进入市场并被广泛使用，但该行业仍具有比其他行业更快的发展速度。

3. 成熟阶段

成熟阶段，行业效益明显增加，风险有所降低。在这一阶段，行业产品的普及程度已经达到消费市场潜力的顶点。只有当经济整体发展时，行业才会进一步发展。这时，产品会变得越来越标准化，厂商在基本价格水平上将面临激烈的竞争。这会导致边际利润降低，从而对公司的净利润造成压力。

4. 衰退阶段

衰退阶段，行业效益开始滑坡，风险不断加大。当行业进入衰退阶段，它的发展速度会低于经济发展速度，呈现萎缩的迹象。这可能是由产品过时引起的，当然也可能是因为新产品入侵或低成本供应商的竞争。

从行业生命周期角度进行证券投资选择的投资建议见表 4-6。

表 4-6 从行业生命周期角度进行证券投资选择的投资建议

生命周期	特点	投资建议
初创阶段	新的行业能否形成，新产品能否打开市场或公司在初期能否承担巨大的开发研究费用，都有很大随机性。具有高风险、低收益或无收益的特征	适合投机性投资者和风险投资者
成长阶段	行业稳定发展的阶段，竞争加剧，价格下降，利润上升。基础不稳、经营效益低下的公司逐渐被大公司淘汰，技术实力雄厚、经营管理水平高的大公司占据主导地位。这一阶段，公司的利润虽然增长较快，但竞争非常激烈，经营环境不稳定，破产率与合并率高。具有高风险、高收益的特征	适合那些富有冒险精神的投资者
成熟阶段	该阶段新的公司难以进入，在行业中生存下来的公司竞争手段相似，竞争能力相当，公司经营风险有所降低，利润水平较为稳定。已无大规模新的投资计划，故盈利大部分作为股息分配给股东。因而股东股息收益十分可观。公司成长预期减弱，因而股价大幅上升动力不如成长阶段。具有低风险、低收益的特点	适合风险规避型的保守投资者。投资成熟阶段行业股票应选择在行业中占优势地位的公司股票（如市场所占份额大、利润率高于行业平均利润率、产品质量高、成本低、售后服务优良）
衰退阶段	新行业兴起并取代了原有的行业。产品需求下降，产量减少，增长率逐渐降低甚至负增长，整个行业逐渐萎缩甚至解体。具有低收益、高风险的特征	投资者应尽量予以避免

（二）技术创新周期与行业生命周期

不同行业具有不同的技术创新空间和技术创新动力，从而表现出不同的技术创新密度、技术创新效率，而这对政府技术创新政策具有不可忽视的作用。创新是生产要素重新组合引致的经济体系从一个均衡走向另一个均衡的动态过程。不同行业的技术创新空间、技术创新动力存在较大差异，从而导致技术创新周期和行业生命周期的不同。

按照不同的技术创新周期，至少可以将行业分为三类：创新开拓型[①]、技术发展型[②]、成熟平稳型[③]，如图 4-6 所示。这三类行业代表了技术创新密度高、中、低三种情形，即使面临共同的外部风险冲击，行业生命周期也必然表现出异步性特征。

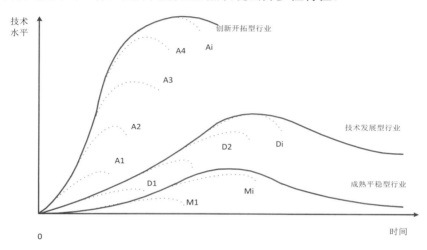

图 4-6　技术创新周期与行业生命周期的关系

（三）行业投资选择

一般认为，投资者应该选取高成长率行业。但是这一方法似乎过于简单。如果证券价格已经反映了高成长的可能性，那么这种投资方法就会失效。而且，高成长和巨额利润会驱使其他公司进入该行业，形成竞争力。获利机会带来了新的供给，并使价格、利润和投资收益率下降，最后就会减缓行业发展速度。这就是存在于行业生命周期各阶段过渡过程背后的动态机制。

巴菲特认为，首先要选择自己能理解的行业（这可能是他不太喜欢投资高科技行业的理由）；其次要选择稳定性强的行业，如资本性投资需求小、负债少且增长稳定的行业。巴菲特很少投资新兴行业，在他看来新兴行业可能意味着不稳定。行业特点决定了投资

---

① 创新开拓型行业具有前沿技术创新的内生性，必须依靠自身的技术创新拓展实现企业的生存和发展，属于当前社会探索发展的前沿性新兴技术行业，例如新能源、电子通信等行业。

② 技术发展型行业主要指未达到技术前沿的、当前社会发展比较成型的行业，技术和产品都更加成熟，现有的技术水平基本可以满足人们的需求，需要一定的技术创新来实现便利，但技术创新动力、创新密度较低，例如汽车、建筑材料等行业。

③ 成熟平稳型行业主要指几乎不需要技术创新就可以满足人们生活的行业，例如农业、养殖业等。

回报，有些行业无论怎么努力也难以做大，而有些行业一直在衰退，所以行业选择是很重要的。

因此，需要进一步把握影响行业生命周期（波长、振幅）的关键因素，主要包括五个：第一个是技术，技术进步可以不断地降低成本，提高行业的竞争能力；第二个是政府政策，政府政策的倾斜可以扩大或缩小不同行业的生存空间；第三个是行业组织创新度，行业组织创新可以使行业获得可持续发展的能力；第四个是社会习惯，社会习惯的改变可以创造一些新的行业发展机会；第五个是经济全球化，经济全球化可以使一些壁垒性行业走向衰退。

此外，还可以从与经济周期关系的角度选择行业，具体见表4-7。

表4-7 从与经济周期关系的角度选择行业

行业类型	与经济周期关系	行业	产生原因
周期型	与经济周期波动基本同步。大多数周期型行业上升周期与下降周期的利润、市场占有率、现金流落差很大	能源	需求持续快速提升，应用领域不断扩大
		金融	投资收益的存在，会呈现阶段的强周期性
防守型	也随经济周期波动，但振幅不显著。落差小，具有长期的稳定性，利润处于平稳状态，现金流稳定	公用事业	不受经济周期处于衰退阶段的影响，产品需求相对稳定
		日常消费品	不受经济周期处于衰退阶段的影响，产品需求相对稳定
增长型	该行业不随经济周期波动而波动。该类行业发展初期、中期具有超额利润，且市场需求广阔	医疗保健	主要依靠医疗技术设备及推出新的疗效药发展
		信息技术	具有技术密集型特征，技术的进步速度快。但投入巨大，技术更新快，产品生命周期短，具有很大风险
		通信业务	需要不断地技术研发来提高网络规模和质量，通信网络的核心设备、动力系统以及机房、基站等的技术进步也会影响其发展

四、行业市场结构和投资选择

从市场结构角度讲，行业市场分为完全竞争市场、垄断竞争市场、寡头垄断市场、完全垄断市场。这里主要考察行业市场结构、企业竞争策略与盈利能力之间的关系。

考虑行业市场结构时，投资选择的主要决定性因素有五个：新进入者威胁、现有竞争者威胁、替代品压力、买方议价能力和卖方议价能力。

1. 新进入者威胁

行业的新进入者会对价格和利润产生巨大压力，甚至当其他公司还未真正进入该行业时就会对价格产生压力。因此，行业原有经营者会设计行业进入壁垒，抵制新的进入者。行业进入壁垒成为行业获利能力的重要决定因素。行业进入壁垒有多种形式，例如，通过长期的商业往来，现有公司和消费者已经建立了牢固的分销渠道，这对于一个新进入者来说成本很高；由于严重的价格歧视，商标、版权使市场进入者很难在新市场立足；在为市场服务时，知识和专利保护让某些公司具有了一定优势；市场中现有企业的奋斗经历也可能为其提供了优势，因为这些经验是通过长期经营获得的。

2. 现有竞争者威胁

当某一行业存在一些竞争者时，他们试图不断扩大各自市场份额，从而导致价格战，降低了边际利润。如果行业本身增长缓慢，或者生产的产品相似，这些竞争就会更加激烈，而较高的固定成本限制了降价空间、加大了降价压力。

3. 替代品压力

如果一个行业的产品存在替代品，那么就意味着，该行业面临着一定的相关行业的竞争压力。例如，糖业将面临玉米糖浆制造业的竞争，毛纺业将面临合成纤维业的竞争。替代品的存在对行业向消费者索取高价形成了无形的限制。例如，尼康相机不是被佳能相机打败，而是被智能手机打败。

4. 买方议价能力

如果某买方购买了某一行业的大部分产品，那么它就能掌握很大的议价能力，进而可以压低价格。例如，汽车厂商可以对汽车零部件的生产者施加压力，从而降低汽车零部件行业的盈利能力。

5. 卖方议价能力

如果重要投入品的卖方厂商处于垄断地位，就可以索取较高价格，从买方行业赚取较高利润。一个特殊的例子是工会，生产的关键投入品之一是工人的劳动，工会这个统一的组织致力于提高工人工资。当工会具有了高度的组织性和统一性，大部分的潜在利润就会被工人占有。

行业市场结构与投资选择的总结见表 4-8。

表 4-8　行业市场结构与投资选择的总结

行业市场结构	特点	证券市场表现
完全竞争	行业风险最大、利润最薄、周期波动性大	竞争程度越高的行业，其产品价格及企业利润受市场供求关系影响越大，企业业绩波动性越强。因此，投资这类证券收益不稳定，风险较大
垄断竞争	新进者在短期是零利润或低额利润，而长期则是暴利的	
寡头垄断	由若干个公司瓜分市场，公司可得到可观的利润，但取得的利润很大程度上取决于这个行业中的领头羊	垄断程度越高的行业，其产品价格与利润的确定性越高。因此，投资这类证券收益稳定，风险较小
完全垄断	高利润、市场占有稳定，但经营管理差、竞争能力弱、价格控制抵消了部分优势	

第三节　公司分析

通过行业分析确定投资意向行业后，需要进一步确定应该投资哪一家公司的证券。对公司进行基本分析的主要内容是公司财务指标分析。

一、上市公司的财务报表与主要财务指标

（一）上市公司的财务报表

上市公司的财务报表包括资产负债表、利润表和现金流量表。

1. 资产负债表

资产负债表是利用资产、负债和股东权益之间的相互关系（资产=负债+股东权益），反映企业某一特定日期财务状况的财务报表。

2. 利润表

利润表是通过一定时期营业收入与营业费用的配比，反映企业一定时期生产经营成果及其分配的财务报表。

3. 现金流量表

现金流量表是以现金流量为基础编制的财务状况变动表，反映企业一定时期的现金流入和流出，表明了企业获得现金和现金等价物的能力。

（二）上市公司的主要财务指标

1. 短期偿债能力分析

债务按到期时间分为短期债务和长期债务，偿债能力分析由此分为短期偿债能力分析和长期偿债能力分析两部分。

偿债能力的衡量方法有两种：一是比较可偿债资产和负债的存量，如果可偿债资产存量超过负债存量，则认为偿债能力较强；二是比较经营活动中产生的现金流量和偿债所需现金，如果经营活动中产生的现金流量超过偿债所需现金较多，则认为偿债能力较强。

以下是衡量短期偿债能力的相关指标。

（1）可偿债资产存量与短期负债存量的比较。

① 营运资本。根据资产负债表相应科目的余额，可以得到流动资产、流动负债等数据，进而计算出营运资本规模。

营运资本=流动资产-流动负债=股东权益+非流动负债-非流动资产
　　　　=长期资本-长期资产

② 短期债务的存量比率。描述公司短期债务的存量比率的财务指标主要有流动比率、速动比率、现金比率。

$$流动比率 = \frac{流动资产}{流动负债}$$

流动比率反映的是企业流动资产与流动负债的比值，即每 1 元流动负债有多少流动资产来偿还。按照一般经验，流动比率的值在 2 左右比较合适。

$$速动比率 = \frac{速动资产}{流动负债} = \frac{现金 + 短期市场投资 + 应收账款}{流动负债}$$

速动比率是速动资产与流动负债的比值。按照一般经验，速动比率的值在 1 左右比较合适。

$$现金比率 = \frac{现金 + 短期市场投资}{流动负债} = \frac{货币资金}{流动负债}$$

现金可直接偿还债务，不需要等待。

（2）现金流量比率。

经营活动现金流量净额与流动负债的比值，称为现金流量比率。

$$现金流量比率 = \frac{经营活动现金流量净额}{流动负债}$$

一般而言，现金流量比率中的流动负债采用期末数而非平均数。

（3）其他短期偿债能力的影响因素。

一是增强短期偿债能力的表外因素，例如可动用的银行信贷额度、可快速变现的非流动资产、偿债能力的声誉。二是降低短期偿债能力的表外因素，例如担保或负债事项。

2. 长期偿债能力分析

衡量长期偿债能力的财务比率指标，分为总债务存量比率和总债务流量比率。

（1）总债务存量比率。

长期来看，所有债务都要偿还。反映长期偿债能力的总债务存量比率是资产、负债、股东权益之间的比例关系。常用指标包括：资产负债率、产权比率、财务杠杆比率（权益乘数）、长期资本负债率。计算方法分别为：

$$资产负债率 = \frac{负债}{资产}$$

$$产权比率 = \frac{负债}{股东权益}$$

$$财务杠杆比率（权益乘数）= \frac{资产}{股东权益}$$

$$长期资本负债率 = \frac{非流动负债}{非流动负债 + 股东权益}$$

(2) 总债务流量比率。

常用指标包括：利息保障倍数、现金流量利息保障倍数、现金流量与负债比率。计算方法分别为：

$$利息保障倍数 = \frac{息税前利润}{利息费用} = \frac{净利润 + 利息费用 + 所得税费用}{利息费用}$$

$$现金流量利息保障倍数 = \frac{经营活动现金流量净额}{利息费用}$$

$$现金流量与负债比率 = \frac{经营活动现金流量净额}{负债}$$

此外，还可以参考防守区间比率，计算方法为：

$$防守区间比率 = \frac{现金 + 短期市场投资 + 应收账款}{每日现金支出}$$

(3) 其他长期偿债能力的影响因素。

一些表外因素也可能影响公司的长期偿债能力，需要加以关注，例如债务担保、未决诉讼。

3. 营运能力指标

描述公司营运能力的财务指标主要有应收账款周转率、存货周转率、流动资产周转率、固定资产周转率、营运资本周转率、非流动资产周转率、总资产周转率。计算方法分别为：

$$应收账款周转率 = \frac{营业收入}{应收账款}$$

$$存货周转率 = \frac{营业收入或营业成本}{平均存货}$$

$$流动资产周转率 = \frac{营业收入}{流动资产}$$

$$固定资产周转率 = \frac{营业收入}{固定资产净值}$$

$$营运资本周转率 = \frac{营业收入}{营运资本}$$

$$非流动资产周转率 = \frac{营业收入}{非流动资产}$$

$$总资产周转率 = \frac{营业收入}{总资产}$$

应收账款周转率是指年度内应收账款转为现金的平均次数，它说明应收账款流动的速度。用时间表示的周转速度是应收账款周转天数，也叫应收账款回收期或平均收现期，它表示企业从取得应收账款的权利到收回款项并转换为现金所需要的时间，可用 365 除以相应的应收账款周转率得到对应的周转天数。

存货周转率是衡量和评价企业购入存货、投入生产、销售收回等各环节管理状况的综合性指标，也称存货的周转次数。用时间表示的存货周转速度是存货周转天数。

固定资产周转率是衡量公司运用固定资产效率的指标，比率越高，表明固定资产运用效率越高，利用固定资产效果越好。

4. 盈利能力比率

描述公司盈利能力的财务指标主要有营业净利率、总资产净利率、权益净利率。计算方法分别为：

$$营业净利率 = \frac{净利润}{营业收入}$$

$$总资产净利率 = \frac{净利润}{总资产} = \frac{净利润}{营业收入} \times \frac{营业收入}{总资产} = 营业净利率 \times 总资产周转率$$

$$权益净利率 = \frac{净利润}{股东权益} = \frac{净利润}{营业收入} \times \frac{营业收入}{总资产} \times \frac{总资产}{股东权益}$$

其中，营业净利率可以概括出公司的全部经营成果，该比率越大，公司盈利能力越强。总资产净利率是公司盈利能力的关键，提高权益净利率的基本动力是总资产净利率。权益净利率可以衡量公司的总体盈利能力、概括公司的全部经营业绩和财务业绩。此外，还有一些其他参考指标，如总资本回报率和股权收益率等。计算方法分别为：

$$总资本回报率 = \frac{息税前利润}{有息债务 + 股东权益}$$

$$股权收益率 = \frac{净利润 - 优先股股息}{股东权益}$$

5. 市价比率

这一方面的指标主要有市盈率、市净率、市销率。计算方法分别为：

$$市盈率 = \frac{每股市价}{每股收益}$$

$$市净率 = \frac{每股市价}{每股净资产}$$

$$市销率 = \frac{每股市价}{每股营业收入}$$

其中，市盈率反映投资者对公司未来收益的预期，市净率反映市场对公司净资产质量的评价，市销率表示普通股股东愿意为每1元营业收入支付的价格。

6. 税负指标

描述公司税负的财务指标主要有税负率、息税前利润率等。计算方法分别为：

$$税负率 = \frac{净利润}{税前利润}$$

$$\text{息税前利润率} = \frac{\text{息税前利润}}{\text{营业收入}}$$

7. 增长能力指标

描述公司增长能力的财务指标主要有固定收费覆盖率、股息支付率、保留率、可持续增长率、每股收益、股东自由现金流量、公司自由现金流量等。计算方法分别为：

$$\text{固定收费覆盖率} = \frac{\text{息税前利润} + \text{租赁付款额}}{\text{利息支付} + \text{租赁付款额}}$$

$$\text{股息支付率} = \frac{\text{普通股股息}}{\text{普通股应占净利润}}$$

$$\text{保留率} = \frac{\text{普通股应占净利润} - \text{普通股股息}}{\text{普通股应占净利润}} = 1 - \text{股息支付率}$$

$$\text{可持续增长率} = \text{保留率} \times \text{股权收益率}$$

$$\text{每股收益} = \frac{\text{净利润} - \text{优先股股息}}{\text{已发行普通股的加权平均数}}$$

股东自由现金流量 = 经营活动产生的现金流量 − 固定资本投资 + 净借款

公司自由现金流量 = 经营活动产生的现金流量 + 利息支出 × (1 − 税率) − 固定资本投资

二、上市公司财务报表的阅读和分析

（一）动静态结合分析

从静态的角度去看，投资者在研究财务报表时，首先要注意公司的资产减负债之后的"净值"，注意"净值"与固定资产、流动资产和流动负债等科目之间的比较。

从动态的角度去看，应注意对比几个方面：一是项目的对比；二是时间的对比；三是同行业的对比；四是标准的对比。

（二）财务分析方法简析

常用的财务分析方法有以下两种：比率分析法、趋势分析法。

1. 比率分析法

在同一张或两张财务报表的不同项目或不同类别之间，存在着一定的联系。比率分析法用比率的方式反映它们之间的联系，以揭示和评价公司的财务状况和经营管理中存在的问题。

2. 趋势分析法

趋势分析法是把最近几年的财务报表同时加以比较分析，也就是用同类数据逐年相减，并根据结果的正或负来判断上市公司各项财务指标的变化情况。同时，把结果连同其他因素一并分析，借此找出上市公司获利增加或减少的原因，了解公司的经营有无改进的可能。

（三）注意上市公司财务报表分析的局限性

财务报表能提供一些重要的财务信息，帮助投资者评价上市公司的财务状况和经营成果，选出同行业中比较优秀的公司，但这些信息只能作为投资者决策的部分依据。这主要是因为，同行业的平均水平不易了解，报表数据具有局限性，财务报表所披露的信息主要反映的是公司已经完成的经营业绩情况。

巴菲特眼中的优秀公司是指有持续竞争优势的公司。对此他有许多精辟的论述，例如经济护城河理论、消费独占概念和消费垄断型公司理论、低成本结构的公司、能干并以股东利益为先的管理层等。他还提出了优秀公司应该在财务杠杆较低且没有重大资产变动的情况下，将股权收益率长期保持在15%以上。

第四章习题

第五章

债券投资概述

学习目标

- 掌握债券的收益与风险特征;
- 掌握债券的关键条款,熟悉不同类型债券的收益与风险特征;
- 掌握债券的发行方式和交易方法;
- 熟悉中国的债券类型与体系。

债券,属于固定收益证券,是对特定时期收入流的索取权,代表了发行人对固定的收入流或者根据特定公式计算出的收入流的承诺。只要发行人的信誉有保障,债券的风险就是很小的。这些特征使债券成为分析证券投资工具的便捷起点。本章主要介绍债券定义及特征、债券分类、债券发行及交易、中国债券体系。本章思维导图如图5-1所示。

思维导图

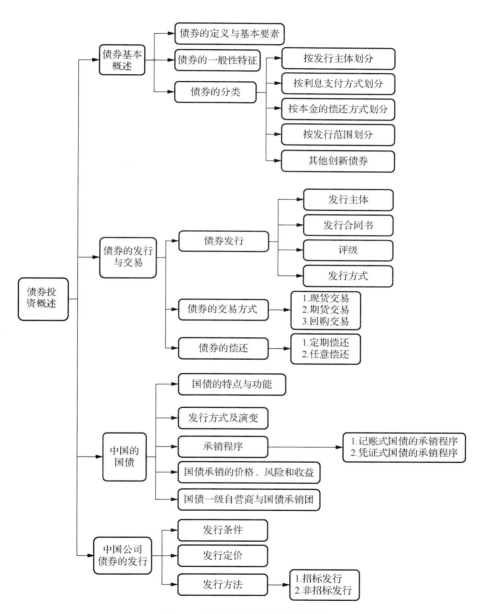

图 5-1　债券投资概述思维导图

第一节　债券基本概述

一、债券的定义与基本要素

（一）债券的定义

债券是发债人为筹措资金而向投资者出具的，承诺按票面标的面值、票面利率、到期日等条件给付利息和到期偿还本金的一种债权债务凭证。债券契约是发行人与债权人之间的合约。债券的票面利率决定了所需支付的利息；利息的年支付额等于债券的票面利率乘以债券面值。票面利率、到期日以及债券面值均是债券契约的组成部分。

（二）债券的基本要素

债券一般包括以下基本要素：发行人、面值、到期日、计息方式、票面利率、抵押与担保、求偿等级、限制性条款、选择权（如赎回与转换条款）。

（1）发行人：债券上必须明确发行人。

（2）面值：债券上所印金额。

（3）到期日：应当载明预先规定的偿还本金的日期。

（4）计息方式：单利、复利或贴现计息。

（5）票面利率：在债券上标识的利率。

（6）抵押与担保：为保证债券的安全性，指明债券以何种物品作为抵押，发行人不能还本付息时，债券持有人对抵押品有处置权利。

（7）求偿等级：一般债券优先于次级债券，债权优先于股权。

（8）限制性条款：主要包括对发行新债的限制、对支付现金股利的限制、对公司投资行为的限制、对公司购买的限制。

（9）选择权：指债券发行人给予债券持有人一定的选择权，如可转换公司债券、可赎回公司债券等。

二、债券的一般性特征

与其他证券相比，债券具有以下一般性特征。

（1）收益性。债券投资的收益率一般要高于银行存款，但可能低于股票投资。同时需要关注的是，股利从公司税后利润中支付，股票本身大幅增值或贬值的可能性较大；债券利息从公司税前利润中支付，债券本身大幅增值或贬值的可能性不大。

（2）安全性。债券利息率为事先确定，即使是浮动利率债券，一般也有一个预定的最低利率界限，以保证投资者在市场利率波动时免受损失；投资债券的本金在债券到期后，如无特殊原因，一般可以到期收回。在求偿等级上，股东的求偿次序在债权人之后，当公司破产时，债权人有优先取得公司财产的权利，其次是优先股股东，最后才是普通股股东。同时，债券按索取权的排列次序也分为不同等级，高级债券是指具有优先索取权的债券，而低级或次级债券是指索取权位于一般债权人之后的债券。

（3）流动性。债券发行之后如果能够在二级市场进行交易，就会有较高的流动性；否则，流动性就会降低。

（4）期限性。债券都有一定的期限，在债券到期后，发行人应按照发行时的承诺将本金和利息偿还完毕，或者按照约定规则将其转换为一定数量的权益。比较而言，股票一般是永久性的，因而是无须偿还的。对于公司来说，若发行过多的债券就可能因资不抵债而破产；而发行越多的股票，其破产的可能性就越小，但面临股权被稀释和权力被分割的风险就越大。

需要指出的是，在一般情况下，债券很难同时兼顾上述四个特征。投资者应根据自己的情况和要求，选择最适合自己的投资方式和组合。

三、债券的分类

（一）按发行主体划分

按发行主体，可以将债券划分为国债、地方政府债券、公司债券等几大类，发行主体决定了债券的信用风险。

1. 国债

国债是指由中央政府及其代理机构发行的债券。国债发行的目的是弥补财政赤字，建设大型项目和归还旧债。按偿还期限长短，可以将国债进一步分为短期国债、中期国债、长期国债，但各国对短期国债、中期国债、长期国债的具体年限划分各不相同。

在中国，短期国债是指期限在 1 年以下的国债；中期国债是指期限在 1 年以上、10 年以下的国债；长期国债是指期限在 10 年以上的国债。

如果国债并非于发行日购入，则应用到期收益率指标计算投资国债的收益。到期收益率指以债券的交易价格买入并持有至到期的投资者的平均收益率。

债券的交易价格由应计利息及债券报价共同决定。金融媒体版面上的债券报价并不是投资者实际支付的债券交易价格。因为，这一价格不包含两个息票支付日期间应计的利息。如果在两个半年息票支付日期间购买债券，买方必须向卖方支付应计利息，其数额为未来半年期利息的应摊份额。

例如，假设两个半年息票支付日的间隔为 180 天，上一次付息日已过了 30 天，卖方有权要求获得半年息票的 30/180 的应计利息收益。债券的交易价格等于债券报价加上应计利息。通常，应计利息的公式为：

$$应计利息 = 年利息支付额 \times \frac{距上次发放利息至今的天数}{365（天）}$$

$$= 票面利率 \times 债券面值 \times \frac{距上次发放利息至今的天数}{365（天）}$$

2. 地方政府债券

地方政府债券是由地方政府机关发行和担保的债券，发行的目的是筹措资金，促进地方的经济发展。

地方政府债券的信用风险高于国债，因此地方政府债券的票面利率一般略高于同期限的国债（多为1%~3%），同时地方政府债券也具有税收豁免的特征。有时，地方政府债券的风险会很高，例如，地方政府有时会超额发行债券，发行额超过本地税收，依赖其他拓展渠道的收入来偿还债券利息，甚至发行之时就具有转嫁风险的动机。

按偿还的资金来源，可以将地方政府债券分为普通地方政府债券和收益地方政府债券。普通地方政府债券以发行人的无限征税能力为保证来筹集资金，将资金用于提供基本的政府服务（如教育、治安、防火、抗灾等），其偿还列入地方政府的财政预算；收益地方政府债券则是为了给某一特定的盈利建设项目（如公用电力事业、自来水设施、收费公路等）筹资而发行的，其偿还依靠这些项目建成后的营运收入。

3. 公司债券

公司债券是由股份有限公司发行的债券。其发行的目的主要是筹集新建项目的资金。与国债和地方政府债券相比，公司债券的风险相对较大，利率也较高。其中，发行人为银行、证券公司等金融机构的公司债券，又称为金融债券。金融债券的风险低于公司债券、收益率高于国债和地方政府债券。其发行的目的是为金融机构筹措资金。

公司债券由于附加条款较为复杂，分类也较多。公司债券除了可以按偿还期限分为短期公司债券、中期公司债券和长期公司债券，还可以按以下几个标准进行分类。不同的分类实质上反映了公司债券不同的风险与收益。

（1）担保条款。

按有无担保条款可以将公司债券分为信用债券和担保债券。

信用债券也称无担保债券，仅凭发行人的信用而发行，没有特定的物品作为担保。

担保债券按担保品不同，分为抵押债券、质押债券和保证债券。抵押债券是以不动产作为担保的债券；质押债券是以动产或权利作为担保的债券；保证债券是以第三人作为担保的债券。一般的公司债券大都为担保债券。

（2）赎回条款。

按有无赎回条款可以将公司债券分为可赎回债券和不可赎回债券。

一些带有赎回条款的公司债券使发行人有权在到期日之前，以特定的赎回价格回购债券，称为可赎回债券。可赎回债券通常带有赎回保护期，即初始时期内不可赎回。可赎回债券的选择权可使公司回购债券并在市场利率下跌时以较低利率再融资，因而对公司较为有利。持有可赎回债券时，公司的收益也就是债券持有人的负担，持有人需以赎回价格出售债券，丧失了在初始投资时具有吸引力的票面利息收益。为补偿投资者承担的风险，在发行时，可赎回债券相较于不可赎回债券具有较高的票面利率和到期收益率。

（3）利率浮动条款。

按利率浮动条款的不同可以将公司债券划分为固定利率债券、浮动利率债券、参加公司债券、附新股认购权债券。

固定利率债券是指票面利率固定不变，定期付息或一次还本付息的债券。

浮动利率债券是指票面利率可随市场利率或通货膨胀率相应变动的债券，例如，可以在同期限的国债或地方政府债券利率、优惠利率等某一基础利率之上增加一个固定的溢价，防止未来市场利率变动可能造成的收益损失。

参加公司债券是指票面利率极低，但当公司盈余超过一定程度时，债权人可适当分享公司盈余的债券。

附新股认购权债券是指债券持有人同时持有新股认购权证，权证可转让，凭权证可认购一定数量公司股票的债券。

（4）可转换条款。

按有无可转换条款可以将公司债券分为可转换债券和不可转换债券。

可转换债券为债权人提供了一种期权，使债权人有权在一定条件下将所持债券转换为一定数量的公司普通股，转换比例为每张债券可转换的股票数量。市场转换价值为债券转换后的股票价值。可转换债券的债权人可以从公司股票增值中获益。这种获益的可能性使得可转换债券的票面利率或承诺的到期收益率低于不可转换债券。

（5）可回卖条款（可回售条款）。

可回卖条款指债券持有者有权按照事先约定的条件和价格将所持债券卖给发行人的规定。

附加可回卖条款的公司债券称为可回卖债券。例如，若债券的票面利率高于现行市场利率，债权人将选择继续持有债券；若债券的票面利率低于现行市场利率，则最好不要继续持有，债权人将会收回本金，以当期市场利率进行再投资。

（6）优先股与公司债券的联系和区别。

优先股尽管严格而言属于权益证券，但通常被纳入固定收益证券范畴。优先股股东通常可以获得固定的股息，因而优先股实际上是一种永续年金，可以提供一定水平的、无期限的现金流。为了规避利率风险逐渐发展出了浮动利率优先股（可调整优先股）。

优先股与公司债券相似的方面为：①优先股承诺支付既定的股息；②浮动利率优先股与浮动利率债券非常相似，股息率与现行市场利率指标相联系并不时地进行调整。

优先股不同于公司债券的方面为：①不支付优先股股息并不会导致公司破产，只会继续累积应付的优先股股息；普通股股东要在优先股股东得到全部优先股股息之后才能获得股息；②在破产的情况下，优先股股东对公司资产的索取权在债权人之后，但先于普通股股东；③优先股的股息不能享受税收减免，这一特点降低了优先股作为公司筹资手段的吸引力；④优先股有冲抵税收的优势，当一家公司购买了另一家公司的优先股，它仅仅需要为所得的全部股息的30%纳税。

（二）按利息支付方式划分

按利息支付方式，可以将债券分为定息债券和无息债券，利息支付方式影响债券流动性。

定息债券包括一次性定息债券（利随本清）及分次性定息债券（剪息票）。典型的定息债券的发行人在债券存续期内有义务每半年向债券持有者支付一次利息。当债券到期时，发行人会支付债券的面值来清偿债务。

无息债券也叫贴现债券，在债券发行时不规定票面利率，也不附有息票，但是按票面面值的一定折扣来发行出售。

（三）按本金的偿还方式划分

按本金的偿还方式，可以将债券分为偿债基金债券、分期偿还债券、通知偿还债券、延期偿还债券、永久债券和可转换债券。

偿债基金债券即发行人根据债券契约的要求，必须于每年盈余中提取一定数额的偿债基金，以满足还本付息要求的债券。

分期偿还债券是指在到期前分期偿还本息，以减轻到期偿还巨额本息压力的债券。

通知偿还债券是指发行人于债券到期前可随时通知债权人提前还本付息的债券。

延期偿还债券是指由于到期后债务人无力偿付本息，在征得债权人同意后予以延期的债券。

永久债券即由政府发行的不规定还本期限，仅按期支付利息的债券。

可转换债券上文已介绍，此处不做赘述。

（四）按发行范围划分

按发行范围，可以将债券分为国内发行债券和国外发行债券。

国内发行债券是指国内外政府、经济组织及公司在国内发行的债券。

国外发行债券是指国内政府、经济组织及公司在国外发行的债券。改革开放以后，中国不断利用国际金融市场，通过发行债券的手段进行筹资。国外发行债券通常分为国际债券和欧洲债券。

国际债券的借款人在本国之外的其他国家发行债券，并以发行市场所在国的货币为面值单位。例如，一家德国公司在美国市场销售以美元为面值单位的债券，该债券可认为是国际债券。这类债券因为发行市场所在国的不同而有了各种各样的名字。

欧洲债券的借款人在本国之外的其他国家发行债券，不以发行市场所在国的货币为面值单位。

（五）其他创新债券

发行人不断开发出具有新型特征的创新债券，增加债券的灵活性。

1．逆向浮动利率债券

逆向浮动利率债券与之前提到过的浮动利率债券相似，但是这类债券的票面利息会随着利率平均水平的上升而下降。当利率上升时，这类债券的投资者要承担双倍的损失。随着利率上升，不但债券产生的每一单位现金流的现值下降，而且现金流本身也会下降。当然，当利率下降时，投资者也将获得双倍的回报。

2．资产支持债券

迪士尼公司发行了票面利息与公司几部电影的收益相挂钩的债券。与之类似，鲍伊债券的收益与某些专辑的版税相关联,这些都是资产支持债券的实例。资产支持债券使用某种特定资产的收益支付债务。

3. 巨灾债券

例如,管理东京迪士尼的东方乐园株式会社在 1999 年发行了一种最终支付额取决于在迪士尼附近是否发生地震的债券;一家瑞士保险公司发行了冰雹债券,如果在瑞典发生了严重的冰雹灾害导致公司过度赔付,则该债券的收益会被削减。

这类债券是将公司承担的"巨灾风险"向资本市场转移的一种手段。债券投资者由于承担了风险而获得了补偿。

4. 指数债券

指数债券的收益与一般价格指数或者某类大宗商品的价格相联系。例如,债券收益取决于石油价格的石油价格指数债券;将债券面值与一般价格水平相联系的通货膨胀指数债券。

第二节 债券的发行与交易

一、债券发行

债券发行涉及发行主体、发行合同书、评级、发行方式等内容。

(一) 发行主体

债券的发行主体主要有发行人、认购者和承销者。

1. 发行人

债券的发行人即资金的需求者,通常称为债务人,主要有政府、公司等。

2. 认购者

债券的认购者即资金的供给者,通常称为债权人,主要有社会公众、企事业法人、证券经营机构、非营利性组织、外国机构和个人等。

3. 承销者

债券的承销者即代发行者办理债券发行和销售业务的中介人。承销者在各国不尽一致,主要有投资银行、证券公司、商业银行、信托投资公司等。

(二) 发行合同书

发行合同书是说明债券认购者和债券发行人双方权益的法律文件,由受托管理人(通常是银行）代表债券认购者利益监督发行合同书中各条款的履行。这些条款主要用来保护债权人利益，一般可分为否定性条款和肯定性条款。

否定性条款是指不允许或限制股东做某些事情的规定。限制性条款限制的方面主要包括：债券清偿，追加债务，分红派息，营运资金水平与财务比率，抵押、变卖或购置固定资产，工资和投资方向。

肯定性条款是指公司应该履行某些责任的规定，如要求营运资金、权益资本达到一定水平以上。这些肯定性条款可以理解为对公司设置的某些最低限。

（三）评级

为了较客观地估计不同债券的违约风险，通常需要由评估机构对债券进行评级。评级是否具有权威性取决于评级机构。目前国际上较为著名的两大评估机构是标准普尔公司和穆迪投资者服务公司。

（四）发行方式

按发行对象划分，债券的发行方式有私募发行和公募发行两种。

1．私募发行

私募发行是发行人面向少数的特定认购者发行债券的一种方式。

2．公募发行

公募发行是发行人公开向范围广泛的非特定认购者发行债券的一种方式。

一般来说，私募发行多采用直接销售方式，公募发行多采用间接销售方式。在采用间接销售方式时，发行人要通过发行市场的中介人即承销者办理债券的发行与销售业务。承销者承销债券的方式有两种，分别是代销和包销。

二、债券的交易方式

债券的交易方式主要有三种：现货交易、期货交易和回购交易。

（一）现货交易

债券的现货交易指债券的买卖双方在成交时即进行清算交割的交易方式。但在实际过程中，往往允许有一个较短的拖延时间。一般来说，现货交易按交割时间的不同分为以下三类：即时交割，于成交时立即办理交割；次日交割，于成交后第二个营业日办理交割；例行交割，例如，于成交后的五个营业日以内办理交割。

（二）期货交易

债券的期货交易指在债券成交后，买卖双方按契约中规定的价格在将来的一定日期进行交割清算的交易。债券的期货交易是在交易所中进行的。利用债券的期货交易，投资者可达到三个目的：套期保值、价格发现、投机。

（三）回购交易

回购交易是指债券的买卖双方按预先签订的协议，约定在卖出一笔债券后，过一段时间再以约定的价格买回这笔债券，并按商定的利率付息的交易。

三、债券的偿还

债券的偿还一般可分为定期偿还和任意偿还两种方式。

定期偿还是指在经过一定宽限期后，每过半年或一年偿还一定金额的本金，到期时还清余额的方式。这一般适用于发行数量巨大，偿还期限长的债券，但国债和金融债券一般不使用该方法。为增加债券的信用和吸引力，有的公司还会建立偿还基金用于债券的定期偿还。

任意偿还是指在债券发行一段时间（称为保护期）以后，发行人可以任意偿还债券的一部分或全部的方式，具体操作可根据早赎或以新偿旧条款进行，也可在二级市场上买回予以注销。

投资银行往往是具体偿还方式的设计者和操作者，在债券偿还的过程中，投资银行有时也为发行人代理本金发还。

第三节　中国的国债

一、国债的特点与功能

（一）国债的概念

从历史上看，国债产生于 12 世纪末期资本主义生产关系萌芽的地中海沿岸国家，到现在已成为各国政府的一项重要政策工具。

国债是指中央政府为筹措财政资金，凭其信誉，按照一定程序向投资者出具的，承诺在一定时期支付利息并到期偿还本金的一种格式化的债权债务凭证。狭义的国债指的是期限在一年以上的国债；广义的国债则包括期限在一年以上的国债和期限在一年及以下的国债。

中央政府发行国债的目的有三个。一是弥补财政赤字。发行国债是解决短期财政赤字的有效方法，但对于解决长期财政赤字的有效性不足。当然，如果从国际角度分析，具有国际货币发行权的国家可能存在长期财政赤字。二是进行基础设施建设投资，促进经济发展。发行国债用于基础设施建设投资和准基础设施建设投资，可以为公司和个人进行生产投资及商品交易提供快捷便利的条件，有利于促进经济发展。此时，需要综合考虑的问题是国债存量、建设投资规模、经济发展需求之间的匹配度，以及"李嘉图等价命题"。三是以新偿旧，以新发的国债偿还到期的国债。

（二）国债的特点

国债作为中央政府筹集资金的一种方式，与税收相比，具有以下特点。

（1）自愿性。税收的基本特征是强制性和无偿性。而在国债发行过程中，国家以法人身份向认购者筹资，认购者可以根据自己的主观意愿和经济能力决定是否购买。

（2）灵活性。税收征收的过程较复杂。而国债的发行则相对简便，而且可以发行不同品种、不同利率、不同期限的国债。

国债作为中央银行的债务凭证、认购者的债权凭证，与其他债权或股权凭证相比，具有以下特点。

（1）安全性。国债是由中央政府发行的，具有最高的信用等级。

（2）流动性。国债持有人在需要现金时，很容易将其出售变现，国债的流动性很强。

（3）低利率。由于国债风险小，流动性强，所以尽管国债的利率一般低于同期限其他金融资产，投资者还是竞相持有。

（三）国债的功能

（1）国债是国家筹集财政资金的重要手段。一国中央政府通过发行国债，可以有效筹集所需的财政资金，保障必要的财政支出，改善财政收支结构。国债收入与税收收入、专项收入等构成财政的主要收入。

（2）国债是政府调节经济的重要杠杆。一国中央政府发行国债，可以一方面通过财政政策调控投资支出，达到调控经济的目的；另一方面通过货币政策调控基础货币和利率，达到调控经济的目的。

（3）国债是金融市场中的重要工具。中央政府发行的国债是金融市场上的无风险证券，其利率是代表性的无风险利率。

二、国内发行的国债

（一）国债品种

国债分为储蓄式国债和记账式国债。

1. 储蓄式国债

储蓄式国债是中华人民共和国财政部在境内发行的、通过储蓄式国债承销团成员面向个人销售的不可流通的人民币国债。储蓄式国债又分为凭证式和电子式两种。

凭证式国债指以中华人民共和国凭证式国债收款凭证记录债权、面向个人投资者发行的储蓄式国债。凭证式国债票面形式类似于纸质银行定期存款凭证。

电子式国债指中华人民共和国财政部在境内以电子方式记录债权、面向个人投资者发行的不可流通人民币国债。

储蓄式国债利率通常比同期银行存款利率高，不可上市流通转让，从购买之日起计息。持有人在持有期内如遇特殊情况需要兑现，需要到购买的网点提前兑取。

2. 记账式国债

记账式国债，又名无纸化国债，是中华人民共和国财政部通过无纸化方式发行的、以电脑账簿记账方式记录债权、可上市交易的人民币国债。

记账式国债分为记账式附息国债和记账式贴现国债。

记账式附息国债指以账户记账式发行，债权记录在投资者的证券账户里，凭证券账户在分期付息的付息日领取利息，常按一年或者半年的时间间隔领取利息，直到国债到期返还本金为止。

记账式贴现国债，又称记账式贴息国债，指国债票面不含利息或不附有息票、以贴现记账方式发行的国债，发行价格低于票面面值，其差价为利息，到期后按票面面值兑现。

（二）发行方式及演变

虽然中国已于1981年恢复了国债的发行，但直到20世纪80年代末，中国尚未形成严格意义上的国债一级市场，从行政分配方式到真正意义上的市场化发行方式，中国国债一级市场的发展，走过了长期而又曲折的道路。概括而言，主要包括五个阶段：①20世纪80年代初期，中国国债是采取直接发行和行政分配的方式；②20世纪80年代中后期，中国国债开始对市场化发行方式进行探索，并采用了柜台销售方式；③1991年，在国债发行中，开始实行承购包销方式；④1994年，半年期与一年期非实物国债通过上海证券交易所结算网络发行；⑤1996年，开始实行公开招标方式。

中国国债发行招标规则的制定借鉴了国际资本市场中的招标规则。国债的招标规则通过各个招标要素的不同组合，呈现出多样化。中国共采用过六种招标规则发行国债：①以价格为标的的荷兰式招标规则；②以价格为标的的美国式招标规则；③以收益率为标的的荷兰式招标规则；④以收益率为标的的美国式招标规则；⑤以缴款期为标的的荷兰式招标规则；⑥以缴款期为标的的美国式招标规则。

1. 荷兰式招标规则

在荷兰式招标规则（单一价格招标）中，投标人标明他们希望支付的价格和购买的数量，债券按出价由高（债券中的低收益）到低（债券中的高收益）的顺序进行分配，直到全部债券分配完毕。所有投标人都支付中标的出价最低的收益率（等于最高的中标价格）。

2. 美国式招标规则

美国式招标规则（多种价格招标）是在招标规则中，按每个投标人各自中标价格（或其最高中标价格）确定中标者、中标认购数量、各自不同的认购价格。与荷兰式招标规则相比，市场需求不高时，由美国式招标规则所确定的发行收益率相对低些，对债务管理者降低成本有利。

经过多次招标发行的实践和改进，国债招标规则日趋完善和稳定。目前中国在以公开招标方式发行国债时，采用的是一种无区间、价位非均匀分布、以价格或收益率为标的的多种价格招标方式，它符合国债市场化改革和建设的需要。因为在采用这种招标方式时，承销商的中标价格不一致，所以财政部允许承销商在发行期内自定承销价格，随行就市发行，有效提高了国债的发行效率。

（三）承销程序

下面具体介绍记账式国债和凭证式国债的承销程序。

1. 记账式国债的承销程序

记账式国债主要借助于证券交易所的交易系统来发行。在实际的发行运作中，记账式国债将投资者持有的国债登记于证券账户中，投资者仅通过取得收据或对账单来证实其所有权。如果投资者想要进行记账式债券的认购，就必须在证券交易所设立账户。

2. 凭证式国债的承销程序

凭证式国债具有类似储蓄又优于储蓄的特点，是以储蓄为目的的个人投资者的理想投资方式。与储蓄相比，凭证式国债的主要特点是安全、方便、收益适中。

凭证式国债主要通过各银行储蓄网点面向社会发行，面向个人投资者，从投资者购买之日起开始计息，可以记名、可以挂失，但不能上市流通。

（四）国债承销的价格、风险和收益

1. 国债承销的价格

在现行的多种价格招标方式下，每个承销商的中标价格与财政部按市场情况和投标情况确定的发售价格是有差异的。因此，财政部允许承销商在发行期内自定承销价格，随行就市发行。

国债承销价格的确定主要考虑以下几个因素：①同期银行利率水平；②承销商承销国债的中标成本；③流通市场中可比国债的收益率水平；④国债承销手续费收入；⑤承销商所期望的资金回收速度；⑥其他国债承销过程中的成本。

2. 国债承销的风险

承销商的国债承销活动可能面临一定的风险。一般因承销而产生亏损的情况有以下两种：一种是在整个发行期结束后，承销商仍有部分国债积压，从而垫付相应的发行款，并且这部分国债在上市后也没有获得收益；另一种是承销商将所有包销的国债全部予以分销，但分销的收入不足以抵付承销成本。

国债承销风险与国债本身的发行条件、国债的市场因素和宏观经济因素有关。

3. 国债承销的收益

国债承销的收益来源主要有四种：①差价收入；②发行手续费收入；③资金占用的利息收入；④留存自营国债的交易获利。

（五）国债一级自营商与国债承销团

1. 国债一级自营商

国债一级自营商，是指具备一定资格条件并经财政部、中国人民银行和中国证监会共同审核确认的银行、证券公司和其他金融机构。

国债一级自营商可直接向财政部投标和承销国债，并通过开展分销、零售业务，促进国债发行，维护国债市场顺畅运转。

国债一级自营商是国债一级市场与二级市场的重要参与者。国债一级自营商在一级市场上承销国债，是联系国债发行人和投资者之间的第一个环节。世界上发达的市场经济国家都有国债一级自营商制度。

国债一级自营商制度与国债承购包销方式密切相连。在 1991 年和 1992 年国债承购包销试验的基础上，1993 年，国债承销试行了国债一级自营商制度，并制定了一系列自营商的管理办法。同年 12 月，财政部、中国人民银行和中国证监会共同制定并颁布了《国债一级自营商资格审查与确认实施办法》（已废止），当年共有 19 家证券公司和银行被批准为国债一级自营商。此后，中国的国债一级自营商的队伍逐渐发展和壮大。

2. 国债承销团

根据财政部会同中国人民银行、中国证监会制定的《国债承销团组建工作管理办法》的规定：凭证式（储蓄）国债由财政部会同中国人民银行负责承销团组建工作；记账式国债由财政部会同中国人民银行、中国证监会负责承销团组建工作。

国债承销的主协议范本应当包括财政部和国债承销团成员双方的权利、义务等内容，与组团通知同时发布。

三、地方政府债券的发行方式

地方政府债券的发行方式分为弹性招标发行和公开承销发行。

（一）弹性招标发行

财政部 2018 年印发《地方政府债券弹性招标发行业务规程》，进一步完善地方政府债券发行机制，保障地方政府债券发行工作顺利开展，防范地方政府债券发行风险。

1. 弹性招标发行的定义

地方政府债券弹性招标发行，是指各省（自治区、直辖市、计划单列市）财政部门（以下简称地方财政部门）预先设定计划发行额区间，依据投标倍数等因素确定最终实际发行量的招标发行方式。地方政府一般债券、专项债券（含项目收益与融资自求平衡的专项债券），可采用弹性招标方式发行。

2. 弹性招标发行的方式

弹性招标发行，由地方财政部门通过财政部政府债券发行系统、财政部上海证券交易所政府债券发行系统、财政部深圳证券交易所政府债券发行系统面向地方政府债券承销团（以下简称承销团）成员开展，原则上采用单一价格招标方式，招标标的为利率或价格。

地方政府债券采用弹性招标方式发行，应当遵循"公开、公平、公正"原则，根据地方政府债券发行管理规定及《地方政府债券弹性招标发行业务规程》要求，通过市场化方式开展。

3．发行量

地方财政部门应当按照地方政府债券发行管理有关规定，在与承销团成员充分沟通的基础上，科学制定地方政府债券弹性招标发行规则等制度办法，合理设定投标比例、承销比例等技术参数。其中，最低投标、承销比例等应当基于计划发行额区间上限进行设定。

计划发行额区间下限不得低于上限的 80%。地方财政部门应当根据地方政府债券发行计划，合理设置单期债券计划发行额区间，并在当期债券发行文件中予以披露。

弹性招标发行时，实际发行量应当为计划发行额区间上限、下限或有效投标量，以计划发行额区间上限计算投标倍数。投标倍数超过 1.1 倍时，当期债券实际发行量为计划发行额区间上限；投标倍数不足 1 倍时，当期债券实际发行量按照有效投标量和计划发行额区间下限孰低原则确定；投标倍数位于 1 至 1.1 倍（含 1 和 1.1 倍）之间时，实际发行量确定规则由各地方财政部门自行选择计划发行额区间上限或者下限进行确定，并在招标规则中事先明确。

4．利率及投标

确定实际发行量后，按照低利率或高价格优先的原则对有效投标逐笔募入，募满计划发行额区间上限（或下限），或将全部有效标位募完为止。

招标标的为利率时，全场最高中标利率为当期债券票面利率，各中标承销团成员按面值承销；标的为价格时，全场最低中标价格为当期债券发行价格，各中标承销团成员按发行价格承销。

最高中标利率（最低中标价格）标位中标数量以各承销团成员在此标位投标量为权重进行分配，最小中标单位为最小投标量变动幅度。分配后仍有尾数时，按投标时间优先原则分配。

5．其他事项

招标发行现场管理及应急投标、缴款、债权登记、托管、债券分销、上市等其他相关事宜，按照财政部地方政府债券发行管理有关规定执行。

中央国债登记结算有限责任公司、上海证券交易所、深圳证券交易所应当按照《地方政府债券弹性招标发行业务规程》在地方政府债券发行系统中增加弹性招标功能，向财政部报备后开展采用弹性招标方式发行地方政府债券相关服务工作。

（二）公开承销发行

财政部 2018 年印发《地方政府债券公开承销发行业务规程》，决定实行地方政府债券公开承销制度，进一步完善了地方政府债券发行方式，提高了债券发行效率。

1. 公开承销发行的定义

《地方政府债券公开承销发行业务规程》所称地方政府债券公开承销发行，是指地方财政部门与主承销商协商确定利率（价格）区间后，由簿记管理人组织承销团成员发送申购利率（价格）和数量意愿，按事先确定的定价和配售规则确定最终发行利率（价格）并进行配售的行为。公开承销适用于公开发行规模较小的地方政府债券，包括一般债券、专项债券（含项目收益与融资自求平衡的专项债券）。

2. 公开承销发行的方式

地方政府债券公开承销通过财政部政府债券发行系统、财政部上海证券交易所政府债券发行系统、财政部深圳证券交易所政府债券发行系统（以下统称发行系统）开展的。

地方政府债券公开承销应当遵循公开、公平、公正原则，严格遵守地方政府债券发行管理有关规定，严禁恶意影响发行利率、进行不正当利益输送等破坏市场秩序的行为。

3. 参与方

地方政府债券公开承销参与方包括地方财政部门、承销团成员及其他意向投资机构、业务技术支持部门、中介机构等。其中承销团成员包括簿记管理人、除簿记管理人外的主承销商和其他承销团成员。

地方财政部门可以就地方政府债券公开承销专门组建承销团，也可以沿用公开招标方式下的承销团。专门组建承销团的，可以就单期债券发行组建承销团，也可以就一段时间内债券发行组建承销团，承销团成员原则上不少于四家。地方财政部门组建承销团时应当与承销团成员签署相关协议，明确各方权利义务。簿记管理人是受地方财政部门委托，负责地方政府债券公开承销组织操作的主承销商。

4. 流程

（1）询价。公开承销前，簿记管理人应当向所有承销团成员询价，并明确记录询价情况。

（2）通知。公开承销前，簿记管理人应当督促和协助地方财政部门，不迟于公开承销前五个工作日，在本单位门户网站、中国债券信息网以及相关业务技术支持部门网站披露发行通知、信用评级报告等文件。发行通知应当明确公开承销流程、利率（价格）区间、发行利率（价格）确定原则、配售规则、发行系统等相关安排。地方财政部门应当制定地方政府债券公开承销发行规则，并于首次公开承销前进行披露。

（3）申购意向。除簿记管理人外的其他承销团成员，应当根据本机构及其他意向投资者的申购需求，在规定的竞争性承销时间内，通过发行系统发送申购意向函。

（4）募入。公开承销按照低利率或高价格优先的原则对有效申购逐笔募入，直至募满计划发行量或将全部有效申购为止。

（5）缴款。公开承销地方政府债券的缴款日为发行日（T日）后第一个工作日（即T+1日），承销团成员应不迟于缴款日将发行款缴入发行文件中规定的分库对应账户。地方政府债券上市日为发行日后第三个工作日（即T+3日）。

（6）披露结果。公开承销结束后，簿记管理人应当协助地方财政部门，于公开承销当日向市场公开披露承销结果。缴款截止日后,因未及时、足额缴款等导致发行结果出现变化的,地方财政部门应当在上市日前向市场公开披露公开承销的最终结果。

5. 现场管理

公开承销现场人员包括发行人员、簿记管理人、监督员、观察员、支持人员等。发行人员由地方财政部门派出;监督员由发债地区审计、监察等非财政部门派出;观察员由财政部国库司或财政部国库司委托发债地区当地财政监察专员办事处派出;支持人员由财政部授权的业务技术支持部门派出。

发行现场人员应当各司其责。簿记管理人应当在发行前发送核对无误的申购要约,并负责组织发行现场各项工作;监督员负责监督发行现场相关工作合规有序进行,并督促发行人员和簿记管理人做好发行现场人员身份核实与出入登记、通信设备存放、信息保密、现场隔离、无线电屏蔽等工作;支持人员负责协助办理发行现场出入登记、存放手机等通信设备、进行必要的无线电屏蔽等工作,并保障发行系统及发行现场设备正常运行。

第四节 中国公司债券的发行

一、发行条件

发行条件指债券发行者发行债券筹集资金时所必须考虑的有关因素,具体包括发行额、票面面值、到期日、偿还方式、票面利率、计息方式、发行价格、发行费用、有无抵押担保等。因为公司债券通常是以发行条件进行分类的,所以确定发行条件的同时也就确定了所发行公司债券的种类。

发行债券的公司必须符合的相关条件将在第十八章中进行介绍。

二、发行价格

发行价格以票面面值为基础,主要取决于票面利率,以及票面利率与市场收益率的关系,也与发行成本、发行人与承销者的信誉、市场供求状况等有关。

发行价格与票面面值是两个不同的概念,发行价格可以低于、高于或等于债券的票面面值,分别为折价发行、溢价发行、平价发行。

债券发行价格经常与票面面值不一致,这主要与债券票面利率与市场收益率的变动有关。债券发行人在准备发行债券时,通常要按市场收益率来确定债券的票面利率,但资金市场的利率是不断变化的,市场收益率也会随之不断发生变化,可能在短时间内上升或下降。因此,当事先确定的票面利率与市场收益率发生差异时,如果仍按票面面值发行债券,就会使投资者得到的实际收益率与市场收益率不一致。

三、发行方法

（1）招标发行，也称为公募招标，是由发行人先提出发行债券的内容和销售条件，由承销者投标，在规定的开标日期开标，选出承销商的发行方式。

（2）非招标发行，也称为协商议价发行，是由发行人与承销者直接协商发行条件，以适应公司需要和市场状况。

第五章习题

第六章

债券估值分析

学习目标

- 理解即期利率和远期利率之间的关系;
- 理解无套利原则;
- 掌握利率期限结构含义,熟悉利率的期限结构理论,了解期限结构模型;
- 理解固定收益工具的无套利估值的经济含义;
- 学会计算无期权固定利率息票债券的无套利价值;
- 掌握债券收益率的计算。

债券是基础的债务工具,本章主要介绍债券价值计算、债券价格、债券收益率。考察违约或信用风险对债券定价的影响、信用风险的决定因素,以及债券收益率中包含的违约溢价。

利率既是经济的晴雨表,也是经济的调控工具。本章介绍的利率期限结构(不同期限债券的市场利率)是对许多金融产品进行估值的重要输入变量。

本章第一节主要介绍利率期限结构理论和模型;第二节介绍在无套利原则下对债券进行估值计算的方法;第三节介绍债券收益率和债券价格变动。本章思维导图如图6-1所示。

思维导图

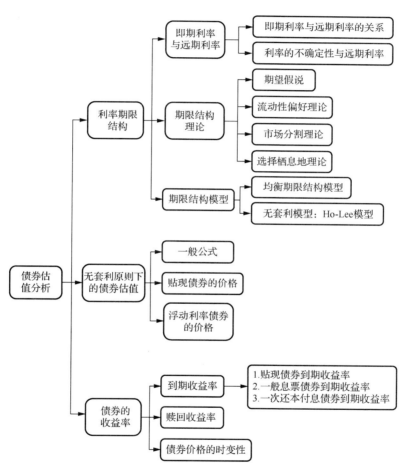

图 6-1 债券估值分析思维导图

第一节　利率期限结构

本节主要介绍即期利率、远期利率、期限结构理论、期限结构模型等内容。

一、即期利率与远期利率

（一）即期利率

1. 即期利率的界定与计算

将期限为 T 的无风险单位支付（例如 1 元）折算为现值的价格称为期限 T 的贴现因子，用 P_T 表示，其计算方式如式（6-1）所示。到期支付的收益称为即期利率，即在未来某个时间点进行单笔付款的证券的利率，用 R_T 表示。

$$P_T = \frac{1}{(1+R_T)^T} \tag{6-1}$$

式中，$T>0$ 的贴现因子 P_T 和即期利率 R_T 分别称为贴现函数和即期收益曲线（或即期曲线）。

即期收益曲线描述了任何时间点的即期利率与期限之间的数量关系。贴现函数完全识别即期收益曲线，反之亦然。贴现函数和即期收益曲线包含有关货币时间价值的相同信息集。

无违约风险即期收益曲线是未来任何时间点收到的货币时间价值的基准，由市场供求决定。因为不涉及再投资风险，所以它被视为最基本的利率期限结构。因此，在 T 年到期的零息债券的收益率被视为对 T 年期利率的最准确表示。

即期收益曲线是债券估值的核心，是为投资者提供判断未来利率期望值的依据，是一个固定收益证券投资组合策略形成的起点，也是固定收益证券投资者非常关心的问题之一。

当 1 年期债券提供的到期收益率低于 2 年期债券时，也意味着 1 年期债券具有补偿优势：它允许投资者在第 2 年重新将资金投入另一种也许会有更高收益率的债券中。

$$(1+R_2)^2 = (1+i_1) \times (1+i_2)$$

$$1+R_2 = \left[(1+i_1) \times (1 \times i_2)\right]^{\frac{1}{2}} \tag{6-2}$$

式中，R_2 表示 2 年期零息债券在第 2 期的到期收益率；i_1 和 i_2 分别表示第 1 年和第 2 年的短期利率。

根据式（6-2），当 $i_2>i_1$ 时，$R_2>R_1$，R_1 表示 1 年期零息债券的到期收益率，即期收益曲线向上倾斜。反之，如果 $i_2<i_1$，那么即期收益曲线就是向下倾斜的。因此，即期收益曲线至少部分地反映了人们对未来市场利率的预期。

2. 从即期收益曲线推算短期利率

从即期收益曲线中推算短期利率的方法如下:

$$(1+R_n)^n = (1+R_{n-1})^{n-1} \times (1+i_n) \qquad (6-3)$$

式中，n 是第 n 年；R_n 为 n 年期零息债券在第 n 年的到期收益率；i_n 为最后 1 年的短期利率。

式（6-3）的经济含义为：买入并持有 1 只 n 年期零息债券的收益相当于买入 1 只 $n-1$ 年期零息债券，再将收益投入 1 只 1 年期债券。据此，可解出最后 1 年的短期利率为：

$$1+i_n = \frac{(1+R_n)^n}{(1+R_{n-1})^{n-1}} \qquad (6-4)$$

式（6-4）右边分子的含义是 n 年期零息债券持有至到期的投资总增长系数；同理，分母的含义是 $n-1$ 年期零息债券持有至到期的投资总增长系数。

（二）远期利率

当未来利率不确定时，现实中无法推断未来"确定"的短期利率，只能推测预期值并考虑不确定性，但仍然可通过式（6-4）来推断未来利率收益率曲线的隐含意义。因为未来利率具有不确定性，所以以这种方式推断出来的利率称为远期利率而不是未来短期利率。

1. 远期利率的界定与计算

远期利率是今天设定的在未来约定日期进行的单笔支付的证券的利率，或者是今天确定的将在未来时间段内启动的贷款的利率。在特定启动日期进行单笔支付或贷款的远期利率的期限结构称为远期曲线。远期利率和远期曲线能够由即期收益曲线推算得到。

如果第 n 期的远期利率为 f_n，则有：

$$1+f_n = \frac{(1+R_n)^n}{(1+R_{n-1})^{n-1}} \qquad (6-5)$$

进而整理得出：

$$(1+R_n)^n = (1+R_{n-1})^{n-1} \times (1+f_n) \qquad (6-6)$$

在这里，远期利率被定义为"损益平衡"的利率，它可以使一只 n 年期零息债券的收益率等于一只 $n-1$ 年期零息债券在第 n 年再投资 1 只 1 年期债券所得到的总收益率。如果第 n 年的短期利率等于 f_n，两种 n 年期投资策略的总收益率将会是相等的。

需要注意的是，未来的实际利率并不一定与计算得出的远期利率相等。实际上，预期的未来短期利率在实际中也不一定与远期利率相等。远期利率与未来短期利率只在特殊的利率确定的情况下是相等的。

2. 无套利原则

在时间 T^* 发行的期限为 T 的零息债券的远期合约价格为 $F_{T^*,T}$。在时间为 T^* 时，投资者将约定的远期合约价格支付给出售者，并在时间为 T^*+T 时收到债券的本金。

无套利原则指具有相同现金流量支付的可交易证券必须具有相同的价格。否则，交易者将能够产生无风险的套利利润。

$$P_{T*+T} = P_{T*}F_{T*,T} \qquad (6\text{-}7)$$

式（6-7）描述了两种投资选择：

第一种是购买期限为 $T*+T$ 年的零息债券，成本为 P_{T*+T}，其中 P_{T*} 为贴现因子；

第二种是签订价值为 $F_{T*,T}$ 的远期合约，在时间为 $T*$ 时支付 $P_{T*}F_{T*,T}$ 的成本，购买期限为 T 的零息债券。

在时间为 $T*+T$ 时，两种投资的收益是相同的，满足无套利原则。

例题链接 6-1：扫二维码阅读。

例题链接 6-1

例题链接 6-2：扫二维码阅读。

例题链接 6-2

通过远期利率和连续替代，可以建立即期利率与 1 期远期利率之间的关系函数：

$$(1+R_T)^T = (1+R_1)(1+f_{1,1})(1+f_{2,1})\cdots(1+f_{T-1,1}) \qquad (6\text{-}8a)$$

$$R_T = \left[(1+R_1)(1+f_{1,1})(1+f_{1,2})\cdots(1+f_{T-1,1})\right]^{\frac{1}{T}} - 1 \qquad (6\text{-}8b)$$

式中，R_T 为 T 年期的到期收益率；R_1 为第 1 年的到期收益率；$f_{a,b}$ 为 a 年开始的 b 年期零息债券的远期利率。

式（6-8b）中的关系是否在实践中成立是积极投资组合管理的重要考虑因素。如果活跃的交易者可以识别一系列短期债券，其实际收益将超过今天报价的远期利率，而其投资期限内的总回报将超过期限匹配策略、买入并持有策略的回报。

远期利率模型可以表示为：

$$\left[\frac{1+R_{T*+T}}{1+R_{T*}}\right]^{\frac{T*}{T}}(1+R_{T*+T}) = 1 + f_{T*,T} \qquad (6\text{-}9)$$

不同期限的债券通常以不同的到期收益率卖出，一般而言，债券价格与到期收益率之间的关系可概述为：长期限债券将比短期限债券以更高到期收益率出售。此时，收益曲线一般向上倾斜，因此 $R_{T*+T} > R_{T*}$，式（6-9）意味着 $f_{T*,T} > R_{T*+T}$。收益曲线向下倾斜时，$R_{T*+T} < R_{T*}$，式（6-9）意味着 $f_{T*,T} < R_{T*+T}$。

（三）利率的不确定性与远期利率

确定的条件下，有：

$$(1+R_{T^*})^{T^*} \times (1+f_{T^*,T})^T = (1+R_{T^*+T})^{T^*+T} \quad (6\text{-}10)$$

$$(1+R_{T^*})^{T^*} \times (1+R_{T^*,T})^T = (1+R_{T^*+T})^{T^*+T} \quad (6\text{-}11)$$

$$R_{T^*,T} = f_{T^*,T} \quad (6\text{-}12)$$

式中，$R_{T^*,T}$ 为 T^* 年时 T 年期债券的未来短期利率。当 R_{T^*+T} 未知时，如果投资者只关心利率的期望值，那么 T^*+T 年零息债券的到期收益率可以用期望短期利率 $E(R_{T^*,T})$ 来计算：

$$(1+R_{T^*})^{T^*} \times [1+E(R_{T^*,T})]^T = (1+R_{T^*+T})^{T^*+T} \quad (6\text{-}13)$$

在忽略风险的前提下，远期利率是使得第 T^*+T 年的长期投资和短期投资具有同样吸引力的利率。当考虑风险时，短期投资者将会回避长期债券，除非它能提供更高的收益率，而持有长期债券的投资者将会要求更高的风险溢价。风险厌恶的投资者仅在 $R_{T^*,T}$ 的期望值低于 $f_{T^*,T}$ 时才会愿意持有长期债券，因为 $R_{T^*,T}$ 的期望值越低，投资长期债券的期望收益越高。

因此，如果大多数人是短期投资者，债券的价格必须使得 $f_{T^*,T} > E(R_{T^*,T})$。与期望的未来短期利率相比，远期利率将会包含流动性溢价。

二、期限结构理论

债券的到期收益率和期限之间的关系称为利率期限结构。期限结构通常用收益曲线表示，主要有三种类型：向上倾斜收益曲线、持平收益曲线和向下倾斜收益曲线。

通常即期利率随期限延长而增加，即收益曲线向上倾斜，这符合通常的想法：长期即期利率高于短期。

期限结构理论主要有四种：期望假说、流动性偏好理论、市场分割理论、选择栖息地理论。

（一）期望假说

期望假说认为：利率期限结构完全取决于对未来利率的市场预期。如果预期未来利率上升，则利率期限结构会呈上升趋势；如果预期未来利率下降，则利率期限结构会呈下降趋势。交易市场相信利率将持续下降时，才能观察到一条下倾的收益曲线；一个平缓上倾的收益曲线，也可能是预期未来利率将下降的情况。

$f_{T^*,T} = E(R_{T^*,T})$，即远期利率等于未来短期利率的期望值。这种情况下，流动性溢价为 0，长期收益等于期望收益率。另外，可以用从收益曲线中得到的远期利率来推断未来短期利率的市场预期。例如，如果期望假说是正确的，那么式（6-10）可以写成：

$$(1+R_{T^*+T})^{T^*+T} = (1+R_{T^*})^{T^*} \times [1+E(R_{T^*,T})]^T$$

（二）流动性偏好理论

流动性偏好理论认为，投资者有一种偏好短期债券的倾向，因为这些投资容易变现，且利率风险较小。投资长期债券存在利率风险，持有长期债券的投资者所要求的风险补偿溢价被称为流动性溢价。

发行人愿意为较长期的债券付较高的回报价格是因为发行长期债券比发行短期债券节省成本，不必为频繁的再融资付出更多的发行成本；而且长期债券利率风险较大，发行人为了鼓励投资者购买必须向投资者提供额外回报来补偿这种风险。

此时，除非远期利率超过预期未来短期利率，即 $f_{T*,T} > E(R_{T*,T})$，否则短期投资者不会持有长期债券；除非预期未来短期利率超过远期利率，即 $E(R_{T*,T}) > f_{T*,T}$，否则长期投资者不会愿意持有短期债券。因此，需要有流动性溢价存在，使两种类型的投资者持有不同于他们投资倾向的债券。

（三）市场分割理论

市场分割理论认为，因为不同的投资者和借款人受到法律、特定期限偏好等的限制，所以长期债券与短期债券是在不同的相互分割的市场上进行交易的，它们各自达到均衡。长期市场交易者的行为共同决定长期债券的利率水平；短期市场交易者的行为共同决定短期债券的利率水平，与长期利率的预期没有关系。因此，利率期限结构是由不同期限的市场的均衡利率决定的。根据这一理论，债券市场可分为短期债券市场、中期债券市场和长期债券市场。

（四）选择栖息地理论

选择栖息地理论提出，许多借款人和投资者对特定期限有强烈偏好，但不同期限的收益率不一定是完全彼此独立的。如果获得的预期额外收益足够多，借款人和投资者将愿意偏离他们的偏好（或称为栖息地）。

三、期限结构模型

期限结构模型可以定量、精确地描述利率变化特征。这些模型基于一系列假设对现实世界现象提供了简化的描述，通常用于解决特定问题。这些假设不能完全准确地描绘现实世界，但足以很好地解释现实世界现象、解决目前的问题。这里对代表性模型做简要介绍。

（一）均衡期限结构模型

均衡期限结构模型试图使用影响利率的基本经济变量来描述期限结构动态。在建模过程中，为了推导出债券和利率期权的均衡价格，而对其施加限制。这些模型需要规范漂移项，并假设利率波动的函数形式。

1. 均衡期限结构模型的特征

（1）均衡期限结构模型是单因素或多因素模型。单因素模型假设单个可观察因子（有时称为状态变量）驱动所有收益曲线移动。Vasicek 模型和 Cox-Ingersoll-Ross（CIR）模型都假设单个可观察因子，即短期利率 r。经验证明，单因素模型通常能够解释收益曲线 90% 以上的平移变化；多因素模型可以更准确地模拟收益曲线的曲率，但复杂性大为提高。

（2）对行为因素做出假设。例如，如果关注短期利率单因素模型，那么短期利率是否应该建模为均值回归？短期利率是否应该模拟出现跳跃？如何模拟短期利率的波动性？

（3）单因素模型在必须估计的参数数量方面较为简约。

2. 代表性模型

均衡期限结构模型中比较具有代表性的模型是 CIR 模型和 Vasicek 模型。

（1）CIR 模型。

CIR 模型假设每个人都必须以有限的资本做出消费和投资决策。投资生产过程可能会导致下一阶段的消费增加，但需要牺牲本阶段的消费。CIR 模型可以根据个人对投资和消费的偏好，以及经济生产过程的风险和回报来解释利率变动。

该模型描述了短期利率如何与经济生产过程中的风险和回报相关联。

$$dr = a(b-r)dt + \sigma\sqrt{r}dz \qquad (6\text{-}14)$$

式中，dr 表示短期利率的微小变动；dt 表示时间的微小变动；dz 表示随机驱动因素，dz 可以被认为是一个无限小的随机游走。

CIR 模型是连续时间金融模型的一个实例。该模型有两部分：①确定性部分（漂移项），即 $a(b-r)dt$；②随机部分（随机项或波动项）$\sigma\sqrt{r}dz$。

确定性部分在公式中表达的方式确保了利率均值随着严格正参数 a 控制调整的速度回归到长期值 b。如果 a 较高（低），则平均恢复到长期值的速率将较快速（缓慢）发生。为了简化表示，可假设 CIR 模型的流动性溢价等于 0。此时，CIR 模型假设经济具有恒定的长期利率，短期利率随时间收敛。

均值回归是利率的一个基本特征，这一特征使其与许多其他金融数据系列区别开来。例如，与股票价格不同，利率无法无限上升，因为在非常高的水平上，它们会阻碍经济活动，这最终会导致利率下降。同样，除罕见的历史例外情况外，名义利率是非负的。因此，短期利率倾向于在有限范围内波动并有恢复到长期值 b 的趋势。

随机项或波动项遵循均值为 0、标准差为 1 的随机正态分布，标准差因子是 $\sigma\sqrt{r}$。标准差因子使得波动率与短期利率的平方根成正比，这使得波动率随着利率波动率的增加而增加。

（2）Vasicek 模型。

Vasicek 模型是 CIR 模型的一个特例，其模型表示如下：

$$dr = a(b-r)dt + \sigma dz \qquad (6\text{-}15)$$

Vasicek 模型具有与 CIR 模型相同的漂移项，因此倾向于以短期利率 r 趋向回归均值。随机项或波动项遵循均值为 0 且标准差为 1 的随机正态分布。

与 CIR 模型不同的是，Vasicek 模型假设波动率在分析期间保持不变，计算利率。与 CIR 模型相同的是，只有一个利率过程的随机驱动因素，a、b 和 σ 是以某种方式界定的模型参数。该模型的缺陷在于利率可能为负。

（二）无套利模型：Ho-Lee 模型

无套利模型的分析是从观察金融工具参考集的市场价格开始的，并假设参考集的市场价格正确。确定期限结构的计算过程就是生成金融工具参考集的市场价格的估值过程。这些模型被称为无套利模型是因为它们估计的价格与市场价格相匹配。

Vasicek 模型和 CIR 模型的主要缺点之一是它们只有有限数量的自由参数，因此不可能确保这些参数使模型估计的价格与观察到的市场价格一致。而无套利模型允许参数随时间变化，这一方法有利于克服这一问题。因此，无套利模型可以在一定的准确性下模拟衍生工具和嵌入期权的债券的价值。

第一个无套利模型——Ho-Lee 模型，使用了 Black-Scholes-Merton 期权定价模型的相对估值概念。具体模型如下：

$$dr = \theta_t dt + \sigma dz_t \tag{6-16}$$

该模型可以通过从市场价格推断时间相关漂移项 θ_t 的形式来校准市场数据，这意味着该模型可以精确生成当前的期限结构。该校准通常基于二叉树模型来执行，其中，在每个节点处，收益曲线可以以相等的概率向上或向下移动。这种概率被称为"隐含的风险中性概率"或"风险中性概率"。这有点误导倾向，因为无套利模型并不假设投资者风险中性。

第二节 无套利原则下的债券估值

在对债券进行估值时，一般将每一期债券现金流（包括利息及本金）视为独立销售的零息债券。剥离债券是指将每一次利息和本金支付从债券整体中剥离，作为独立现金流分别销售的零息债券。例如，1 年期的每半年付息的债券可分离为 6 个月（将首次利息支付作为单独的零息债券出售）和 12 个月（对应末次利息和本金）零息债券。剥离债券暗示了附息债券的估值方法，即如果将现金流作为单独零息债券卖出，那么整个债券的价值就等于在剥离市场中分别购买的零息债券的价值。

一、一般公式

由于债券的利息和面值偿还都发生在数月或者数年后，投资者愿意为这些收益支付的价格取决于未来获得的货币价值的现值。债券的未来获得的货币价值为债券未来的现金流，包括债券到期日之前的利息收益和到期面值偿还。

债券价格=利息现值+面值现值

现值的计算需要知道贴现率，贴现率由市场名义无风险利率、投资者预期收益率及债券违约风险等决定。市场名义无风险利率包括实际无风险利率和补偿预期通胀的溢价。由于大多数债券并不是无风险的，贴现率还会包含违约风险、流动性风险、税收属性、赎回风险等债券具体特征的溢价。同时，不同时期的现金流会有不同的贴现率，为简化问题，假设只有一种贴现率，适用于任意期限的现金流贴现，则期限为 T 的债券价格 P_0 可以表示为：

$$P_0 = \sum_{t=1}^{T} \frac{C_t}{(1+R)^t} + \frac{M}{(1+R)^T} = \sum_{t=1}^{T} \frac{M \times i}{(1+R)^t} + \frac{M}{(1+R)^T} \quad (6\text{-}17)$$

式中，C_t 为债券每期的利息；M 为债券的面值；R 为债券的贴现率，即债券的到期收益率；i 为债券的票面利率。

当贴现率为 R 时，存续期为 T 的 1 元年金的现值是 $\frac{1}{R}\left[1 - \frac{1}{(1+R)^T}\right]$，该式被称为贴现率为 R 的 T 期年金因子，$\frac{1}{(1+R)^T}$ 被称为贴现因子。

债券价格还可以表示为：

$$P_0 = C_t \frac{1}{R}\left[1 - \frac{1}{(1+R)^T}\right] + M \frac{1}{(1+R)^T} \quad (6\text{-}18)$$

贴现率越高，债券价格越低。因而，债券价格随着市场利率的上升而下降，这是债券估值中一个极其重要的普遍规律。

由于市场利率上升导致的债券价格下降幅度要小于相同程度的市场利率下降导致的债券价格上升幅度，即随着利率的逐渐上升，所引起的债券价格的下降幅度逐步减小，因此债券价格与市场利率的函数曲线为凸型，即债券价格的凸性。

公司债券一般以面值发行。这意味着公司债券发行的承销商（即为发行人向公众销售债券的公司）必须选择与市场收益率极为接近的票面利率。如果票面利率不够高，投资者将不会按面值购买债券；如果票面利率过高，则提高了债券发行人的融资成本。

二、贴现债券的价格

贴现债券的价格 P_0 可以表示为：

$$P_0 = \frac{M}{(1+R)^n} \quad (6\text{-}19)$$

式中，M 为债券到期的面值；R 为债券的贴现率（每年应得报酬率或到期收益率）；n 为贴现债券的到期期数。

三、浮动利率债券的价格

在发行时，浮动利率债券的价格是债券的面值 M；在每一个利息支付日，紧接浮动利

息支付的那一刻,浮动利率债券的价格也是面值 M;在利息支付日之间,浮动利率债券的价格为:

$$P_0 = \frac{M\left(1+i_{t(-1)}\right)^{T_{t(1)-t(-1)}}}{\left(1+i_{t(0)}\right)^{T_{t(1)-t(0)}}} = \frac{M\left(1+i_{t(-1)}\right)}{\left(1+i_{t(0)}\right)^{T_{t(1)-t(0)}}} \tag{6-20}$$

式中,M 为浮动利率债券的面值;$t(0)$ 为现在时刻;$t(1)$ 为下一次支付利息的时刻;$i_{t(-1)}$ 为浮动利率债券在上一次支付利息时的利率,即上一次支付利息时的市场利率;$i_{t(0)}$ 为 $t(0)$ 到 $t(1)$ 的市场即期利率;$T_{t(1)-t(-1)}$ 为两个利息支付日之间的时间;$T_{t(1)-t(0)}$ 为距离下一次利息支付日的时间。

根据浮动利率债券的价格计算公式,可以推理出以下三个基本规律。

(1)浮动利率债券价格在发行时为债券的面值 M。

假设一个三年期的浮动利率债券,其利息在每年年末支付。在第一个支付年度,所参考的利率是年初 $t(0)$ 时已确定的利率 $i_{t(1)}$。

那么,第一年年末支付的利息就是 $M \times i_{t(1)}$;第二年年末应支付的利息,其计算利率以第一年年末的市场利率为准,该利率在第一年年初时是未知的,但是,根据金融市场中的无套利原则,可以用第一年到第二年的远期利率 $\hat{i}_{t(12)}$ 对它做最好的估计;同样道理,利用第二年到第三年的远期利率 $\hat{i}_{t(23)}$ 对第三年年末的应付利息做出估计,三年期的浮动利率债券在 $t(0)$ 时的价格为:

$$P_0 = \frac{M \times i_{t(1)}}{1+i_{t(1)}} + \frac{M \times \hat{i}_{t(12)}}{\left(1+i_{t(2)}\right)^2} + \frac{M \times \left(1+\hat{i}_{t(23)}\right)}{\left(1+i_{t(3)}\right)^3} \tag{6-21}$$

式中,$i_{t(1)}$、$i_{t(2)}$、$i_{t(3)}$ 分别为一年期、二年期、三年期的即期利率,在债券发行的第一年年初就已经确定。

根据无套利原则:

$$\begin{cases} \left(1+i_{t(1)}\right)\left(1+\hat{i}_{t(12)}\right) = \left(1+i_{t(2)}\right)^2 \\ \left(1+i_{t(2)}\right)^2\left(1+\hat{i}_{t(23)}\right) = \left(1+i_{t(3)}\right)^3 \end{cases} \tag{6-22}$$

根据方程组解出 $\hat{i}_{t(12)} = \frac{\left(1+i_{t(2)}\right)^2}{1+i_{t(1)}} - 1$ 及 $\hat{i}_{t(23)} = \frac{\left(1+i_{t(3)}\right)^3}{\left(1+i_{t(2)}\right)^2} - 1$,将其代入浮动利率债券价格公式得到:

$$\begin{aligned} P_0 &= \frac{M \times i_{t(1)}}{1+i_{t(1)}} + \frac{M \times \hat{i}_{t(12)}}{\left(1+i_{t(2)}\right)^2} + \frac{M \times \left(1+\hat{i}_{t(23)}\right)}{\left(1+i_{t(3)}\right)^3} \\ &= \frac{M \times i_{t(1)}}{1+i_{t(1)}} + \frac{M}{\left(1+i_{t(2)}\right)^2} \times \left[\frac{\left(1+i_{t(2)}\right)^2}{1+i_{t(1)}}-1\right] + \frac{M}{\left(1+i_{t(3)}\right)^3} \times \frac{\left(1+i_{t(3)}\right)^3}{\left(1+i_{t(2)}\right)^2} \\ &= M \end{aligned} \tag{6-23}$$

（2）第一个利息支付日浮动利率债券的价格为债券的面值 M。

假设在 $t(1)$ 时刚收到第一笔利息，将这一时刻定义为当前时刻 $t(0)$，债券此时的价格为：

$$P_1 = \frac{M \times i_{t(1)}}{1+i_{t(1)}} + \frac{M \times \left(1+\hat{i}_{t(12)}\right)}{\left(1+i_{t(2)}\right)^2} = \frac{M \times i_{t(1)}}{1+i_{t(1)}} + \frac{M}{\left(1+i_{t(2)}\right)^2} \times \left[\frac{\left(1+i_{t(2)}\right)^2}{1+i_{t(1)}}\right]$$

$$= \frac{M \times i_{t(1)}}{1+i_{t(1)}} + \frac{M}{1+i_{t(1)}} = M \qquad (6\text{-}24)$$

（3）在每一个利息支付日之间浮动利率债券的价格为债券的面值 M。

$$P_0 = \frac{M \times i_{t(1)}}{\left(1+i_{(1-t)}\right)^{1-t}} + \frac{M \times \hat{i}_{t(12)}}{\left(1+i_{(2-t)}\right)^{2-t}} + \frac{M \times \left(1+\hat{i}_{t(23)}\right)}{\left(1+i_{(3-t)}\right)^{3-t}} \qquad (6\text{-}25)$$

根据无套利原则，存在：

$$\begin{cases} \left(1+i_{(1-t)}\right)^{1-t}\left(1+\hat{i}_{t(12)}\right) = \left(1+i_{(2-t)}\right)^{2-t} \\ \left(1+i_{(2-t)}\right)^{2-t}\left(1+\hat{i}_{t(23)}\right) = \left(1+i_{(3-t)}\right)^{3-t} \end{cases} \qquad (6\text{-}26)$$

解出 $\hat{i}_{t(12)} = \left[\dfrac{\left(1+i_{(2-t)}\right)^{2-t}}{\left(1+i_{(1-t)}\right)^{1-t}} - 1\right]$ 及 $\left(1+\hat{i}_{t(23)}\right) = \dfrac{\left(1+i_{(3-t)}\right)^{3-t}}{\left(1+i_{(2-t)}\right)^{2-t}}$，将其代入价值公式得到：

$$P_0 = \frac{M \times i_{t(1)}}{\left(1+i_{(1-t)}\right)^{1-t}} + \frac{M}{\left(1+i_{(2-t)}\right)^{2-t}} \left[\frac{\left(1+i_{(2-t)}\right)^{2-t}}{\left(1+i_{(1-t)}\right)^{1-t}} - 1\right] + \frac{M}{\left(1+i_{(3-t)}\right)^{3-t}} \frac{\left(1+i_{(3-t)}\right)^{3-t}}{\left(1+i_{(2-t)}\right)^{2-t}}$$

$$= \frac{M \times i_{t(1)}}{\left(1+i_{(1-t)}\right)^{1-t}} + \frac{M}{\left(1+i_{(2-t)}\right)^{2-t}} \frac{\left(1+i_{(2-t)}\right)^{2-t}}{\left(1+i_{(1-t)}\right)^{1-t}} - \frac{M}{\left(1+i_{(2-t)}\right)^{2-t}} + \frac{M}{\left(1+i_{(2-t)}\right)^{2-t}}$$

$$= \frac{M \times i_{t(1)}}{\left(1+i_{(1-t)}\right)^{1-t}} + \frac{M}{\left(1+i_{(1-t)}\right)^{1-t}} = M \qquad (6\text{-}27)$$

第三节　债券的收益率

债券的当期收益仅度量债券所提供的现金收入（它是债券价格的某一百分比），而不考虑任何预期资本损益。到期收益率是对总收益率的标准度量，既可以解释当期收益，又可以说明债券在整个存续期内的价格涨跌。人们谈论的债券收益，大多指的是到期收益率。

一、到期收益率

到期收益率是使得债券所有支付额的现值等于债券价格的贴现率。也就是说，现在购买某债券并持有至到期日，该债券所能提供的平均收益率就是到期收益率，它可以用来比较不同现金流、不同期限的债券的平均收益率。

现实中，购买债券的投资者并不是根据承诺回报率来考虑是否购买债券。相反，他们是通过债券价格、到期日、票面利率来推断债券在其存续期内的收益。为了计算到期收益率，可以在给定债券价格的条件下，求解关于贴现率的债券价格方程。债券的到期收益率有别于当期收益率，当期收益率为债券的年利息支付除以债券价格。对溢价债券而言（债券以高于面值的价格出售），票面利率＞当期收益率＞到期收益率；对折价债券而言（债券以低于面值的价格出售），票面利率＜当期收益率＜到期收益率。

（一）贴现债券到期收益率

$$R = \frac{M - P_0}{P_0} \times \frac{360}{N} \tag{6-28}$$

式中，R 为到期收益率；M 为债券面值；P_0 为债券发行价格。

（二）一般息票债券到期收益率

一般的息票债券都是一年或半年支付一次利息，到期按面值还本。现值法可以精确计算息票债券的到期收益率，但计算方法非常烦琐，是根据债券的未来收益和当前的市场价格来推算的。现值法公式如下：

$$P_0 = \frac{C_1}{(1+R_1)^1} + \frac{C_2}{(1+R_2)^2} + \cdots + \frac{C_T + M}{(1+R_T)^T} \tag{6-29a}$$

$$P_0 = \sum_{t=1}^{T} \frac{C_t}{(1+R)^t} + \frac{M}{(1+R)^T} = \sum_{t=1}^{T} \frac{M \times i}{(1+R)^t} + \frac{M}{(1+R)^T} \tag{6-29b}$$

式中，R 为到期收益率，其他变量的含义同上。

（三）一次还本付息债券到期收益率

$$R = \frac{[M(1 + i \times T_1) - P_0]/T_2}{P_0} \times 100\% \tag{6-30}$$

式中，R 为到期收益率；T_1 为债券到期期数；T_2 为债券持有期期数；P_0 为债券购入价格；M 为债券面值；i 为债券票面利率。

二、赎回收益率

到期收益率是在假设债券持有至到期的情况下计算的。然而，如果债券是可赎回的，或者是在到期日之前终止的，那么可赎回债券的平均收益率的度量不同于不可赎回债券。

对于不可赎回债券，如果利率下降，债券价格一般会随之上升。对于同样情况的可赎回债券，利率下降时，发行人预定支付的债券价格的现值将会上升，但由于赎回条款允许发行方以赎回价格赎回债券，因此若赎回价格低于预定支付的债券价格的现值，发行人便可能会从债券持有者手中赎回债券。因此，当利率较高时，因为预定支付的债券价格的现值低于赎回价格，赎回风险可忽略不计，不可赎回债券与可赎回债券价格相互收敛；在低利率条件下，两种债券价格开始发散，其差异反映了能以赎回价格回购公司债券的期权价值；当利率很低时，预定支付的债券价格的现值超过了赎回价格，债券被赎回，该点的值就是赎回价格，如图 6-2 所示。

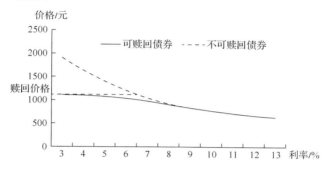

图 6-2　可赎回债券与不可赎回债券的价格

注：票面利率 8%、30 年期、半年付息一次。
资料来源：博迪，凯恩，马科斯，2016. 投资学精要：第 9 版[M]. 胡波，王鹜然，纪晨，译. 北京：中国人民大学出版社.

如果债券极有可能被赎回，那么相对于到期收益率而言，债券市场分析师们可能对赎回收益率更感兴趣。赎回收益率的计算与到期收益率的计算基本相同，只是要用赎回日代替到期日，用赎回价格代替债券面值。这种计算方法有时被称为"首次赎回收益率"，因为假设赎回发生在债券首次可赎回的时间。

多数可赎回债券在发行时有一个赎回保护期。另外，还存在银行形式的赎回保护——债券以赎回价格为基础进行高价销售。即使利率下降了一点，高折价的债券仍以低于赎回价格的价格出售，这样就不需要赎回。如果利率进一步下降，那么以接近赎回价格出售的溢价债券就很容易被赎回。因此，相对于到期收益率，溢价债券的投资者通常对债券的赎回收益率更感兴趣，因为债券在赎回日可能被赎回。

三、债券价格的时变性

为什么债券价格会对利率波动做出反应？因为在一个竞争的市场中，所有债券提供给投资者的预期收益率应是相同的（不考虑风险因素）。当其他竞争性债券的预期收益率为 8% 时，如果该债券的票面利率也为 8%，那么它将以面值出售。但是如果市场利率为 9%，那么谁还会以面值购买票面利率为 8% 的债券呢？这时，债券的价格一定会下跌，直到它的预期收益率上升到具有竞争力的 9%；反之，当市场利率下降到 7% 时，债券 8% 的收益率更具优势，这时买者增加，抬高债券价格，直到它的预期收益率下降到 7% 为止。

当根据现值公式来确定债券价格时,任何折价或溢价都会提供一个预期资本利得或资本损失,以平衡债券票面利率与市场利率之间的不平衡。

当票面利率与市场利率相同时,债券就会按面值销售。在此环境下,投资者在各个时间段收到的利息实际上是对货币时间价值的公平补偿,这种补偿不包含其他的资本收益。

如果票面利率低于市场利率,债券的最初发行价格就应当低于其面值,从而可以提供资本收益。因为该债券所提供的利息低于其他的市场投资的收益,要想实现各种投资的均衡收益(即使各种金融工具的收益率一致),投资者就要赚取价格上涨所带来的收益。

如果票面利率超过市场利率,债券发行价就会高于其面值,存在资本损失。因为票面利率超过市场利率的债券的利息收入会超过其他市场投资方式,投资者对该债券的超额需求就会使得债券价格超过其面值,资本损失就会抵消较高的利息收入,投资者所获的也是均衡收益。

30 年期、票面利率为 6.5% 的债券价格轨迹见图 6-3。

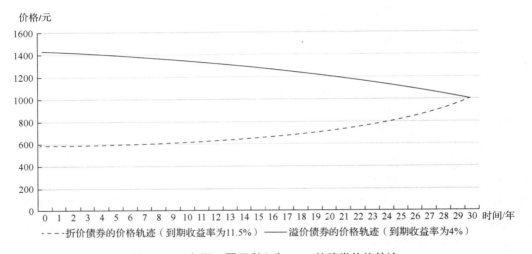

图 6-3　30 年期、票面利率为 6.5% 的债券价格轨迹

注:根据面值为 1000 元的息票债券价格计算公式得出。

第六章习题

第七章

债券信用风险测算

学习目标

- 掌握信用风险对债券定价的影响;
- 理解信用风险的决定因素以及债券收益率中包含的违约溢价;
- 理解违约概率、默认损失、预期损失、预期损失的现值;
- 掌握信用评分和信用评级,解释信用评级的优缺点;
- 理解企业信用风险的结构评估模型;
- 理解企业信用风险的简化形式模型。

信用风险是担保债务凭证和信用违约掉期的核心。本章主要介绍债券信用风险测算及其对债券定价的影响。本章思维导图如图 7-1 所示。

思维导图

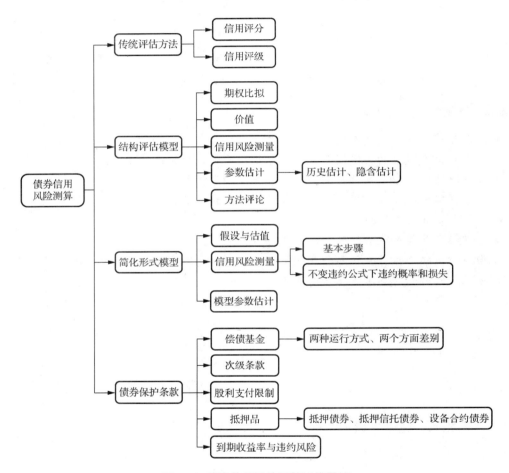

图 7-1 债券信用风险测算思维导图

债券的违约风险，通常称为信用风险，具体指债券在到期日之前可能发生的导致部分或全部利息及本金损失的违约风险。量化债券信用风险是债券估值的必要条件。概括而言，量化债券信用风险的测量指标通常有以下四个。

（1）违约概率。在其他条件都保持不变的情况下，违约概率越高，债券风险越大。

（2）默认损失，即违约事件的损失。默认损失率通常表示为头寸或风险的百分比。与之相关的测量指标是预期回收率，即默认收到或收回的头寸百分比。默认损失率加上预期回收率等于100%。

（3）预期损失。预期损失等于违约概率乘以默认损失。预期损失影响因素较多，计算较为复杂，但违约概率和默认损失都取决于公司的财务状况和经济的健康状态。当计算预期损失时，需要计算这些依赖于不同经济状态的预期损失的加权平均值，使用的权重对应于不同经济状态可能发生的概率。

（4）预期损失的现值。预期损失的现值是人们愿意支付给第三方（例如保险公司）的用以完全消除购买和持有债券的信用风险的最大价格。支付这笔费用会将"信用风险债券"转变为"无风险债券"。当然，还需要假设第三方没有违约风险。预期损失的现值是信用风险最复杂的测量指标，因为它涉及对默认损失的两次修改：第一次是对现金流风险（风险溢价）的概率调整；第二次是对货币时间价值的调整，即将未来的现金流量折现。

第一节 传统评估方法

信用评分和信用评级是两种传统的信用风险评估方法，适用于不同类型的借款人。信用评分适用于小型自主经营的企业，这些小借款人通常被称为零售借款人；信用评级适用于较大规模的公司、政府（主权）、准政府和资产支持证券。

一、信用评分

信用评分只对借款人的信用风险进行从高到低的排名（排序），不对借款人的违约概率进行估计，因此信用评分无法确定不同借款人信用风险之间的数量关系。

信用评分有以下几个特征。

（1）信用评分提供借款人信用风险的序数排名。信用评分越高，借款人信用风险较小。如果借款人A的信用评分为400，而借款人B的信用评分为100，则借款人A的违约概率低于借款人B，但这并不意味着借款人A的违约概率是借款人B的1/4。

（2）信用评分并不明确取决于当前的经济状态。如果借款人A的信用评分为400且经济恶化，除非借款人A的财务状况也发生变化，否则借款人A的信用评分不会调整。

（3）信用评分不是借款人在一定群体数量的借款人中的百分位排名。可能有许多借款人具有相同的信用评分，具有特定信用评分的借款人的百分比可能随时间而变化。

（4）许多投资者更重视信用评分的稳定性而不是准确性，因此信用评分部门在进行信用评分时会考虑到这一点。

（5）不同的信用评分体系对借款人违约概率有不同的影响，具体取决于借款人和已延期的贷款性质。例如，处于财务困境的零售借款人可以支付房屋抵押贷款而违约信用卡债务，因为信用卡违约的后果不那么严重。同时，各国的信用评分体系差异很大。在某些国家，只有负面信息才被评估；而在另一些国家，支付历史和未偿还债务等因素都被用来制订信用评分，但是加权因素可能因国家而异。

二、信用评级

信用评级由穆迪、标准普尔等评级机构进行测定。信用评级不提供对贷款违约概率的估计。国际上的政府（主权）债券也存在违约风险，新兴市场国家债券更是如此。所以，评级机构也会对这些债券的违约风险进行评级。评级机构使用字母来表示信用评级，以反映对所发行债券安全性的评价。最高信用评级是 AAA 或者 aaa；也可为每种信用评级再设定 1、2 或者 3 的后缀（如 AAA1），做出更精确的划分。

信用评级为 BBB 以及更高的债券（标准普尔），或者信用评级为 Baa 以及更高的债券（穆迪）被认为是投资级债券。尽管高信用评级的债券鲜有违约，但并非没有风险。反之，其他信用评级较低的债券则被称为投机性债券或极低信用债券，违约情况很常见。某些机构投资者，如保险公司，通常不允许购买投机性债券。债券的信用评级与特征如表 7-1 所示。

表 7-1 债券的信用评级与特征

信用评级	穆迪	标准普尔	特征
极高信用	Aaa	AAA	Aaa 和 AAA 级债券具有最高信用评级，还本付息能力最强
	Aa	AA	Aa 和 AA 级债券有很强的还本付息能力
	A	A	A 级债券有很强的还本付息能力，对经济和环境的不利影响更为敏感
高信用	Baa	BBB	Baa 和 BBB 级债券有充分的还本付息能力；和信用评级更高的债券相比，不利的经济条件或变化更有可能削弱此信用评级债券的还本付息能力
投机性	Ba	BB	从还本付息能力和承担的义务来看，此类债券被认为具有明显的投机性；Ba 和 BB 级债券投机程度较低，Ca 和 CC 级债券投机程度较高；虽然这些债券也可能有质量和安全性特征，但是一旦处于不利条件中，将具有更大的不确定性和风险，部分债券可能会出现违约
	B	B	
	Caa	CCC	
	Ca	CC	
极低信用	C	C	C 级债券作为收入债券保留，没有利息支付
	D	D	D 级债务处于违约之中，利息支付和/或本金偿还仍在拖欠

资料来源：博迪，凯恩，马科斯，2016. 投资学精要：第 9 版 [M]. 胡波，王骜然，纪晨，译. 北京：中国人民大学出版社.

信用评级的优点：①评级结果简单，却概括了潜在借款人的复杂的信用风险；②评级结果在整个商业周期中稳定，从而降低了债务市场价格的波动性。

信用评级的缺点：①随着时间的推移，评级结果的稳定性往往会降低对借款人违约概率的反应敏感度；②评级结果不依赖于经济周期，但借款人的违约概率却依赖于经济周期；③补偿信用评级机构的借款人支付模式存在潜在的利益冲突，可能会降低信用评级的准确性。

第二节　结构评估模型

结构评估模型起源于对公司负债的经济分析，建立在期权定价理论的基础上，主要基于公司的资产负债表结构展开。

简化的公司资产负债表结构如表 7-2 所示，资产负债表满足：

$$A_t = D_{t,T} + S_t$$

式中，A_t 表示资产；$D_{t,T}$ 表示负债；S_t 表示股东权益。

表 7-2　简化的公司资产负债表结构

资产	负债： 假设为零息债券（期限 T，面值 K）
	股东权益

一、期权比拟

股权持有人只有在符合其最佳利益的情况下，才能在时间 T 偿还债务。在时间 t，公司资产的价值是 A_t。此时，只有当 $A_t > K$ 时，股权持有人才能偿还债务。付款后，他们将保留剩余的资金 $A_t - K$。如果 $A_t < K$，股权持有人将在债务问题上违约。因此，在时间 t，公司的股东权益的价值是：

$$S_t = \max[A_t - K, 0] \tag{7-1}$$

在时间 t，公司的负债的价值为：

$$D_{t,T} = \min[K, A_t] \tag{7-2}$$

即 $A_t \geqslant K$ 时，$D_{t,T} = K$；$A_t < K$ 时，$D_{t,T} = A_t$。这暗示着：在时间 t 债务违约的概率等于资产价值低于零息债券面值的概率——概率 $p(A_t < K)$，并且默认损失的数量是 $K - A_t$。

$$D_{t,T} = K - \max[K - A_t, 0] \tag{7-3}$$

在式（7-3）中，负债在时间 T 的价值相当于将确定性的 K 减去执行价格为 K、到期日为 T 的公司资产的欧式看跌期权。

此时，可以进行债券的期权比拟：拥有公司的债券在经济上等同于拥有无风险的债券（在时间 T 确定地支付 K），同时以执行价格 K、到期日 T 卖出公司资产的欧式看跌期权。

二、价值

要使用结构评估模型来确定公司的信用风险，还需要增加一定的假设。这些假设是：①公司资产在无摩擦、自由套利的市场中交易；②无风险利率 r 不随时间变动；③在时间 t 公司资产的价值服从均值为 μ_t 和方差为 σ^2 的对数正态分布。

在 t 时，公司的股东权益的价值为：

$$S_t = A_t N(d_1) - K e^{-r(T-t)} N(d_2) \tag{7-4}$$

$$d_1 = \frac{\ln\left(\dfrac{A_t}{K}\right) + r(T-t) + \dfrac{1}{2}\sigma^2(T-t)}{\sigma\sqrt{T-t}} \tag{7-5}$$

$$d_2 = d_1 - \sigma\sqrt{T-t} \tag{7-6}$$

$$\begin{aligned}D_{t,T} &= A_t - S_t = A_t - \left[A_t N(d_1) - K e^{-r(T-t)} N(d_2)\right] \\&= A_t N(-d_1) + K e^{-r(T-t)} N(d_2)\end{aligned} \tag{7-7}$$

式（7-4）中，N 为标准正态分布；式（7-7）中的第一项 $A_t N(-d_1)$ 对应违约发生时公司负债的现值；第二项 $K e^{-r(T-t)} N(d_2)$ 对应不发生违约时公司负债的收益的现值，$p(A_t < K) = N(d_2)$。

该估值公式有助于我们了解违约概率、预期损失和预期损失的现值。

三、结构评估模型的信用风险测量

股权持有人将在债务问题上违约的概率为：

$$p(A_t < K) = 1 - p(A_t \geqslant K) = 1 - N(e_2) \tag{7-8}$$

$$e_1 = \frac{\ln\left(\dfrac{A_t}{K}\right) + u(T-t) + \dfrac{1}{2}\sigma^2(T-t)}{\sigma\sqrt{T-t}} \tag{7-9}$$

$$e_2 = e_1 - \sigma\sqrt{T-t} \tag{7-10}$$

式（7-9）中，u 为实际收益率。

违约时的预期损失为：

$$K N(-e_2) - A_t e^{u(T-t)} N(-e_1) \tag{7-11}$$

预期损失的现值可以通过无风险零息债券的价值 $KP_{t,T}$ 减去负债价值 $D_{t,T}$ 得到：

$$KP_{t,T} - D_{t,T} = K e^{-r(T-t)} N(-d_2) - A_t N(-d_1) \tag{7-12}$$

式中，$P_{t,T} = e^{-r(T-t)}$，指在时间 T 支付单位价值的无风险零息债券在时间 t 的价格。

或者，预期损失的现值也可以由风险中性预期折现损失给出：

$$\hat{E}(K - D_{t,T}) e^{-r(T-t)} \tag{7-13}$$

式中，$\hat{E}(\cdot)$ 表示使用风险中性概率进行预期。

在此计算中，未来现金流量折现用的是无风险利率，而现金流的风险则通过风险中性概率替代实际概率来描述。风险中性概率由资产价值的预期收益为无风险利率 r 的假设决定，而实际概率由资产价值每年的实际预期收益率 u 决定。

在结构评估模型的计算中，违约概率很大程度上由公司给定的负债结构决定。违约概率对公司负债结构的严格依赖性是结构评估模型的局限。

例题链接 7-1：扫二维码阅读。

例题链接 7-1

四、期权定价模型的参数估计

一般而言，期权定价模型的参数估计有两种方法：历史估计和隐含估计。

历史估计是指使用潜在资产价格过去的时间序列观察值和标准统计程序来估计参数。例如，为了使用历史估计方法来估计资产的预期收益和波动率，可以先获得资产价值的过去的时间序列观察值 A_t，然后计算平均收益率和收益的标准差。

隐含估计（也称为校准估计）是指使用期权本身的市场价格来计算使市场价格等于公式价格的参数值。例如，考虑使用标准 Black-Scholes 看涨期权定价模型作为股票期权。为了使用隐含估计方法来估计股票的波动率，可以观察看涨期权的市场价值，并找出使 Black-Scholes 看涨期权定价公式等于看涨期权市场价格的波动率，这一波动率称为隐含波动率。

结构评估模型不能使用历史估计方法，多用隐含估计方法。其中一个重要原因是公司资产（包括建筑物和非交易投资）的交易存在不容忽视的摩擦。因此，公司资产的价值无法通过观察得到，无法使用标准统计数据来计算平均收益率或资产收益率的标准差。隐含估计的估算程序较为复杂，该程序要求公司的股权被积极交易，以便公司股权的市场价格时间序列可用，从而能够通过使用公司的债务权益比计算出公司资产的相关参数。

公司资产的相关参数的计算程序。

（1）收集股票市场价格的时间序列数据 S_t，$t=1,2,3,\cdots,n$。

（2）通过股票市场价格的时间序列数据，计算股票价格波动性，即股票价格的标准差 $\sqrt{\operatorname{var}\left(\dfrac{\mathrm{d}S}{S}\right)}$。

（3）对每一时间 t，建立以下两个方程：

$$S_t = A_t N(d_1) - K\mathrm{e}^{-r(T-t)} N(d_2) \quad \text{和} \quad \sqrt{\operatorname{var}\left(\frac{\mathrm{d}S}{S}\right)} = N(d_1)\frac{A_t}{S_t}$$

（4）通过求解 $2n$ 个方程，得到 $(n+1)$ 未知的值：$A_t(t=1,\cdots,n)$ 和 σ。

（5）确定公司每年资产的实际预期收益率 u。标准做法是使用均衡资本资产定价模型和无风险利率 r 的估计来确定 u。在最简单的均衡资本资产定价模型（静态一期模型）中，公司资产的实际预期收益率为：

$$u = r + \beta(u_m - r) \tag{7-14}$$

式中，β 是公司资产的贝塔值；u_m 是市场投资组合 m 每年的预期收益率；而 $u_m - r$ 是市场的股票风险溢价。

使用隐含估计方法，首先必须确定 β 和 u_m，通过标准统计数据可估计 u_m，通过线性回归方法可估计 β。

关于使用何种方法估计市场股权风险溢价更为准确，学界尚未达成一致意见。许多专业人士主张使用更现实的多期均衡资本资产定价模型，其中包括风险溢价中的多个风险因素，但具体包括多少风险因素和哪些风险因素尚未达成共识。

五、方法评论

（一）存在问题

隐含估计方法存在一个众所周知的问题：如果模型假设与市场实际结构相去甚远，隐含估计将得不到真实的参数值，而这种偏差会导致错误的违约概率和预期损失，使最终估计结果不可信。市场实际结构与模型假设的显著差异影响了这一方法的有效性，具体原因有以下几个。

（1）公司负债结构的假设过于简单。现实中，公司资产负债表的负债结构比只有零息债券的负债结构（表7-2中所示）要复杂得多。

（2）利率不随时间变化的假设存在严重问题。这一问题的实质在于：在处理涉及重大利率风险的债券时却假设利率风险无关紧要（假设利率不变等同于假设利率风险无关紧要）。

（3）资产价值不符合严格的对数正态分布。隐含估计方法假设资产价值服从对数正态分布，这意味着公司损失分布符合"薄"尾特征，但大量的经验事实证明公司损失分布具有"左厚尾"特征。

（4）隐含估计方法假设资产收益的波动率不随时间变化，与经济条件和商业周期无关，但事实上恰恰相反。

（5）隐含估计方法假设公司的资产在无摩擦、自由套利的市场中交易，与现实脱节，现实中不存在无摩擦、自由套利的交易市场，特别是建筑物和非交易投资。

（二）评论概括

隐含估计方法的优点：①为理解公司的违约概率和预期回收率提供了一个期权分析方法；②简单可行，可以仅使用当前市场价格进行估算。

隐含估计方法的缺点：①违约概率和预期回收率主要取决于公司的假设资产负债表，无法对现实的资产负债表进行建模；②其信用风险度量只能通过隐含估计程序进行估算，因为公司的资产价值是不可观察的；③其信用风险度量存在偏差，因为隐含估计程序延续了模型公式中的错误；④其信用风险度量没有明确考虑经济周期。

结构评估模型的主要价值在于它为理解公司负债和股东权益所涉及的风险提供了有用的经济直觉。虽然结构评估模型潜在的难以置信的假设会使估计产生一些问题，但在实践中仍然是信用风险估计的基础。在实际使用时，往往会放宽或修改结构评估模型的一些假设，但无摩擦交易的假设是结构评估模型的一个决定性特征，推广无摩擦交易假设可得到第三节中讨论的简化形式模型。

第三节 简化形式模型

一、简化形式模型的假设

简化形式模型主要有以下七个假设。

（1）公司的负债是面值为 K、到期时间为 T 的零息债券。在时间 t，债券价值为 $D_{t,T}$；时间区间 $[0, T]$ 可以分为长度为 Δ 的 $0, \Delta, 2\Delta, \cdots, T-\Delta$ 时段。

（2）公司的零息债券在无摩擦、无套利的市场中进行交易，即市场是流动的，没有交易成本或买卖价差，是无套利的。

（3）无风险利率 r_t 具有随机性。这一假设对于捕捉债券价格中的利率风险至关重要。

（4）经济状态可用随机变量 X_t 来描述，它代表了在时间 t 影响经济状态的宏观经济因素，包括无风险利率、通货膨胀率、失业率、国内生产总值增长率等。这组经济状态变量是随机的，其演化完全是任意的。

（5）若公司在一个随机的时间 t 违约，那么在经济状态为 X_t 的 $[t, t+\Delta]$ 期间违约的概率为 $\lambda(X_t)\Delta$。这个假设的关键优势在于，违约概率明确地取决于经济状态变量 X_t。例如，在经济衰退期违约概率上升、在经济繁荣期违约概率下降。

（6）给定经济状态变量 X_t，一个公司的违约情况描述了公司的个体风险。这一假设明确了在特定的经济状态下，特定公司是否违约取决于公司特定的条件。

（7）给定违约风险，公司负债的默认损失率 $L(X_t)$ 满足 $0 \leq L(X_t) \leq 1$。这一假设指出，如果发生违约，负债的价值占债券面值的比例为 $[1-L(X_t)]$，即 $[1-L(X_t)]$ 是负债的预期回收率，$L(X_t)$ 明确取决于经济状态变量。

综合来看，简化形式模型的这七个假设具有现实经济的一般性。如果能对违约密度及违约的预期损失的函数形式、即期利率及经济状态变量的随机过程进行恰当的规范，则简化形式模型可以对现实市场给出一个合理的估计。

二、负债估值

在无套利假设下，可以证明，简化形式模型的期权定价方法意味着，存在风险中性概率，且负债中零息债券的价格等于到期时零息债券的预期折现值。

$$D_{t,T} = \hat{E}\left[\frac{K}{(1+r_t\Delta)(1+r_{t+\Delta}\Delta)\cdots(1+r_{T-\Delta}\Delta)}\right] \quad (7-15)$$

式中，$\hat{E}(\cdot)$ 为风险中性概率的期望。

式（7-15）显示，债券价格为在时点 t 承诺的面值为 K 的零息债券的预期折现值，折

现率为时间间隔 $0, \Delta, 2\Delta, \cdots, T-\Delta$ 的无风险利率。负债现金流的风险调整是通过在预期时使用风险中性概率来实现的。

$$D_{t,T} = \hat{E}\left\{\frac{K}{\left[\left(1+\left(r_t+\lambda(X_t)\right)\Delta\right)\right]\left[\left(1+\left(r_{t+\Delta}+\lambda(X_{t+\Delta})\right)\Delta\right)\right]\cdots\left[\left(1+\left(r_{T-\Delta}+\lambda(X_{T-\Delta})\right)\Delta\right)\right]}\right\} +$$

$$\sum_{i=t}^{T-\Delta}\hat{E}\left\{\frac{K\left[1-L(X_t)\right]}{\left[1+\left(r_t+\lambda(X_t)\right)\Delta\right]\left[1+\left(r_{t+\Delta}+\lambda(X_{t+\Delta})\right)\Delta\right]\cdots\left[1+\left(r_i+\lambda(X_i)\right)\Delta\right]}\lambda(X_i)\Delta\right\}$$

(7-16)

式（7-16）表明公司负债的价格包括两个部分：一是公司未违约时的预期折现，折现率 $r_t+\lambda(X_t)$ 随违约风险而上升；二是公司发生违约时的预期折现。

这种形式的负债估值方法非常抽象，非常笼统。在任何应用中，都需要指定无风险利率和经济状态变量。

三、简化形式模型的信用风险测量

在简化形式模型中，信用风险测量的基本步骤有以下几个。

（1）在时间 $[0, T]$ 期间，违约概率为：

$$p(\tau \leq T) = 1 - E\left\{\frac{1}{\left[1+\lambda(X_0)\Delta\right]\left[1+\lambda(X_\Delta)\Delta\right]\cdots\left[1+\lambda(X_{T-\Delta})\Delta\right]}\right\} \tag{7-17}$$

式中，$E(\cdot)$ 表示实际概率的期望。

（2）预期损失为：

$$\sum_{i=0}^{T-\Delta} E\left\{\frac{L(X_i)K}{\left[1+\lambda(X_0)\Delta\right]\left[1+\lambda(X_\Delta)\Delta\right]\cdots\left[1+\lambda(X_i)\Delta\right]}\lambda(X_i)\Delta\right\} \tag{7-18}$$

（3）预期损失的现值为：

$$KP_{t,T} - D_{t,T} \tag{7-19}$$

式中

$$D_{t,T} = \hat{E}\left[\frac{K}{(1+r_t\Delta)(1+r_{t+\Delta}\Delta)\cdots(1+r_{T-\Delta}\Delta)}\right] \tag{7-20}$$

信用风险测量所需的经济状态变量和利率的概率分布都容易通过计算得出。与结构评估模型不同的是，简化形式模型中公司的违约概率并不明确取决于公司的资产负债表。由于公司负债中存在交叉违约条款，相同的违约概率适用于公司的所有负债。如果违约，简化形式模型允许公司的不同负债具有不同的默认损失率。这些是使用简化形式模型的显著优点。

在以下特定假设下，零息债券价格的计算模型可以简化。

（1）违约概率为常量，即 $\lambda(X_t) = \lambda$。这一假设意味着违约概率不依赖于经济状态变量。

（2）在债券违约之前，违约损失占比为常量，即 $L(X_t)K = \gamma D_{\tau-,T}$。符号 $\tau-$ 表示违约之前的时刻。此假设下，违约损失与违约概率一样不依赖于经济状态变量。

综合假设条件得到，零息债券价格具有以下特定形式：

$$D_{t,T} = K e^{-\lambda\gamma(T-t)} P_{t,T} \tag{7-21}$$

式中，$P(t,T)$ 为在时间 T 无违约的零息债券在时间 t 的价格。风险零息债券的价格等于一定比例 $\left[e^{-\lambda\gamma(T-t)}\right]$ 的其他等价无风险零息债券价格 $KP_{t,T}$，预期的每单位时间的损失比例为：

$$\lambda\gamma = 每单位时间违约概率 \times 给定违约的损失比例$$

此时，存在以下三种测量信用风险的措施。

（1）在 [0，T] 期间债券的违约概率：$p(\tau \leqslant T) = 1 - e^{-\lambda(T-t)}$。

（2）预期损失：$K\left[1 - e^{-\lambda\gamma(T-t)}\right]$。

（3）预期损失的现值：$KP_{t,T} - D_{t,T} = KP_{t,T}\left[1 - e^{-\lambda\gamma(T-t)}\right]$。

注意：在计算预期损失和预期损失的现值时，违约概率与经济状态变量无关，因此实际违约概率和风险中性违约概率是相等的，仅取决于 λ。

例题链接 7-2：扫二维码阅读。

例题链接 7-2

四、模型参数估计

模型参数估计主要有两种方法：隐含估计和历史估计。简化形式模型中的经济状态变量和公司的负债价格都可以观察，因此两种参数估计方法都可以应用。

（一）隐含估计

在隐含估计方法下，需要界定简化形式模型所有的输入变量和经济状态变量的概率分布。这有许多解决方法，其中一个方法是使零息债券价格的结果公式取决于一组参数 θ，这里，我们将其写为 $D(t,T|\theta)$。此时，这个价格公式的主要目标就是估计参数 θ。在上述部分，参数 θ 等于不变的预期回收率和违约概率。

暂且假设可以直接观察公司的零息债券价格。虽然这些零息债券可能不会在实践中交易，但可以从可观察的零息债券价格估算这些可交易的零息债券价格。以下是简化形式模型参数的估计过程。

（1）收集零息债券市场价格的时间序列数据 $D_{\text{market}}(t,T)$，$t=1,2,\cdots,n$（例如过去 1 年每天的价格数据）。

（2）对于每一时间 t，建立方程 $D_{\text{market}}(t,T)=D(t,T|\theta)$。

（3）求解 n 个方程的参数 θ。

当然，采用隐含估计方法估计参数需要确保简化形式模型的结构与市场结构一致，例如违约概率和预期损失与经济状态变量的关系程度。

（二）历史估计

采用历史估计方法估计简化形式模型参数属于出险率估算范畴。出险率估算是一种估算二元事件概率的技术，如车祸/无车祸、预付/无预付等。此外，从理论上讲，违约随时可能发生，数据应是连续时间数据。然而在实践中，仅能获得离散时间的违约数据。因此，必须使用离散时间统计程序来估计简化形式模型。

1. 建立数据库

根据证券市场交易数据，可建立数据库，如表 7-3 所示。

表 7-3　数据库

被解释变量			解释变量		
公司名称	违约标志	日期	市场杠杆	超额收益率	股票波动率
花旗银行	0	6/30/2010	0.944985	0.144827	0.571061
花旗银行	0	7/30/2010	0.937445	0.18934	0.511109
花旗银行	0	8/31/2010	0.943071	−0.28633	0.43267
花旗银行	0	9/30/2010	0.940171	−0.27173	0.353897
花旗银行	0	10/31/2010	0.937534	−0.14237	0.343142
花旗银行	0	11/30/2010	0.937113	0.05561	0.371965
花旗银行	0	12/31/2010	0.929734	0.301176	0.369208
花旗银行	0	1/31/2011	0.925846	0.254157	0.355727
花旗银行	0	2/28/2011	0.927821	0.174812	0.322558
花旗银行	0	3/31/2011	0.931556	0.04238	0.312913
花旗银行	0	4/29/2011	0.929757	−0.12338	0.254542
花旗银行	0	5/31/2011	0.936565	−0.19566	0.244869
花旗银行	0	6/30/2011	0.935858	−0.17385	0.293736
雷曼兄弟	0	1/31/2008	0.984411	−0.30473	0.376592
雷曼兄弟	0	2/28/2008	0.983969	0.17537	0.362842
雷曼兄弟	0	3/31/2008	0.976221	−0.08861	0.329009
雷曼兄弟	0	4/30/2008	0.972138	0.268176	0.319171

续表

被解释变量			解释变量		
公司名称	违约标志	日期	市场杠杆	超额收益率	股票波动率
雷曼兄弟	0	5/31/2008	0.974212	0.221157	0.259633
雷曼兄弟	0	6/30/2008	0.978134	0.141812	0.249766
雷曼兄弟	0	7/31/2008	0.976245	−0.07538	0.299611
雷曼兄弟	1	8/31/2008	0.983393	−0.15638	0.384124

资料来源：根据 CFA 资料整理。

表 7-3 第一列给出了公司的名称，在实际数据库中，需要包括所有现有公司。第二列给出了违约标志，如果给定的公司违约则违约标志为 1，如果给定的公司在指定的时间段内没有违约则违约标志为 0。第三列为日期，这里的时间间隔为 1 个月。其余列为经济状态变量 X_t，统称为解释变量。被解释变量还可以包括借款人特定的资产负债表项目、日历效应的虚拟变量或其他变量。在表 7-3 中，解释变量是市场杠杆、超额收益率（股票收益率减去无风险利率）、股票波动率。

2. 选择过程函数

建立数据库之后，需要选择过程函数，一般选择逻辑函数方程：

$$\text{prob}(t) = \frac{1}{1+e^{-\alpha-\sum_{i=1}^{N}b_i X_t^i}} \quad (7\text{-}22)$$

式中，$\text{prob}(t)$ 是时段 $[t, t+\Delta]$ 内的违约概率，$X_t = (X_t^1, \cdots, X_t^N)$ 描述了 N 个状态变量，α、b_i（$i=1,\cdots,N$）不变。时间跨度 Δ 一般为 1 个月，因此这里 $\Delta=1/12$。

3. 最大似然估计

可以使用最大似然估计方法来估计参数。可以证明，用最大似然估计方法估计参数等价于运行以下简单线性回归来估计：$\ln\left(\dfrac{d_t}{1-d_t}\right) = \alpha + \sum_{i=1}^{N} b_i X_t^i$。参数估计结果如表 7-4 所示。

表 7-4 参数估计结果

参数	参数估计值	输入值	输入名称
α	−3		
b_1	0.8	0.072	失业率
b_2	1.5	0.911	市场杠杆率
b_3	−2	0.01	净收益/资产
b_4	−1	0.05	现金/资产

4. 违约概率估计

将表 7-4 中的参数估计值，代替逻辑函数方程中的解释变量，可估计出任何时段的违约概率 $\text{prob}(t)$。在表 7-3 中，使用的是月度数据，因此估计结果是下个月的违约概率。例如，在逻辑函数方程中替换表 7-4 中的输入值得到每月违约概率估计值：

$$\text{prob}(t) = \frac{1}{1+e^{3-0.8(0.072)-1.5(0.911)+2(0.01)+1(0.05)}} \approx 16.17\%$$

5. 预期损失估计

估计违约损失，可采用相似的程序。首先需要界定预期损失，例如假定：

$$L(X_t) = c_0 + \sum_{i=1}^{N} c_i X_t^i \tag{7-23}$$

式中，$L(X_t)$ 表示违约损失；$c_i (i=0,1,2,\cdots,N)$ 为常数；X_t^i 表示第 i 个状态的变量。

为了估计这样的等式，需要对违约损失（等式的左侧）进行历史观察，这些损失通常在金融机构有所记录。等式右侧的自变量对应于相关的解释变量。

（三）简化形式模型评价

简化形式模型的优点：①模型的输入是可观察的，历史估计方法可用于信用风险度量；②模型的信用风险度量反映了不断变化的业务周期；③该模型不需要规定公司的资产负债表结构。

简化形式模型的缺点：出险率估计使用过去观察的信息来预测未来，为使其有效，必须正确配置模型并进行反向测试。

第四节 债券保护条款

债券是以契约形式发行的，债券的部分内容是为保护债券持有者的权利而对发行人设置的一系列限制，发行人为了将债券卖给关心其安全性的投资者，需认可这些保护条款。

一、偿债基金

债券到期时需按面值予以偿付，而该偿付将使发行人面临庞大的现金支付。为确保该支付不会导致现金流危机，发行人需要建立偿债基金，将债务负担分散至若干年内。

偿债基金可以按照以下两种方式中的一种运行：①发行人可每年在公开市场上购买部分未偿付的债券；②发行人可根据偿债基金的相关条款，以特定赎回价格购买部分未偿付的债券。无论上述两种方式哪种购买价格更低，发行人都有权选择以市场价格或者以特定赎回价格来购买债券。为了在债券持有者之间公平地分摊偿债基金赎回负担，可以采用随机产生序列号的方法来选择被赎回债券。

偿债基金与可赎回债券在两个方面存在差别：①发行人仅能以偿债基金的特定赎回价格购买有限的债券；②偿债基金的特定赎回价格一般设定为债券面值，而可赎回债券的赎回价格通常高于面值。

虽然从表面上看来，设立偿债基金更有可能使发行人偿付本金，从而保护了债券持有者的利益，但是实际上，它也可能损害债券持有者的利益。当发行人选择以市场价格购买折价（低于面值出售）债券时，如果利率下降，债券价格上升，那么发行人可以按照偿债基金的规定以低于市场价格的价格回购债券，从中受益。在此情况下，发行人的收益就是持有者的损失。

不要求设立偿债基金的债券发行称为分期还本债券发行。在分期还本债券发行中，所出售债券的到期日是交错的。由于债券依次到期，发行人本金偿付负担类似于偿债基金，在时间上为分散状态。与偿债基金相比，分期还本债券的优势在于没有偿债基金赎回特定债券时的不确定性；分期还本债券的劣势是不同到期日的债券不能互换，降低了债券的流动性。

二、次级条款

为了防止发行人超额发行债务，损害债券持有者的利益，次级条款限制了额外债务的数额。额外债务在优先权上要次于原始债务，如果发行人遭遇破产，在原始债务清偿之后，额外债务的债权人才能得到偿付。

三、股利支付限制

股利支付限制迫使发行人留存资产而不是将其全部支付给股东，故能对债券持有人起保护作用。一个典型的限制内容是：如果公司有史以来的股利支付超过了累计净收益与股票销售利润之和，就不得再支付股利。

四、抵押品

某些债券的发行以特定的抵押品为基础。抵押品可以有多种形式，但都代表发行人如果出现违约，债券持有者可以得到的某一特定资产。①如果抵押品是公司财产，则该债券被称为抵押债券。②如果抵押品以公司其他有价证券的形式出现，则该债券被称为抵押信托债券。③如果抵押品是设备，则该债券被称为设备合约债券，最常见于设备高度标准化的公司，如铁路公司等。

有抵押品的债券通常被认为比信用债券更安全，所以其提供的收益率比一般信用债券低。

五、到期收益率与违约风险

因为债券存在违约风险,所以必须分清债券承诺到期收益率与期望收益率。承诺到期收益率,只有在发行人履行债券发行责任时才能兑现。而期望收益率必须考虑公司违约的可能性。

为了补偿违约发生的可能性,债券必须提供违约溢价。违约溢价是债券的承诺到期收益率与类似的无违约风险的债券的收益率之差。风险债券的违约溢价模式有时候被称为利率的风险结构:违约风险越大,违约溢价越高。

第七章习题

第八章

债券组合管理

学习目标

- 理解利率风险与久期的关系，久期与凸性的关系；
- 掌握久期的含义、计算与应用；
- 掌握凸性的含义、计算与应用；
- 掌握有效久期与有效凸性的计算与应用。

一般而言，债券期限越长，到期收益率越高。但债券剩余期限与到期收益率之间的关系常常在不同时期截然不同。本章将探讨不同期限债券的利率模型，并从利率期限结构中挖掘出关键因素，进而分别描述利率期限结构的传统理论和现代理论。本章思维导图如图 8-1 所示。

思维导图

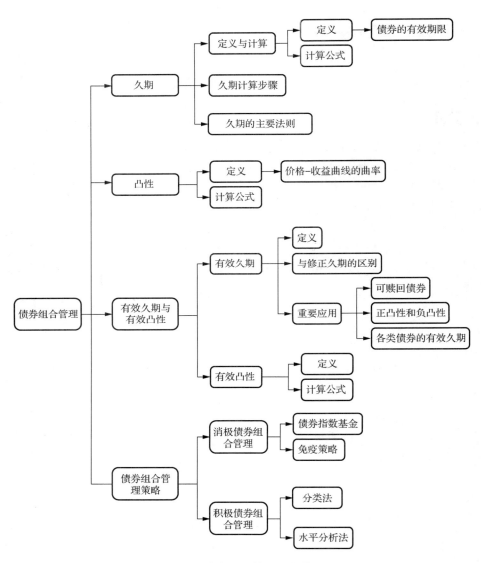

图 8-1 债券组合管理思维导图

第一节 久 期

债券组合管理可以采用消极投资策略和积极投资策略。

消极投资策略是将证券的市场价格当作公平的价格，债券组合管理者更倾向于在既定的市场机遇条件下保持一种适度的风险-收益平衡，而不试图利用内部信息或者观察力跑赢市场。其典型实例是试图隔离或免除资产组合利率风险的免疫策略。

积极投资策略试图获得更多收益，而不考虑相伴而来的风险，债券组合管理者可采用两种形式：一是通过预测利率来预测整个债券市场的动向；二是利用某些形式的内部市场分析来识别部分特定市场或者错误估值的特定券种。

利率风险对积极投资策略和消极投资策略的选择至关重要，因此有必要先分析债券价格对利率波动的敏感性（通过债券久期来测度），进而讨论怎样运用久期匹配技术使资产组合免疫于利率风险，重点围绕债券凸性的概念，考虑改进测度债券价格对利率波动的敏感性的具体方式。

一、利率风险

利率风险是指，随着利率的涨跌，债券的资本利得和损失也会发生变化，收益具有不确定性。债券价格对利率波动的敏感性是投资者关注的主要内容。经论证，债券价格与利率之间存在以下规律性特征。

（1）债券价格与利率成反比。当利率升高时，债券价格下跌；当利率下降时，债券价格上升。

（2）债券的利率上升导致其价格变化的幅度小于等数量的收益率下降导致其价格变化的幅度。

（3）长期债券的价格对利率波动的敏感性比短期债券更高。如果利率升高，现金流将以更高的利率水平贴现，则债券的价格会有所降低。越是远期的现金流，受利率的影响会越大。

（4）当债券期限变长时，债券价格对利率波动的敏感性增加，但增速递减，即利率风险变动幅度小于债券期限变动幅度。

（5）低票面利率债券的价格比高票面利率债券的价格对利率波动更敏感。

二、久期定义与计算

期限是利率风险的主要决定因素。但是，期限本身不足以测度债券价格对利率的敏感性。为了解决债券多次支付的"期限"含糊不清的问题，需要计算债券发生现金流的平均期限。

麦考利把债券的有效期限定义为债券久期,等于债券各期现金流支付时间的加权平均,权重是各期现金流支付的现值在债券价格中所占的比例。

更广泛的意义上,久期是以金融资产的各期现金流的对应现值占金融资产的价格的比重作为权重,对金融资产各期现金流的支付时间进行加权平均,它衡量的是利率变化时金融资产价格变化的百分比。该资产的久期越长,利率变化导致该金融资产的价格变化就会越大;反之,则越小。

$$D = \sum_{t=1}^{T} t \times w_t = \sum_{t=1}^{T} t \times \frac{CF_t/(1+R)^t}{P_0} = \sum_{t=1}^{T} t \times \frac{CF_t/(1+R)^t}{\sum_{t=1}^{T} CF_t/(1+R)^t} \tag{8-1}$$

式中,D 为债券久期;R 为债券到期收益率;CF_t 为债券在第 t 期的现金流;t 为第 t 期;P_0 为债券价格;w_t 为第 t 期对应的权重。

久期是固定收益投资组合的关键,主要原因有三个方面:①久期是对资产组合的有效期限的简单归纳统计;②久期已经被证明是资产组合规避利率风险的一种基本工具;③久期是对资产组合利率敏感性的一种测度。对③进一步说明如下。

长期债券价格比短期债券价格对利率的波动更为敏感,久期能够量化这种关系。具体而言,当利率变化时,债券价格的变化率与其到期收益率的变化是相关的,可用公式表述如下:

$$P = \frac{C_1}{1+R} + \frac{C_2}{(1+R)^2} + \cdots + \frac{C_n}{(1+R)^n} \tag{8-2}$$

对到期收益率 R 求导,得到:

$$\begin{aligned}\frac{dP}{dR} &= \frac{-1C_1}{(1+R)^2} + \frac{-2C_2}{(1+R)^3} + \cdots + \frac{-nC_n}{(1+R)^{n+1}} \\ &= \frac{-1}{1+R}\left[\frac{C_1}{1+R} + \frac{2C_2}{(1+R)^2} + \cdots + \frac{nC_n}{(1+R)^n}\right]\end{aligned} \tag{8-3}$$

等式两边同乘 $1/P$,得到:

$$\begin{aligned}\frac{dP}{dR} \times \frac{1}{P} = \frac{dP/P}{dR} &= \frac{-1}{(1+R)}\left[\frac{C_1}{1+R} + \frac{2C_2}{(1+R)^2} + \cdots + \frac{nC_n}{(1+R)^n}\right] \times \frac{1}{P} \\ &= -\frac{1}{1+R}\left[\sum_{t=1}^{n} \frac{C_t \times t}{(1+R)^t}\right] \times \frac{1}{P}\end{aligned} \tag{8-4}$$

等式两边同乘 $-(1+R)$,得到:

$$-\frac{dP/P}{dR/(1+R)} = \left[\sum_{t=1}^{n} \frac{C_t \times t}{(1+R)^t}\right] \times \frac{1}{P} = D \tag{8-5}$$

从中可以看出,久期代表了债券价格变化率对到期收益率变化的敏感性,它显示了到期收益率的任何上升或下降 $dR/(1+R)$ 所引起的债券价格的下降或上升的百分比 dP/P。

在实际运用时，令 $D^* = D/(1+R)$，$d(1+R) = dR$，可以得到修正久期 D^*：

$$\frac{dP}{P} = -D^* \times dR \qquad (8\text{-}6)$$

此时，债券价格的变化率正好是修正久期和债券到期收益率变化的乘积。因为债券价格的变化率与修正久期成比例，所以修正久期可以用来测度债券在利率变化时的风险敞口。实际上，上述修正仅仅是近似有效，只有在考虑较小或局部的利率变化时，这种近似才比较准确。

三、久期计算步骤

（1）将债券每期所产生的现金流进行贴现，求出各期现金流的现值。
（2）将各期现金流的现值乘以各自对应的时间 t，获得各期现金流的加权现值。
（3）将第二步求出的各期现金流的加权现值相加，并用得出的总和除以债券现在的价格，得出的值即为久期。

四、久期的主要法则

债券价格对利率波动的敏感性会受到到期时间、票面利率和到期收益率三个方面因素的影响，可以归纳出如下法则。

法则1：零息债券的久期等于它的到期时间。息票债券比相同期限的零息债券的久期短，因为最后支付前的一切利息支付都将减少债券的有效期限。

法则2：若到期时间不变，票面利率越高，债券久期越短。这是因为票面利率越高时，早期支付权重也越高，有效期限就越短。

法则3：如果票面利率不变，债券久期通常会随着到期时间增加而增加。但久期不会总是随到期时间增加而增加。对于贴现率很高的债券，随着到期时间增加，久期会下降。

法则4：保持其他因素都不变，当债券到期收益率较低时，息票债券的久期会较长。这个法则给人的直观感受是，较高的到期收益率会降低所有债券支付的现值，同时会较大幅度地降低远期支付的现值。因此，在到期收益率较高时，债券价格更多依赖于它的早期支付，这样就降低了有限期限。

法则5：终身年金债券的久期 $D = \dfrac{1+R}{R}$。

第二节 凸 性

修正久期作为债券利率敏感性的一种度量方式，是债券资产组合管理的重要工具，但其仅仅是一种近似表达。在利率发生较小的变化时，修正久期可以给出良好的近似值；但对于较大的利率变化，修正久期所得数值就不太精确。因为，修正久期表明债券价格的变化率与债券到期收益率的变化直接成比例，是一种线性关系。然而，在现实中，两者之间不是线性关系。

在现实中，描述债券价格变化率与到期收益率变化的曲线（价格-收益曲线）形状是凸的，其曲线斜率的变化率被称为债券的凸性。此时，当到期收益率下降时，久期低估了债券价格上升的幅度；当到期收益率上升时，久期高估了债券价格下降的幅度。

凸性可量化为价格-收益曲线斜率的变化率，并将其表示为债券价格的一部分。根据式（8-6），可以得到 $-D^* = \frac{1}{P}\frac{\mathrm{d}P}{\mathrm{d}R}$，债券价格的微分即价格-收益曲线的斜率。同理，债券凸性等于价格-收益曲线的二阶导数（斜率的变化率）除以债券价格：$Co = \frac{1}{P}\frac{\mathrm{d}^2P}{\mathrm{d}R^2}$。期限为 T 年且每年付息 1 次的债券的凸性公式为：

$$Co = \frac{1}{P(1+R)^2}\sum_{t=1}^{T}\left[\frac{\mathrm{CF}_t}{(1+R)^t}(t^2+t)\right] \tag{8-7}$$

考虑凸性有助于提高久期近似的准确性。考虑凸性时，可以将式（8-6）修正为：

$$\frac{\mathrm{d}P}{P} = -D^* \times \mathrm{d}R + \frac{1}{2}\times Co \times (\mathrm{d}R)^2 \tag{8-8}$$

式（8-8）右边的第一项与久期法则相同，第二项是考虑凸性后的修正。如果债券的凸性是正的，不管到期收益率是涨还是跌，第二项都是正的。因为当到期收益率变化时，久期法则总是会低估债券的价格。如果到期收益率变化很小，第二项也将极其小，使久期的近似值不会有什么增加。因此，凸性在到期收益率有一个很大的潜在变动时才会成为一个重要的实际因素。

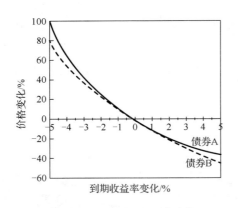

图 8-2　不同凸性的两种债券

凸性是一个备受欢迎的特性。凸性大的债券，其价格在到期收益率下降时的上升幅度大于在到期收益率上涨时的下跌幅度。如果到期收益率不稳定，这是一种有吸引力的不对称，可以增加债券的期望收益，因为债券可以从到期收益率下降中得到更多的好处，而从到期收益率上升中损失较少。当然，凸性也不是免费的午餐，对凸性较大的债券而言，投资者必须付出更高的价格，并接受更低的可能的到期收益率。读者可思考具有不同凸性的债券的价格变化和到期收益率变化的关系（如图 8-2 所示）。

第三节 有效久期与有效凸性

一、有效久期

有效久期考虑了嵌入期权的债券（可赎回债券）的估值方法，被定义为债券价格变化率与市场利率变化量之比，其公式表示如下：

$$\text{ED} = -\frac{\mathrm{d}P/P}{\mathrm{d}r} = \frac{\text{PV}_- - \text{PV}_+}{2 \times \Delta \text{Curve} \times \text{PV}_0} \tag{8-9}$$

式中，ED 表示有效久期；$\mathrm{d}r$ 为市场利率的变化量；ΔCurve 为基准收益率曲线平行移动的幅度（十进制）；PV_- 为当基准收益率曲线向下移动 ΔCurve 时债券的全价；PV_+ 为当基准收益率曲线向上移动 ΔCurve 时债券的全价；PV_0 为目前债券的价格。

有效久期与修正久期的重要区别在于两个方面。

第一，分母是 $\mathrm{d}r$ 而不是 $\mathrm{d}R$。不用债券自身的到期收益率变化来计算有效久期是因为，嵌入期权的债券可能会被提前赎回，到期收益率通常是无关量。实际上，有效久期计算了利率期限结构变化引起的债券价格变化。

第二，有效久期依赖一种嵌入期权的定价方法。这意味着有效久期将成为某些变量的函数，而这些变量与传统久期无关，例如市场利率的波动。相反，修正久期可以由确定的债券现金流和到期收益率直接求出。

实践中有效久期的计算步骤有以下几个。

（1）给定价格 PV_0，在适当的市场利率波动率下计算基准收益率曲线隐含的期权调整利差（option-adjusted spread，OAS）。

（2）将基准收益率曲线向下移动，生成新的利率树，然后使用步骤（1）中计算的期权调整利差重新评估债券，该值为 PV_-。

（3）将基准收益率曲线向上移动与步骤（2）中相同的幅度，生成新的利率树，然后使用在步骤（1）中计算的期权调整利差重新评估债券，该值为 PV_+。

（4）利用式（8-9）计算有效久期。

注意：期权调整利差为一个持续的差价，当利用这一差价生成利率树时，可以使债券的无套利价格等于其市场价格。

例题链接 8-1：扫二维码阅读。

例题链接 8-1

分析可赎回债券时可运用有效久期，因为可赎回债券意味着投资者无法对债券未来现金流支付的时间做加权平均，用修正久期很难对其进行分析。图 8-3 描述了可赎回债券的价格-收益曲线。当市场利率高时，曲线是正凸的，对于不可赎回债券来说也是如此。例如，当市场利率是 10%时，价格-收益曲线位于切线之上。但是当市场利率下降时，可能的价格会有一个上限：债券价格不会超过其赎回价格。所以当利率下降时，债券受制于价格——债券价格被"压"低到赎回价格。在这一区域，例如，当利率为 5%时，价格-收益曲线位于切线之下，此时称曲线具有负凸性。

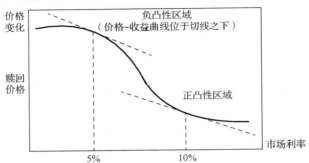

图 8-3　可赎回债券的价格-收益曲线

在负凸性区域，价格-收益曲线表现出不具吸引力的非对称性。对于同样的变化幅度，市场利率上升引起的价格下跌幅度大于市场利率下降引起的价格上涨幅度。这种非对称性主要是因为债券发行人保有赎回债券的选择权。如果市场利率上升，债券持有者会有损失，这与不可赎回债券一样。如果市场利率下降，债券持有者不但没有获取资本利得，还会被赎回拥有的债券。此时，债券持有者处于抛硬币时"正面输，反面也没赢"的境地。当然，投资者在购买这种债券时已经得到了补偿——可赎回债券在出售时的初始价格低于其他类似的不可赎回债券（也就是初始收益率较高）。

$\dfrac{dP}{P}=-D^{*}\times dR+\dfrac{1}{2}\times Co\times dR^{2}$ 强调了负凸性效用。当凸性为负时，右边的第二项必然为负，这意味着债券价格的实际表现不及修正久期预测的值。各类债券的有效久期如表 8-1 所示。

表 8-1　各类债券的有效久期

债券类型	有效久期
现金	0
零息债券	≈到期时间
固定利率债券	<到期时间
可赎回债券	≤定息债券的久期
可回购债券	≤定息债券的久期
浮动利率债券	≈到下次重置的时间

资料来源：根据 CFA 相关资料整理。

二、有效凸性

因为债券价格的实际变化不是线性的，对于有嵌入期权的债券来说尤其如此。所以，测量有效凸性（即持续时间对利率变化的敏感性）也是有用的。计算债券有效凸性的公式是：

$$\text{ECo} = \frac{\text{PV}_- + \text{PV}_+ - 2 \times \text{PV}_0}{\Delta \text{Curve}^2 \times \text{PV}_0} \tag{8-10}$$

式中，ECo 为有效凸性，其他变量含义同上。

例如，票面利率为 4.25% 的 3 年期可赎回息票债券，可以在 1 年和 2 年后按面值赎回，仍然使用相同的基准收益率曲线（即 1 年期、2 年期和 3 年期的票面利率分别为 2.500%、3.000% 和 3.500%），利率波动率为 10%，但现在假设债券的当前价格是 100.785 而不是 101.000。因此，隐含的 OAS 是 40 个基点。给定基准收益率曲线 30 个基点的变化，得到的 PV_- 和 PV_+ 分别为 101.381 和 100.146，有效凸性为：

$$\frac{101.381 + 100.146 - 2 \times 100.785}{(0.003)^2 \times 100.785} \approx -47.41$$

第四节　债券组合管理策略

一、消极债券组合管理

（一）债券指数基金

债券指数基金是一个能代表指数结构的债券资产组合，能够反映市场的走势和变化。

债券指数基金的问题有三个：一是指数包含的债券数量极多，这使得按它们的市值比重购买十分困难；二是很多债券的交易量很小，很难找到它们的所有者，也很难找到一个公平的市场价格；三是债券指数基金面临着比股票指数基金更难的再平衡问题，当久期低于一年时，债券不断被剔除，此外，新债券发行时也需要被纳入指数。

在实践中，完全复制债券指数不可行，作为替代，分层取样和分格式方法常被使用。表 8-2 表明了分格式方法的思想。

首先，债券市场被分为若干类别。表 8-2 中用期限和发行人对其进行了划分。实际上，债券票面利率和发行人的信用风险等也可以用于形成网格。在每一网格下的债券被认为是同质的。

其次，每个网格在全集中所占的百分比会被计算和报告。

最后，债券组合管理者可以建立一种债券组合，使组合中每一网格债券所占的比例与该网格在全部债券中所占的比例相匹配。通过这种方法，在期限、票面利率、信用风险和债券发行人等方面,债券组合特征与债券指数特征相匹配,因而债券组合的业绩将与债券指数业绩相匹配。

表 8-2 债券指数分格式方法

期限	国债	机构债券	抵押债券	工业债券	金融债券	公用事业债券	扬基债券
小于 1 年	12.1%						
1～3 年	5.4%						
3～5 年			4.1%				
5～7 年							
7～10 年		0.1%					
10～15 年							
15～30 年			9.2%			3.4%	
30 年以上							

资料来源:根据 CFA 相关资料整理。

(二)免疫策略

免疫策略是指投资者通过构建免疫于利率波动的债券投资组合,防止因利率波动产生损失风险的投资策略。因为债券的久期会随着债券到期日的临近而下降,同时利率的波动也会导致债券久期的变化,所以只有不断调整债券组合,才能使投资者投资期限与债券组合的期限相同。因此免疫策略是动态调整的。

免疫策略是金融投资学中运用很广泛的策略之一,银行、保险公司等都利用免疫策略来设计投资组合,规避利率风险。

下面我们以银行为例来说明免疫过程。

银行构建免疫组合的步骤有以下几个。

(1)计算负债的久期。

(2)计算资产的久期。

(3)令资产的久期等于负债的久期。例如:负债的久期等于 6 年,资产由久期为 2 年的零息债券和久期为 10 年的息票债券组成,则使得 $2X+10\times(1-X)=6$,解出 $X=0.5$,即资产应由 50% 的零息债券和 50% 的息票债券组成。

(4)债券的收入能完全满足负债的资金需求。

某银行的全部资产 A 和全部负债 L 的久期分别为:

$$D_A = X_{1A}D_1^A + X_{2A}D_2^A + \cdots + X_{nA}D_n^A$$

$$D_L = X_{1L}D_1^L + X_{2L}D_2^L + \cdots + X_{nL}D_n^L$$

其中,D_A 为银行全部资产的久期;D_L 为银行全部负债的久期;X_{ij}($i=1,\cdots,n; j=A,L$)代表每一种资产或负债的市场价值在其所在银行资产组合或负债组合的市场价值中所占的比例。这里需注意的是久期概念涉及的资产或负债的价值是市场价值而非账面价值。

根据久期公式可以得到：$\dfrac{\Delta A}{A}=-D_A\dfrac{\Delta R}{1+R}$，$\dfrac{\Delta L}{L}=-D_L\dfrac{\Delta R}{1+R}$，$\Delta A=-D_A\times A\times\dfrac{\Delta R}{1+R}$，$\Delta L=-D_L\times L\times\dfrac{\Delta R}{1+R}$。

这里假定资产和负债的市场利率水平相同，且它们的到期收益率变动幅度也相同，则净资产变化为：

$$\Delta E=-\left(D_A-D_L\dfrac{L}{A}\right)\times A\times\dfrac{\Delta R}{1+R}$$

$$\Delta E=\left(-D_A\times A\times\dfrac{\Delta R}{1+R}\right)-\left(-D_L\times L\times\dfrac{\Delta R}{1+R}\right)=(D_L L-D_A A)\times\dfrac{\Delta R}{1+R}$$

从上式可以看出，银行的净资产的变动主要取决于久期缺口、资产规模以及到期收益率的变化程度。久期缺口的绝对值越大（无论正负），银行面临的利率风险越大。如果一家银行的资产久期正好等于经杠杆调整后的负债久期，那么银行就具备了利率风险的免疫特性，即无论利率如何变化，银行的资产净值均保持不变。

二、积极债券组合管理

一般而言，积极债券组合管理中有两种潜在的收益来源。

第一种是利率预测，即预测债券市场的利率动向。如果预测利率下降，管理者将增加投资组合的久期。

第二种是在债券市场内识别错误的估值。只有当分析师的信息丰富度或洞察力超越市场时，这一方法才产生超额收益。如果价格已经反映了信息，那么信息将失去意义。有价值的信息是差异信息。

值得注意的是，经验证明，利率预测准确度较低。

（一）分类法

霍默和利博维茨创造了一种流行的积极债券组合管理的分类法，他们将债券组合分为以下五种类型的债券互换。在前两类债券互换中，投资者一般认为在债券市场中，债券价格有暂时的错乱。当错乱消除后，被低估债券就可以实现盈利。这段重新调整的时期称为市场疲软期。

（1）替代互换。替代互换是一种债券与几乎相同价值的替代债券的交换。两种债券应该基本上有相等的票面利率、期限、赎回条款、偿债基金条款等。如果投资者相信市场中这两种债券价格有暂时的失衡，而债券价格的这种不一致能带来获利的机会，那么这种互换方式就会出现。

（2）市场间价差互换。市场间价差互换是投资者认为债券市场两个部门之间的利差只是暂时异常时出现的互换方式。

（3）利率预期互换。利率预期互换是盯住利率预测的互换方式。在这种情况下，如果投资者认为利率会下降,他们会互换成久期更长的债券。反之,当投资者预计利率会上升时,他们会互换成久期更短的债券。

(4)纯收益获得互换。纯收益获得互换的使用不是由于投资者觉察到了错误估值,而是投资者为了通过持有高收益债券增加回报。当收益曲线向上倾斜时,纯收益获得互换是指买入长期债券,其实质是想在高收益债券中获得期限风险溢价,且投资者愿意承受这种策略带来的利率风险。只要持有期收益曲线不发生上移,投资者把短期债券换成长期债券就会获得更高的收益率。当然,如果持有期收益曲线上移,则长期债券会遭受较大的资本损失。

(5)税收互换。税收互换是一种利用税收优势的互换。例如,投资者可能把价格下降的债券换成另一种债券,只要持有这种债券可以通过资本损失变现而获得纳税方面的好处就行。

(二)水平分析法

水平分析法是指投资者选择特定的持有期并预测其收益曲线。给定持有期,债券的收益可以从预测的收益曲线和计算的期末价格中得出。

第八章习题

第九章

股票投资概述

学习目标

- 掌握股票的基本特征；
- 掌握股票的分类；
- 熟悉股票发行的程序与条件。

股票是权益证券的主要代表，是证券投资的主要投资工具。一般而言，证券投资中分析的股票是上市公司的股票。由于近年来私募股权投资发展迅速，本书在介绍上市公司股票基本特征和价值计算方法的基础上，对非上市公司股票的价值计算也进行了补充介绍。本章主要介绍股票的基本特征、分类、股票发行及交易。本章思维导图如图9-1所示。

思维导图

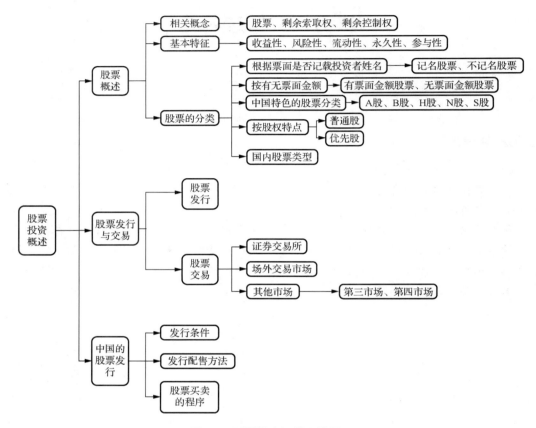

图 9-1　股票投资概述思维导图

第一节 股票概述

一、股票的定义

股票是股份有限公司为筹集资金而发给投资者的,用以证明投资者的股东身份和股东领取股息等权益的凭证,是股东拥有公司财产的书面证明。股票的实质就是公司产权证明书。

股东的权益在利润和资产分配上表现为剩余索取权,即可以索取公司在对债务还本付息后的剩余利润和资产。同时,股东有权投票决定公司的重大经营决策,这是剩余控制权。在公司正常经营的状态下,股东拥有剩余索取权和剩余控制权。

二、股票的基本特征

(一)收益性

股票具有收益性。股票的收益有两个来源:第一个是股份有限公司,即从股份有限公司领取股息和分享股份有限公司的红利;第二个是股票流通交易,当股票的市场价格高于买入价格时,卖出股票就可以赚取差价收益,这种差价收益称为资本利得。

(二)风险性

风险性是指股票收益的不确定性。股东能否获得预期的股息和红利收益,取决于股份有限公司的盈利情况;股票的市场价格也会随股份有限公司的盈利水平和市场利率而变化,同时还受政治局势、社会因素、宏观经济状况等因素的影响。

(三)流动性

流动性是指股票可以自由地进行交易。股票持有者不能直接向股份有限公司退股,但可以在股票交易市场上很方便地转让股票,转让股票后,股票所代表的股东身份及其各种权益就让渡给了购买者。

(四)永久性

永久性是指股票所载有权利的有效性是始终不变的,是一种无期限的法律凭证。股票的有效期与股份有限公司的存续期间相联系,两者是并存的关系。通过发行股票筹集到的资金,在公司存续期间是一笔稳定的自有资本。

(五)参与性

参与性是指股票持有人有权参与公司重大决策的特性。

三、股票的分类

（一）按票面是否记载投资者姓名分类

记名股票的票面记载投资者姓名，且会将投资者姓名登记在公司股东名册上。除合法委托人、继承人、受赠人之外，任何人都不能行使其股权，因此较安全，但转让手续烦琐。

不记名股票的票面不记载投资者姓名，任何人一旦持有此种股票，即可享受股东权利，不需通过其他方式或途径证明其股东资格，转让手续简便，但不安全。

（二）按有无票面金额分类

有票面金额股票指在发行时有面额记载，即在股票票面上记载有一定金额。给定一个票面金额，就可以很容易确定每一股份在该公司资本总额中所占的比例。

无票面金额股票指在发行时无面额记载，仅记载每一股份占公司资本总额的比例，此类股票价值会随公司资产增减而不断变动。无票面金额股票的优点是避免了公司实际资产与股份资产的背离，但对公司的管理、经营、财务指标、法律责任等方面要求都非常高。

（三）中国特色的股票分类

A股：人民币普通股票，由境内公司在境内范围发行，以人民币计价及结算。

B股：人民币特种股票，用人民币标明面值，用外币认购和交易，在境内证券交易所挂牌上市交易。

H股：用人民币标明面值，在香港上市，主要用港币进行计价及结算。

N股：国内公司在境外发行，在境外上市（美国证券市场），用美元计价及结算。

S股：国内公司在境外发行，在境外上市（新加坡证券市场），用新加坡元计价及结算。

（四）按股权特点分类

1. 普通股

普通股是股份有限公司发行的、对股东不加特别限制的、股东享有平等权利的、股东随公司利润多少而分配相应股息和红利的股票。

根据风险状况，可以将普通股分为以下几种。

（1）蓝筹股。它是指由经营业绩良好、运作稳定成熟、能定期分派股利，并在某一行业中处于支配地位的大公司发行的普通股。

（2）成长股。它是指由销售额和收益额在迅速增长，并且增长速度快于整个国家其他行业及其所在行业的平均增长水平的公司发行的普通股。

（3）周期股。它是指由那些收益随着经济周期性波动而波动的公司发行的普通股。这类股票的特点是：在经济繁荣景气时，公司利润上升，股票收益增加，股票价格也上升；在经济不景气时则相反。

（4）防守股。它是与周期股相对应的一种普通股，在商业条件普遍恶化时，防守股的收益和红利仍高于其他股票的平均水平。防守股的特点是：在面对经济衰退的局面和恶化的经济条件时，其收益具有稳定性。一般说来，公用事业、医药用品、水电、煤气行业的公司所发行的股票就属于这一类。

（5）投机股。它指的是价格很不稳定或公司前景很不确定的普通股。投机股价格波动频繁，风险性很大，投机性很强。但是，由于其在短期内价格上涨、下跌幅度很大，往往能够吸引一批敢于冒险的股票投机者。

（6）收入股。它指的是能够支付较高的平均当期收益的普通股。平均当期收益是指每期股息及红利的平均值，它不包括资本利得。在众多的股票中选择收入股是十分困难的，带有很大的不确定性。

（7）概念股。它指适合某一时代潮流的公司所发行的、股价随市场热点变换而有较大起伏的普通股。

2．优先股

优先股是与普通股相对应的一种股票，指在公司收益和剩余资产分配方面比普通股具有优先权的股票。优先股作为一种股权证书，代表对公司的所有权，优先股的有些权利是优先的，有些权利又受到限制。

优先股的特征：①有约定的固定股息率；②优先分派股息和清偿剩余资产，风险比普通股要小；③表决权受到限制；④可由公司赎回。

根据包含的权利的不同，可以把优先股分为以下几种。

（1）累积优先股和非累积优先股。

累积优先股是指如果公司在某个时期内所获盈利不足以支付优先股股息时，则累积于次年或以后某一年盈利时，在普通股的红利发放之前，连同本年优先股的股息一并发放。

非累积优先股是累积优先股的对称。非累积优先股的特点是股息分派以每个营业年度为界，当年结清。在某年度内，如果公司由于某种原因不能如数支付优先股股息，那么其所欠部分，即使以后年度内有盈余，也不能要求公司给予补发。非累积优先股股息每期单独结算，股东自己承担股息违约风险。与累积优先股相比，非累积优先股的优越性较小，因此通常其股息要高于累积优先股股息。

（2）参与分配优先股和不参与分配优先股。

参与分配优先股是指，当企业利润增加时，股东除享有既定的股息外，还可与普通股股东共同参与利润分配的优先股。参与分配优先股分两种类型：一是全部参与优先股，股东有权与普通股股东一起等额分享当期的盈余，其收益没有上限规定；二是部分参与优先股，股东有权在一定额度内与普通股股东一起分享当期的盈余，但其收益有上限。

例如，在优先股为全部参与优先股的情况下，某公司有优先股1000万股，普通股5000万股，该公司在按固定股息率分派了优先股股息和不少于优先股收益率的普通股股利后，尚余12000万元剩余盈利供再次分配，那么每股优先股和普通股均可再获2元的额外股利。

在优先股为部分参与优先股的情况下，若这家公司的优先股每股面额为100元，固定的股息率为8%，最终收益率的上限为9%，则每一优先股在第一次获取8元的固定股息后，第二次参与对12000万元剩余盈利的分配时，只能再获1元的额外股利，而此时每股普通股还可再获取2.2元的额外股利。

不参与分配优先股是参与分配优先股的对称。

（3）可赎回优先股和不可赎回优先股。

可赎回优先股也称可回购优先股，指公司可按约定条件在股票发行一段时间后以一定价格购回的优先股，主要在美国、英国等发达国家流行。其主要特点是：发行公司有权按预先约定的条件在优先股发行一段时间后以一定的价格将股票购回。大多数优先股都是可赎回的。它们通常附有股票赎回条款，规定股票从发行到赎回的最短期限、赎回价格、赎回方式等。公司赎回优先股的目的，一般是减少股息负担，通常在能以股息较低的股票取代已发行优先股时赎回。赎回的方式主要有三种：①溢价赎回，即根据事先规定的价格，按优先股面值价格再加一笔"溢价"（补偿金）予以赎回；②基金补偿，即公司在发行优先股后，从所得到的股金或公司盈利中，拿出一部分资金，设立补偿基金，用作赎回优先股；③转换赎回，即公司以转换为普通股的方式，赎回优先股。

不可赎回优先股是可赎回优先股的对称。

（4）股息可调优先股和股息不可调优先股。

股息可调优先股是指，股票的股息不固定，而是随着银行存贷款利率的波动而调整的优先股。这种优先股一般在市场物价和银行的存贷款利率波动较大的时候发行。

股息不可调优先股是股息可调优先股的对称。

（5）可转换优先股和不可转换优先股。

可转换优先股是指，在特定的条件下，股东可以将其所持股票变换成普通股或公司债券的一种优先股。发行可转换优先股时，一般应在公司章程中明确规定如下的具体转换要求：转换权限，通常规定只有股东才有转换请求权；转换条件，即股东在什么情况下可行使转换请求权；转换期限，即行使转换请求权的起始和终止时间；转换内容，即该优先股允许转换成什么；转换手续，即转换时要履行哪些规定的程序。

不可转换优先股是可转换优先股的对称。

（五）国内股票类型

中国现行的股票按投资主体不同，可分为国有股、法人股、公众股和外资股等不同类型。

1. 国有股

国有股是指有权代表国家投资的部门或机构以国有资产向公司投资形成的股份。国有股的资金来源主要有三个方面：①现有国有企业整体改组为股份有限公司时所拥有的净资产；②有权代表国家投资的部门或机构向新组建的股份有限公司的投资；③经授权代表国家投资的投资公司、资产经营公司、经济实体性公司等向新组建股份有限公司的投资。

2．法人股

法人股指企业法人或具有法人资格的事业单位和社会团体以其依法可支配的资产向股份有限公司投资所形成的股份。

3．公众股

公众股也称个人股，是社会个人或股份有限公司内部职工以个人合法财产投资形成的股份。公众股有两种形式：公司职工股和社会公众股。

4．外资股

外资股指股份有限公司向其他国家或地区的投资者发行的股票。这是股份有限公司吸收外资的一种方式。它以本国法定货币标明面值，在发行、交易和分红时均采用外汇进行计价支付。发行外资股的原因包括：①国内市场无法满足资金需求；②分散公司的资金来源，以减少对国内投资者的依赖；③获得低于国内市场的筹资成本。

第二节 股票发行与交易

一、股票发行

股票发行指公司直接或通过中介机构间接在一级市场（发行市场）向投资者出售新发行的股票。股票发行包括初次发行和再发行。初次发行是公司第一次向投资者出售原始股，再发行是公司在原始股的基础上再次向投资者出售新的股票份额。

（一）股票发行方式

公司发行股票需要对发行方式做出选择。

1．公开发行与不公开发行

公开发行是指公司为筹集资金，公开向社会公众发行股票。

不公开发行是指公司向公司内部职工或特定的法人（发起人）发售股票。

2．直接发行与间接发行

直接发行是指公司直接向投资者发行股票，自己承担发行股票的责任和风险。

间接发行是指公司把股票委托给股票承销商等金融机构发行。

3. 有偿增资发行和无偿增资发行

有偿增资发行可分为配股与按一定价格向社会增发新股票。配股又分为向股东配股和向第三者配股。

无偿增资发行就是指所谓的送股,可分为红利转增资送股和积累转增资送股。

4. 平价发行、折价发行与溢价发行

平价发行也称等价发行或面值发行,是指按股票票面价值所确定的价格发行股票。

折价发行是指以低于股票票面价值的价格发行股票。《中华人民共和国公司法》明确规定,股票发行时,不能采取折价发行的方式。

溢价发行是指以高于股票票面价值的价格发行股票。

(二)股票发行价格

股票发行价格的确定主要有以下四种方法。

1. 市盈率法

按照市盈率法,股票发行价格的计算公式为:

$$股票发行价格 = 每股净收益 \times 发行市盈率$$

其中,每股净收益=税后利润/股份总数,数据需由有证券从业资格的会计师审核;发行市盈率=股票市价/每股净收益,数据一般由证券监管部门、承销商、发行公司共同确定。

2. 净资产倍率法

净资产倍率法是指通过资产评估等手段确定发行人拟募集的每股净资产,然后根据市场状况将每股净资产乘一定的溢价倍率(若市场好)或折扣倍率(若市场不好)。股票发行价格的计算公式为:

$$股票发行价格 = 每股净资产 \times 溢价倍率(或折扣倍率)$$

3. 现金流量折现法

现金流量折现法是指通过预测公司未来盈利能力,计算出公司净现值,并按一定的折扣倍率折算,确定股票发行价格。

该方法首先是用市场接受的会计手段预测公司每个项目在未来若干年内的净现金流量,再按照市场公允的折现率,分别计算出每个项目未来的净现金流量的净现值。用公司的净现值除以公司的股份总数,即为每股净现值。由于未来收益存在不确定性,因此发行价格为每股净现值与折扣倍率的乘积,折扣倍率通常为20%~30%。

4. 竞价法

竞价法是一种较彻底的市场化定价方法。它一般由发行公司与承销商经过充分协商后，确定该股票发行时不得低于的底价，而实际的股票发行价格由市场决定。

（三）招股说明书

招股说明书是公司公开发行股票计划的书面说明，并且是投资者投资的依据。招股说明书必须包括公司财务信息、公司经营历史的陈述、公司高级管理人员的状况、筹资目的和使用计划、公司内部悬而未决的问题如诉讼等。

招股说明书一般由明确分工的专家工作团负责起草：①发行公司的管理层在其律师的协助下负责起草招股说明书的非财务部分；②承销商（投资银行）负责起草股票承销的合约部分；③发行公司内部的会计师负责准备所有的财务数据；④独立的注册会计师对财务账目的适当性提供咨询和审计。由此完成的招股说明书称为预备说明书，不包括发行价格。

承销商将预备说明书连同上市登记表一起交送证券监管部门审查。证券监管部门负责审核和确认这些信息是否完整与准确，并可以要求发行公司做一些修改或举行听证会。在认定没有虚假陈述和遗漏后，证券监管部门批准注册。此时的招股说明书称为法定说明书，法定说明书应标明发行价格并将其送予可能的投资者。值得注意的是，证券监管部门审核批准仅表明法定说明书内有充分公正的信息披露，能使投资者对这只股票的价值做出判断，但并不保证其发行具有投资价值。

在非公开发行的情况下，发行公司通常会雇用一家投资银行代理起草一份类似于招股说明书的文件——招股备忘录。招股备忘录不需要送证券监管部门审查。

（四）股票承销

股票承销是指股票承销商在规定的发行有效期限内发售股票的过程。

公开发行股票一般都通过投资银行来进行，投资银行的这一角色称为承销商。公司一般会与某一特定承销商建立起牢固的关系，承销商为这些公司发行股票并且提供其他必要的金融服务，如为股票的信誉作担保。但在某些情况下，公司通过竞争性招标的方式来选择承销商，以便降低发行费用。当发行数量很大时，常由多家投资银行组成承销辛迪加或承销银团来处理整个发行过程，由其中一家投资银行作为牵头承销商，起主导作用。

在非公开发行的情况下，发行条件通常由发行公司和投资者直接商定，从而绕过了承销环节。

股票承销分为两类：代销和包销。

代销是指承销商不需要认购股票，只是代发行公司发行股票，未售出的余额可以退还给发行公司，承销商不承担任何发行风险。

包销是指承销商需要认购股票，未售出的余额由承销商自己负责，承销商承担全部销售风险。

包销又分为全额包销和余额包销。全额包销是指发行公司与承销商签订承购合同，由承销商按一定价格买下全部股票，并按合同规定的时间将价款一次支付给发行公司，然后承销商以略高的价格向社会公众出售。余额包销是指发行公司委托承销商在约定期限内发行股票，到销售截止日期，未售出的余额由承销商按协议价格认购。

二、股票交易

投资者之间买卖已发行股票主要是在二级市场（交易市场）进行。二级市场为股票创造了流动性，即持有股票的投资者能够迅速脱手，换取现值。在股票"流动"的过程中，投资者将自己获得的有关信息反映在交易价格中。同时，"流动"也意味着控制权的重新配置。因此，二级市场的一个重要作用是优化控制权的配置从而保证权益合同的有效性。二级市场通常可分为有组织的证券交易所和场外交易市场，但也出现了具有混合特性的第三市场和第四市场。

（一）证券交易所的组织形式及相关制度

证券交易所是由证券监管部门批准的，为证券的集中交易提供固定场所和有关基础设施，并制定各项规则以形成公正合理的价格和秩序的正式组织。

1. 组织形式

证券交易所的组织形式大致可分为两类：公司制和会员制。

公司制证券交易所是由银行、证券公司、投资信托机构等共同投资入股建立的公司法人。

会员制证券交易所是以会员协会形式成立的不以营利为目的的组织，主要由证券公司组成。只有会员及享有特许权的经纪人才有资格在证券交易所中进行证券交易。会员对证券交易所的责任仅以其交纳的会费为限。会员制证券交易所通常属于社团法人，但也有一些不是法人组织，主要是为了避免司法部门对其进行干预。

2. 会员制度

证券交易所一般对能够进入证券交易所交易的会员资格做了限制，虽具体标准有所不同，但主要内容都包括：会员申请者的背景、能力、财力、从事证券业务的知识及经验、信誉状况等。

3. 上市制度

上市是指赋予某个公司的股票在某个证券交易所进行交易的资格。上市可增加股票的流动性并提高公司的声望。股票在发行后需要满足一定的条件和程序才可上市。各国的法律虽然很少直接对股票的上市条件做出明确规定，但各证券交易所为了提高交易股票的质量，都要求股票在证券交易所交易之前办理申请上市手续，经审查合格后，由股票的发行公司与证券交易所签订上市协议，缴纳上市费后，才能在本证券交易所交易。各证券交易所的上市标准大同小异，主要包括如下内容：①要有足够的规模；②要满足股票持有分布的要求；③发行公司的经营状况良好；等等。

4. 交易制度

交易制度是证券市场微观结构的重要组成部分，它对证券市场功能的发挥起着关键的作用。交易制度的优劣可从以下六个方面来考察：流动性、透明度、稳定性、交易效率、交易成本和安全性[①]。

根据价格决定的方式，交易制度可以分为做市商交易制度和竞价交易制度。

做市商交易制度也称报价驱动制度。在典型的做市商交易制度下，证券交易的买卖价格均由做市商给出，买卖双方并不直接交易，而是向做市商买进或卖出证券。做市商的利润主要来自买卖差价。但在买卖过程中，由于投资者的买卖需求不均等，做市商就会有证券存货（多头或空头），从而使自己面临价格变动的风险。做市商要根据买卖双方的需求状况、自己的存货水平，以及与其他做市商的竞争程度来不断调整买卖报价，从而决定价格的涨跌。

竞价交易制度也称委托驱动制度。在此制度下，买卖双方直接进行交易，或将委托通过各自的经纪商送到交易中心，由交易中心进行撮合成交。按证券交易在时间上是否连续，又可以将竞价交易制度分为间断性竞价交易制度和连续性竞价交易制度。

（二）场外交易市场的特点

凡是在证券交易所之外的股票交易活动都可称为场外交易。由于这种交易起初主要是

---

① **流动性**是指以合理的价格迅速交易的能力，它包含两个方面：即时性和低价格影响。前者指投资者的交易愿望可以立即实现；后者指交易过程对证券价格影响很小。可以使用如下三个指标来衡量流动性：市场深度、市场广度和市场弹性。如果说在现行交易价格上下较小的幅度内有大量的买卖委托，则市场具有深度和广度。如果市场价格因供求不平衡而改变，而市场可以迅速吸引新的买卖力量使价格回到合理水平，则称市场具有弹性。**透明度**指证券交易信息的透明程度，包括交易前信息透明、交易后信息透明和参与交易各方的身份确认。其核心要求是信息在时空分布上的无偏性。**稳定性**是指证券价格的短期波动程度较小。证券价格的短期波动主要源于两个效应：信息效应和交易制度效应。合理的交易制度设计应使交易制度效应最小化，尽量减少证券价格在反映信息过程中的噪声。**交易效率**主要包括信息效率、价格决定效率和交易系统效率。信息效率指证券价格能否迅速、准确、充分反映所有可得的信息。价格决定效率指价格决定机制的效率，如做市商市场、竞价市场中价格决定的效率等。**交易成本**包括直接成本和间接成本。前者指佣金、印花税、手续费、过户费等。后者包括买卖价差、搜索成本、迟延成本和市场影响成本等。**安全性**主要指交易技术系统的安全性。

在各证券公司的柜台上进行的,因此也称柜台交易。场外交易市场与证券交易所相比具有以下几个特点。

(1) 场外交易市场没有固定、集中的场所。场外交易市场分散于各地、规模大小不一,由自营商来组织交易。自营商自己投入资金买入证券,然后随时随地将自己的存货卖给客户,维持市场的流动性和连续性,但不一定可以维持市场的稳定性。在价格大幅波动的情况下,自营商将会停止交易,具有"做市商"的行为特征,买卖差价为其提供了收益。

(2) 场外交易市场无法公开竞价。场外交易价格是通过商议达成的,一般是由自营商挂出各种证券的买入和卖出价格。如果某种证券的交易不活跃,就只需一两个自营商作为市场组织者;当交易活动增加时,更多的自营商会加入竞争,从而降低买卖差价。

(3) 场外交易市场中管制较少、交易灵活方便。但是,场外交易市场也存在缺乏统一的组织、信息有效性较低等缺点。

(三) 其他市场

1. 第三市场

第三市场是指将原来在证券交易所上市的股票移到场外交易市场进行交易而形成的市场。第三市场最早出现于 20 世纪 60 年代的美国。长期以来,美国的证券交易所都实行固定佣金制,而且未对大宗交易的佣金予以折扣,导致买卖大宗上市股票的机构投资者(养老基金、保险公司、投资基金等)和一些个人投资者通过场外交易市场交易上市股票以降低交易费用。随着机构投资者的比重上升以及股票成交额的不断增加,这种形式的交易获得了迅速的发展,并形成了专门的市场。第三市场因佣金便宜、手续简单而备受投资者欢迎。但在 1975 年,美国的证券交易所取消固定佣金制,由证券交易所会员自行决定佣金,而且证券交易所内部积极改革,采用先进技术,提高服务质量,加快成交速度,从而使第三市场不像以前那样具有吸引力了。

2. 第四市场

第四市场是指大机构(和富有的个人)绕开通常的经纪人,彼此之间利用电子通信网络直接进行证券交易。电子通信网络允许会员直接将买卖委托挂在网上,并与其他投资者的委托自动配对成交。由于没有买卖价差,其交易费用非常便宜。而且有些电子通信网络允许用户进行匿名交易,从而满足了一些大机构投资的需要。目前较著名的电子通信网络有 Instinet、Island ECN 等。第四市场的发展一方面对证券交易所和场外交易市场造成了巨大的竞争压力,促使这些市场降低佣金、改进服务;另一方面也对证券市场的管理提出了挑战。

第三节 中国的股票发行

一、中国的股票发行制度

（一）注册制

注册制又称申报制或登记制，是按照公开管理和形式审查原则发行证券的监管制度。

证券发行人须依法公开与所发行证券有关的一切信息和资料，合理制成法律文件并公之于众，需对公布资料的真实性、全面性、准确性负责，公布的内容不得含有虚假陈述、重大遗漏或信息误导。

证券监管部门对证券发行人申报注册文件的真实性、准确性、及时性、完整性、一致性和可理解性做合规性审查，但不对证券发行人及证券本身做实质性审查和价值判断。证券发行人只要依规定将有关资料完全公开，证券监管部门就不得以发行人的财务状况未达到一定标准而拒绝其发行。

投资者和证券服务机构需自主判断证券发行人的资产质量和投资价值。

2019年修订的《中华人民共和国证券法》规定，公开发行证券，必须符合法律、行政法规规定的条件，并依法报经国务院证券监督管理机构或者国务院授权的部门注册。未经依法注册，任何单位和个人不得公开发行证券。证券发行注册制的具体范围、实施步骤，由国务院规定。

（二）核准制

核准制是依法按照实质管理原则核准证券发行的审核监管制度，是在注册制基础上，规定若干核准的必要实质条件，经审查符合后准予证券发行。

证券发行人申请发行证券，不仅要充分公开公司的真实情况，公司还必须符合有关法律和证券监管部门规定的适宜发行的必要实质条件。

证券监管部门不仅需要在形式上审查证券发行申报文件的真实性、准确性、及时性和完整性，还要实质性地审查证券发行人的营业性质、财力、素质、发展前景、发行数量、发行价格等条件，并据此做出证券发行人是否具有投资价值的判断和是否核准申请的决定。

其中，必要实质条件包括但不限于：①证券发行人所属行业是否符合国家产业政策；②证券发行人的经济效益如何，有无发展潜力；③证券发行人的资本结构是否健全合理；④证券发行人的高级管理人员是否具备了必要的资格；⑤证券发行人公开的资料是否充分、真实；⑥发起股东出资是否公开；等等。

（三）审批制

审批制是一国在资本市场发展初期，为维护上市公司稳定和平衡复杂的社会经济关系，采用行政和计划手段分配证券发行的指标和额度，由地方或行业主管部门选择和推荐公司发行证券的一种发行制度。

（四）中国证券发行制度的改革

1988 年至 1991 年，中国证券发行主要由地方性法规分别规定证券发行审核办法。

1992 年，中国证监会成立，自此资本市场拥有了独立的监管机构，开始实行全国范围的证券发行规模控制与实质审查制度。

1993 年 4 月，国务院颁发《股票发行与交易管理暂行条例》，全国统一的股票发行审核制度随之建立实施。为进一步增加新股发行的透明度，1993 年 6 月，中国证监会成立股票发行审核委员会，负责对公开发行股票公司上报的材料进行复审。1993 年开始的全国统一的股票发行审核制度又可分为额度管理和指标管理两个阶段。1993 年到 1995 年是"额度管理"阶段，1996 年到 2000 年是指标管理阶段。

2001 年 3 月，根据《中华人民共和国证券法》的规定，并经国务院批准，中国证监会建立并实施了证券发行上市核准制，由担任主承销商的证券公司负责选择、推荐企业，中国证监会依法核准。核准制实施以来，中介机构的作用开始得以发挥，市场竞争机制初步建立，促进了上市公司质量的提高。核准制也可分为两个阶段，即通道制度阶段和保荐制度阶段。2001 年到 2004 年为核准制下的通道制度阶段。根据中国证监会 2003 年底发布的《证券发行上市保荐制度暂行办法》，2004 年 2 月 1 日起在股票发行中正式实行保荐制度。该制度强调保荐人应对发行人发行证券进行推荐和辅导，并对上市公司的信息披露负有连带责任。

2019 年，伴随着科创板正式开市交易，我国资本市场迈入注册制与核准制并行的双轨发展阶段。

2023 年 2 月 17 日，股票发行注册制正式实施。自此，我国股票发行开启新纪元。

二、中国股票的发行条件

（一）新股发行

主板、创业板、科创板的首次公开发行并上市主要条件对比如表 9-1 所示。首次公开发行并上市申请文件目录如表 9-2 所示。上市流程如图 9-2 所示。首次公开发行并上市需关注的重点问题如表 9-3 所示。

表 9-1 各板块首次公开发行并上市主要条件对比

项目	主板	创业板	科创板
存续时间	存续满 3 年	存续满 3 年	存续满 3 年
主营业务	最近 3 年内没有发生重大不利变化	最近 2 年内没有发生重大变化	最近 2 年内没有发生重大变化
人员变动	实际控制人最近 3 年内未发生变更；董事、高管最近 3 年内没有发生重大不利变化	实际控制人最近 2 年内没有发生变更；董事、高管最近 2 年内没有发生重大不利变化	实际控制人最近 2 年内没有发生变更；董事、高管、核心技术人员最近 2 年内没有发生重大不利变化
财务指标	至少符合下列标准中的一项： 最近 3 年净利润均为正，且最近 3 年净利润累计不低于 1.5 亿元，最近 1 年净利润不低于 6000 万元，最近 3 年经营活动产生的现金流量净额累计不低于 1 亿元或营业收入累计不低于 10 亿元； 预计市值不低于 50 亿元，且最近 1 年净利润为正，最近 1 年营业收入不低于 6 亿元，最近 3 年经营活动产生的现金流量净额累计不低于 1.5 亿元； （3）预计市值不低于 80 亿元，且最近 1 年净利润为正，最近 1 年营业收入不低于 8 亿元	发行人为境内企业且不存在表决权差异安排的，市值及财务指标应当至少符合下列标准中的一项： （1）最近 2 年净利润均为正，且累计净利润不低于 5000 万元； （2）预计市值不低于 10 亿元，最近 1 年净利润为正且营业收入不低于 1 亿元； （3）预计市值不低于 50 亿元，且最近 1 年营业收入不低于 3 亿元。 红筹架构、发行人具有表决权差异安排的公司，市值及财务指标应当至少符合下列标准中的一项： （1）预计市值不低于 100 亿元，且最近 1 年净利润为正； （2）是预计市值不低于 50 亿元，最近 1 年净利润为正且营业收入不低于 5 亿元	应当至少符合下列标准中的一项： （1）预计市值不低于 10 亿元，最近 2 年净利润均为正且累计净利润不低于人民币 5000 万元；或者预计市值不低于人民 10 亿元，最近 1 年净利润为正，且营业收入不低于人民币 1 亿元； （2）预计市值不低于 15 亿元，最近 1 年营业收入不低于人民币 2 亿元，且最近 3 年累计研发投入占最近 3 年累计营业收入的比例不低于 15%； （3）预计市值不低于 20 亿元，最近 1 年营业收入不低于 3 亿元，且最近 3 年经营活动产生的现金流量净额累计不低于 1 亿元； （4）预计市值不低于 30 亿元，且最近 1 年营业收入不低于 3 亿元； （5）预计市值不低于 40 亿元，主要业务或产品需经国家有关部门批准，市场空间大，目前已取得阶段性成果。医药行业企业需至少有一项核心产品获准开展二期临床试验，其他符合科创板定位的企业需具备明显的技术优势并满足相应条件。

表 9-2 首次公开发行并上市申请文件目录

章节	文件名称
第一章	招股文件
1-1	招股说明书（申报稿）
第二章	发行人关于本次发行上市的申请及授权文件
2-1	关于本次公开发行股票并上市的申请报告

续表

章节	文件名称
2-2	董事会有关本次发行并上市的决议
2-3	股东大会有关本次发行并上市的决议
2-4	关于符合板块定位要求的专项说明
第三章	保荐人和证券服务机构关于本次发行上市的文件
3-1	保荐人关于本次发行上市的文件
3-1-1	关于发行人符合板块定位要求的专项意见
3-1-2	发行保荐书
3-1-3	上市保荐工作
3-1-4	保荐工作报告
3-1-5	签字保荐代表人在审企业家数说明
3-1-6	关于发行人预计市值的分析报告（如适用）
3-1-7	保荐机构相关子公司参与配售的相关文件（如有）
3-2	会计师关于本次发行上市的文件
3-2-1	财务报告及审计报告
3-2-2	发行人审计报告基准日至招股说明书签署日之间的相关财务报告及审阅报告（如有）
3-2-3	盈利预测报告及审核报告（如有）
3-2-4	内部控制鉴证报告
3-2-5	经注册会计师鉴证的非经常性损益明细表
3-3	发行人律师关于本次发行上市的文件
3-3-1	法律意见书
3-3-2	律师工作报告
3-3-3	关于发行人董事、监事、高级管理人员、控股股东和实际控制人在相关文件上签名盖章的真实性的鉴证意见
3-3-4	关于申请电子文件与预留原件一致的鉴证意见
第四章	发行人的设立文件
4-1	发行人的企业法人营业执照
4-2	发行人公司章程（草案）
4-3	发行人关于公司设立以来股本演变情况的说明及其董事、监事、高级管理人员的确认意见
4-4	商务主管部门出具的外资确认文件（如有）
第五章	与财务会计资料相关的其他文件
5-1	发行人关于最近三年及一期的纳税情况
5-1-1	发行人最近三年及一期所得税纳税申报表
5-1-2	有关发行人税收优惠、政府补助的证明文件
5-1-3	主要税种纳税情况的说明
5-1-4	注册会计师对主要税种纳税情况说明出具的意见
5-1-5	发行人及其重要子公司或主要经营机构最近三年及一期纳税情况的证明

续表

章节	文件名称
5-2	发行人需报送的财务资料
5-2-1	最近三年及一期原始财务报表
5-2-2	原始财务报表与申报财务报表的差异比较表
5-2-3	注册会计师对差异情况出具的意见
5-3	发行人设立时和最近三年及一期的资产评估报告（如有）
5-4	发行人的历次验资报告或出资证明
5-5	发行人大股东或控股股东最近一年的原始财务报表及审计报告（如有）
第六章	关于本次发行上市募集资金运用的文件
6-1	发行人关于募集资金运用方向的总体安排及其合理性、必要性的说明
6-2	募集资金投资项目的审批、核准或备案文件（如有）
6-3	发行人拟收购资产（或股权）的财务报表、资产评估报告及审计报告、盈利预测报告（如有）
6-4	发行人拟收购资产（或股权）的合同或合同草案（如有）
第七章	其他文件
7-1	产权和特许经营权证书
7-1-1	发行人拥有或使用的对其生产经营有重大影响的商标、专利、计算机软件著作权等知识产权以及土地使用权、房屋所有权等产权证书清单（需列明证书所有者或使用者名称、证书号码、权利期限、取得方式、是否及存在何种他项权利等内容）
7-1-2	发行人律师就 7-1-1 清单所列产权证书出具的鉴证意见
7-1-3	特许经营权证书（如有）
7-2	重要合同
7-2-1	对发行人有重大影响的商标、专利、专有技术等知识产权许可使用协议（如有）
7-2-2	重大关联交易协议（如有）
7-2-3	重组协议（如有）
7-2-4	特别表决权股份等差异化表决安排涉及的协议（如有）
7-2-5	高级管理人员、员工配售协议（如有）
7-2-6	重要采购合同
7-2-7	重要销售合同
7-2-8	其他对报告期经营活动、财务状况或未来发展等具有重要影响的已履行、正在履行和将要履行的合同（如有）
7-3	特定行业（或企业）的管理部门出具的相关意见（如有）
7-4	承诺事项
7-4-1	发行人及其实际控制人、控股股东、持股 5%以上股东以及发行人董事、监事、高级管理人员等责任主体的重要承诺以及未履行承诺的约束措施
7-4-2	有关消除或避免相关同业竞争的协议以及发行人的控股股东和实际控制人出具的相关承诺
7-4-3	发行人董事、监事、高级管理人员对证券发行文件的确认意见以及监事会的书面审核意见

续表

章节	文件名称
7-4-4	发行人控股股东、实际控制人对证券发行文件的确认意见
7-4-5	发行人关于申请电子文件与预留原件一致的承诺函
7-4-6	保荐人关于申请电子文件与预留原件一致的承诺函
7-4-7	发行人、保荐人及相关主体保证不影响和干扰审核的承诺函
7-5	说明事项
7-5-1	发行人关于申请文件不适用情况的说明
7-5-2	发行人关于招股说明书不适用情况的说明
7-5-3	信息披露豁免申请（如有）
7-6	保荐协议和承销协议
7-7	股东信息核查
7-7-1	发行人关于股东信息披露的专项承诺
7-7-2	保荐人关于发行人股东信息披露的专项核查报告
7-7-3	律师事务所关于发行人股东信息披露的专项核查报告
7-8	历次聘请保荐机构情况的说明
7-9	其他文件

注：如不适用需出具不适用说明。

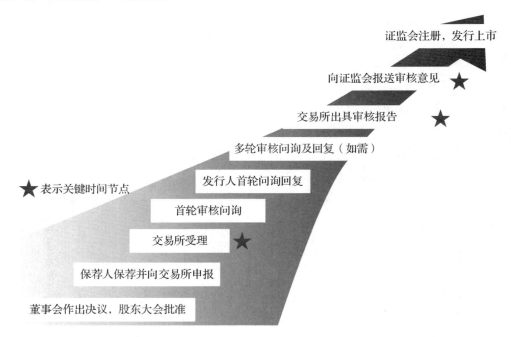

注：①发行人及其保荐人回复交易所审核问询的时间总计不超过三个月；
②交易所审核和证监会注册时间总计不超过三个月。

图 9-2　上市流程

表 9-3 首次公开发行并上市需关注的重点问题

历史沿革	业务与技术	关联交易问题
实际控制人的认定及是否发生变更； 发行人历次股权变动合理性； 对公司历史沿革中股东出资合法性的审核； 国有转民营中的国资问题； 工会持股、职工持股会、委托持股的清理； 发行前重组	行业地位/公司所处发展阶段； 技术依赖问题； 客户/供应商依赖问题； 产业政策发展及前景； 原材料能源价格波动对业绩的影响； 出口业务的汇率风险； 经营模式重大变化	应按照相关法律法规和相应的上市规则认定并完整披露关联方； 关联交易需要具备必要性、合理性和公允性； 关联交易的决策程序需要完善； 中介机构充分核查
同业竞争	**税收问题**	**财务问题**
同业竞争属于审核红线，只要有同业竞争，就构成发行障碍； 核查范围：发行人控股股东（或实际控制人）及其近亲属全资或控股的企业； 判断原则：同业竞争的"同业"是指竞争方从事与发行人主营业务相同或相似业务	收益是否严重依赖税收政策； 执行税率与国家政策不符的处理； 对补缴税款重点审核； 对纳税申报表重点关注	收入利润大幅变动的合理性； 毛利率分析； 应收账款较大及坏账计提是否合理； 存货较大及减值准备的合理性； 资产负债表、利润表和现金流量表项目之间的勾稽关系； 特殊经营模式（如经销模式、直营与加盟模式、境外销售等）
环保问题	**募集资金投资项目**	**其他法律问题**
生产经营与募投项目是否符合环保要求； 核查环保投资及费用支出； 核查环保设施的运行状况； 关注是否有环保事故，是否构成重大违法行为	原则上要求与企业发展阶段及规模相适应； 上市前必须落实募投用地； 用于扩大产能：产能消化能力和市场前景； 用于生产新产品：关注新产品的市场容量、技术保障	社保、住房公积金的缴纳情况； 资金占用及委托贷款； 对外担保； 发行人、控股股东、实际控制人、董监高的重大诉讼，需如实披露，并关注是否具有重大影响

（二）原有企业改组设立股份有限公司申请公开发行股票的条件

原有企业改组设立股份有限公司申请公开发行股票，除了要符合新设立股份有限公司申请公开发行股票的条件，还要符合下列条件：

（1）发行前一年末，净资产在总资产中所占比例不低于30%，无形资产在净资产中所占比例不高于20%，但是另有规定的除外；

（2）近三年连续盈利。

（三）关于增资发行的条件

股份有限公司增资申请公开发行股票，除了要符合新设立和改组设立股份有限公司申请公开发行股票的条件，还要符合下列条件：

（1）前一次公开发行股票所得资金的使用与其招股说明书所述的用途相符，并且资金使用效益良好；

(2) 距前一次公开发行股票的时间不少于 12 个月；
(3) 从前一次公开发行股票到本次申请期间没有重大违法行为；
(4) 规定的其他条件。

（四）定向募集公司公开发行股票的条件

定向募集公司申请公开发行股票，除了要符合新设立和改组设立股份有限公司申请公开发行股票的条件，还应符合下列条件：
(1) 定向募集所得资金的使用同招股说明书所述内容相符，并且资金使用效益良好；
(2) 距最近一次定向募集股份的时间不少于 12 个月；
(3) 从最后一次定向募集到本次公开发行期间没有重大违法行为；
(4) 内部职工股权证按照规定发放，并且已交国家指定的证券机构集中托管。
(5) 规定的其他条件。

三、中国股票的发行配售方法

（一）通过发行认购证发售股票的方法

通过发行认购证发售股票是指向投资人先发售认购证（或认购表），然后摇号抽签，投资人凭中签的认购证再去认购股票的方法。这种方法是股票严重供不应求的情形下产生的，该方法又可以进一步分为限量发售认购证和无限量发售认购证。

限量发售认购证增加了认购股票的成本，满足不了抢购认购证的需要。

无限量发售认购证虽然满足了抢购认购证的需要，但是认购股票的成本非常高，会导致巨大的浪费，而且中签率事先无法计算，事先有多少人购买也无从可知，会造成极大的盲目性。

（二）通过发行专项储蓄存单发售股票的方法

中国从 1993 年下半年开始通过专项储蓄存单发售股票。

投资者在认购股票前，先按照规定的数额到指定的银行定期存款，取得存单。然后利用存单上的附联进行摇号抽签，凭中签的存单附联认购股票。

该方法的优点是可以节约资金，降低成本，减少社会浪费。

但也存在一定的问题，这种方式有利于资金充足的大户；占压资金量过多，且占压资金时间过长；会造成严重的存款搬家现象，使银行的储蓄失去稳定性；程序复杂，耗费的人力过多。

（三）预缴配售

预缴配售又可细分为"全额预缴款、比例配售、余款即退"和"全额预缴款、比例配售、余款转存"两种。前者是指投资者在规定的申购时间内，将全额申购款存入主承销商在收款银行设立的专户中，申购结束后转存冻结银行专户进行冻结，在对到账资金进行验资和确定有效申购后，根据股票发行量和申购总量计算配售比例，进行股票配售，余款返还投资者的股票发行方式；后者的前两个阶段与前者是相同的，不同的是申购"余款不退"，而是转为专项存款，不得提前支取。

该方法解决了认购证发行的高成本、高浪费现象，消除了存单发行占压资金过多、时间过长的问题，全部通过电脑自动完成，效率高而且容易接受监督。但是，当申购股票数量大大超过了股票发行数量时，每个投资者所能真正购到的股票可能在申购数量中所占比例很小。此外，该方法需要投资者到股票发行所在地购买，不利于中小投资者认购。

（四）网上发行

网上发行指承销商通过证券交易所的交易系统进行股票发行，投资者在规定的时间报单认购股票。网上发行又可以进一步分为网上竞价发行和网上定价发行。

网上竞价发行是由股票的购买者通过集合竞价的方式决定股票的发行价格，按照时间优先、价格优先的原则成交。该方法节约了人力、物力，体现了机会平等，解决了大量搬运现金的问题，降低了投资者的认购成本，提高了效率。但是，股价可能被发行人或有利益关系的机构操纵。

网上定价发行指主承销商利用证券交易所的交易系统，由主承销商作为股票的唯一"卖方"，投资者在指定的时间内，按现行委托买入股票的方式进行股票申购。它充分利用了现代化的通信手段和先进交易系统，即利用二级市场平台操作一级市场业务，是迄今为止最为流行、最为安全、效率最高的发行方式。

四、注册程序

2023年2月17日，中国证监会发布全面实行股票发行注册制相关制度规则，自公布之日起施行。

依据中国证监会发布的《首次公开发行股票注册管理办法》，我国首次公开发行股票注册制的发行程序主要有以下几个。

（1）发行人董事会应当依法就本次发行股票的具体方案、本次募集资金使用的可行性及其他必须明确的事项作出决议，并提请股东大会批准董事会就本次发行股票相关事项作出决议，提请股东大会批准。发行人股东大会应当就本次发行股票作出决议，决议至少应当包括下列事项：本次公开发行股票的种类和数量；发行对象；定价方式；募集资金用途；发行前滚存利润的分配方案；决议的有效期；对董事会办理本次发行具体事宜的授权；其他必须明确的事项。发行人制作注册申请文件，由保荐人保荐并向交易所申报。交易所收到注册申请文件，五个工作日内作出是否受理的决定。

（2）在交易所作出受理决定后，进入了审核流程。交易所主要通过向发行人提出审核问询、发行人回答问题方式开展审核工作，判断发行人是否符合发行条件、上市条件和信息披露要求，督促发行人完善信息披露内容。

（3）交易所按照规定的条件和程序，形成发行人是否符合发行条件和信息披露要求的审核意见。认为发行人符合发行条件和信息披露要求的，将审核意见、发行人注册申请文件及相关审核资料报中国证监会注册；认为发行人不符合发行条件或者信息披露要求的，作出终止发行上市审核决定。

（4）中国证监会收到交易所审核意见及相关资料后，基于交易所审核意见，依法履行发行注册程序。在二十个工作日内对发行人的注册申请作出予以注册或者不予注册的决定。

（5）中国证监会的予以注册决定，自作出之日起一年内有效，发行人应当在注册决定有效期内发行股票，发行时点由发行人自主选择。

另外，交易所认为发行人不符合发行条件或者信息披露要求，作出终止发行上市审核决定，或者中国证监会作出不予注册决定的，自决定作出之日起六个月后，发行人可以再次提出公开发行股票并上市申请。

五、中国的股票买卖程序

（一）股票买卖委托的内容与方式

1. 股票买卖委托的内容

股票买卖委托的内容包括股东姓名、资金卡号、买入（或卖出）、证券名称、证券代码、委托价格、委托数量等。

2. 股票买卖委托的方式

股票买卖委托是投资者通知经纪人进行股票买卖的指令，其主要种类有以下几种。

（1）市价委托。市价委托又称随行就市委托，是指投资者要求证券经纪人按交易市场当时的价格，买进或卖出股票的一种委托形式。市价委托的优点是成交速度快，能够快速实现投资者的买卖意图。其缺点是当行情变化较快或市场深度不够时，执行价格可能跟发出委托时的市场价格相去甚远。

（2）限价委托。限价委托是指投资者在委托证券经纪人买卖股票时，限定其买卖价格的一种委托方法。限价委托克服了市价委托的缺陷，为投资者提供了以较有利的价格买卖股票的机会。但限价委托常常因市场价格无法满足限定价格的要求而无法执行，使投资者错失良机。

（3）停止损失委托。这是一种限制性的市价委托，是指投资者委托证券经纪人在股票价格上升到或超过指定价格时按市价买进证券，或在股票价格下跌到或低于指定价格时按市价卖出证券。

（4）停止损失限价委托。这是停止损失委托与限价委托的结合。当股票价格达到指定价格时，该委托就自动变成限价委托。

（5）查单委托。查单委托是指投资者下达买卖股票的委托指令后，在当日不知是否成交，可以按照委托单的合同号委托证券经纪人进行查询。

（6）撤单委托。撤单委托是指如果发现买卖委托没有即时成交，或有一部分没有成交，想取消委托指令，可以委托证券经纪人进行撤单。

（二）股票买卖的委托手段

股票买卖的委托手段主要有：人工委托（填单委托）；磁卡委托（采用刷卡的方式）；计算机终端自动委托；计算机触摸屏委托（采用得比较少）；电话委托（又分为证券公司营业部内的场内电话委托和营业部外的场外电话委托）；热线电话委托；可视电话委托（在家中或办公室，通过电话线与计算机连接报单）；掌中宝委托（目前极少采用）；网上委托。

（三）受理委托与审查

（1）合法性审查。合法性审查主要包括对主体、程序和内容合法性的审查。
（2）同一性审查。同一性审查主要包括对委托人与所提供的证件、委托单、委托单上下联的同一性审查。
（3）真实性审查。真实性审查主要核对委托买卖的数量与实际库存或资金是否相适应。

（四）委托执行

申报原则包括：①价格优先、时间优先；②公开申报竞价；③申报竞价时，须一次完整地报明相关因素；④不得进行对冲交易；⑤超过涨跌限价的委托为无效的委托。

如果证券经纪人采用有形席位进行交易，其业务员在受理投资者委托后，将按受托先后顺序用电话将委托买卖的有关内容通知驻场交易员，由驻场交易员利用场内计算机终端将委托指令输入交易所计算机主机。

如果证券经纪人采用无形席位进行交易，投资者的委托指令将经证券经营机构计算机审查确认后，由前置终端处理机和通信网络自动传送至交易所主机；或是由证券经营机构业务员在进行委托审查后，将委托指令直接通过终端处理机输入交易所计算机主机，无须驻场交易员再行输入。

（五）竞价成交

1．竞价原则

竞价遵循双优先原则，即价格优先、时间优先的原则。具体要求如下。
（1）投资者买入同一只股票时，较高的买入委托价优先于较低的买入委托价成交。
（2）投资者卖出同一只股票时，较低的卖出委托价优先于较高的卖出委托价成交。
（3）投资者买入或卖出同一只股票的委托价相同时，较先报单者优先于较后报单者成交。

除了要遵循双优先原则，开市后的交易还要按照以下原则成交。
（1）最高买入价与最低卖出价相同。
（2）当某种股票的买入委托价高于卖出委托价时，申报在先的价格为成交价格。

2．交易规则

涨跌停板制度。涨跌停板制度是为了防止股市价格发生暴涨暴跌影响市场正常运行，由股票市场的管理机构对每日股票买卖价格涨跌的上下限做出规定的行为。也就是说，每天市场价格达到了上限或下限时，不允许再有涨跌。在涨跌停板制度下，前一交易日结算价加上允许的最大涨幅构成当日价格上涨的上限，称为涨停板；前一交易日结算价减去允许的最大跌幅构成当日价格下跌的下限，称为跌停板。因此，涨跌停板制度又称每日价格最大波动幅度限制。

中国证券市场现行的涨跌停板制度规定，除上市首日之外，股票（含A股、B股）、基金类证券在一个交易日内的交易价格相对上一交易日收市价格的涨跌幅度不得超过10%，超过涨跌限价的委托为无效委托。

中国的涨跌停板制度与国外的主要区别在于，当股价达到涨跌停板后，不是完全停止交易，而是在涨跌停价位或涨跌停价位之内的交易仍可继续进行，直到当日收市为止。

3. 竞价方式

（1）集合竞价制度。

集合竞价制度（间断性竞价交易制度），指交易中心（如证券交易所的主机）在有效价格范围内，选取使所有有效委托集中产生最大成交量的价位，在该时段结束时进行集中撮合处理。集合竞价制度只有一个成交价格，所有委托价在成交价之上的买进委托和委托价在成交价之下的卖出委托，都按该唯一的成交价格全部成交。

成交价的确定原则通常是最大成交量原则，即在所确定的成交价格上，满足成交条件的委托股数最多。

集合竞价制度最大的优点在于其信息集中功能，即把所有拥有不同信息的买卖者集中在一起共同决定价格。当市场意见分歧较大或不确定性较大时，集合竞价制度的优势会较明显。因此，很多交易所在开盘、收盘和暂停交易后重新开市时，都采用集合竞价制度。

（2）连续竞价制度。

集合竞价结束，交易时间开始时，即进入连续竞价，直至收市。连续竞价制度是指证券交易可在交易日的交易时间内连续进行。

在连续竞价过程中，当新进入一笔买进委托时，若委托价高于或等于已有的卖出委托价，则按卖出委托价成交；当新进入一笔卖出委托时，若委托价低于或等于已有的买进委托价，则按买进委托价成交。若新进入的委托不能成交，则按价格优先、时间优先的顺序排队等待。这样循环往复，直至收市。

连续竞价制度是一种双边交易制度，其优点是交易价格具有连续性。

4. 竞价结果

（1）全部成交：委托买卖如果全部成交，则证券经营机构应及时通知委托人按规定的时间办理交割手续。

（2）部分成交：委托人的委托如果未能全部成交，则证券经营机构在委托有效期内（交易日内）可继续执行，直到有效期结束。

（3）不成交：委托人的委托如果未能成交，对于失效的委托，证券经营机构需及时将冻结的资金或证券解冻。

（六）清算、交割与过户

清算是指在一个交易日结束后，登记结算公司与证券经营机构之间、证券经营机构与投资者之间必须清算当日所买入、卖出的股票数和买入、卖出股票的价款。清算包括股票的清算（股票的过户）和买卖股票资金的清算（资金在买卖双方之间的划拨）。清算以每一个交易日作为一个清算期。

交割是指投资者与受托证券经营机构就成交的买卖办理款项与股票结算事务的手续。

过户是指股权的转让。因为在证券交易所上市的所有股票均采用无纸化的记名方式，所以股票买卖即表明股权的转让。

（七）发行失败

股票发行采用代销方式，代销期限届满，向投资者出售的股票数量未达到拟公开发行股票数量百分之七十的，为发行失败。发行人应当按照发行价，并加算银行同期存款利息返还股票认购人。

第九章习题

第十章

股票估值分析

学习目标

- 了解现实中股票价格的类型；
- 理解股票的投资风险；
- 掌握上市公司股票的特点及价值估计方法；
- 掌握未上市公司股票的特点及价值估计方法。

股票价值是投资者能从股票上获得的全部现金回报的现值，现金回报包括股利和最终售出股票的收益，根据股票估值理论计算得出。在实际投资交易中，股票具有多种形式的价格，且往往不等于股票价值。本章主要介绍股票价格类型、上市公司股票的特点及价值估计方法、未上市公司股票的特点及价值估计方法。本章思维导图如图10-1所示。

思维导图

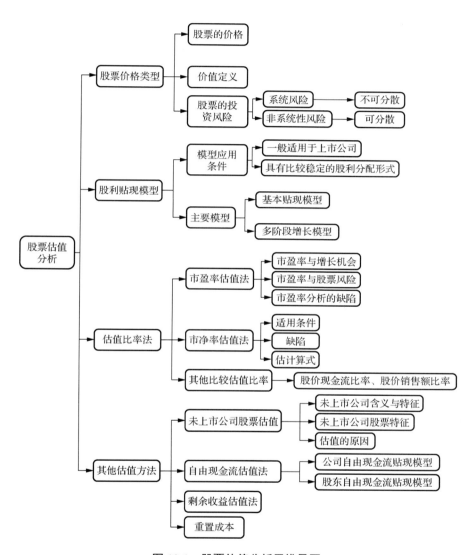

图 10-1 股票估值分析思维导图

第一节　股票价格类型

一、股票的价格

从本质上讲，股票是用以证明持有者具有财产权利的法律凭证，能够给持有者带来股息、红利收入。

股票价值就是用货币来衡量的股票作为获利手段的价值。股票价格是指股票在证券市场上买卖的价格。

从理论上说，股票价格应由股票价值决定，股票交易实际上是对股票未来收益权的转让，股票价格就是对其未来收益的评估和预测。因此，股票价格是股票价值的交易和实现，股票价值是股票价格的内在支撑。

但在现实中，股票价格和股票价值可能不一致。一般说来，公司首次公开发行时，要规定发行总额和每股金额，但发行后在二级市场上买卖时，股票价格就会与原来的每股金额分离。这时的股票价格主要由预期收益和当时的市场利率决定，即预期收益的资本化价值决定了股票价格。此外，股票价格还受经济环境和投资者心理等复杂因素的影响。股票估值的目的就在于发现被错误定价的股票。

（一）票面金额

股票的票面金额又称为面值，即在股票票面上标明的金额。

股票的票面金额在首次公开发行时有一定的参考意义。股票发行价格等于票面金额时，称为平价发行，此时公司发行股票募集的资金等于股本的总和，也等于股票票面金额的总和。股票发行价格高于票面金额时，称为溢价发行，溢价发行时，公司发行股票募集的资金中等于股票票面金额总和的部分计入资本账户，以超过票面金额的发行价格发行所得的溢价款列为公司资本公积。

票面金额的作用主要在于计算公司设立时的资本总额和股东持有股票的数量。一般来说，股票不得低于票面金额发行。根据《中华人民共和国公司法》和《中华人民共和国证券法》的规定，股票发行价格可以等于票面金额，也可以超过票面金额，但不得低于票面金额。

（二）账面价格

股票的账面价格又称股票净值或每股净资产。在没有优先股的条件下，每股账面价格等于公司净资产除以发行的普通股股数。股票的账面价格越高，表明公司抗风险能力、融资能力和派现能力越强。

股票账面价格的高低对股票的市场价格有重要影响，但是在通常情况下，股票账面价格并不等于股票的市场价格。主要原因有以下几个。

（1）账面价格计算时用到的公司净资产通常反映的是历史成本或者按某种规则计算的公允价值，并不等于公司净资产的实际价格。

（2）账面价格并不反映公司的未来发展前景。对于一个经营正常的公司来说，其股票的市场价格通常高于账面价格。如果公司股票的市场价格低于账面价格，就说明该公司未来发展前景不被投资者看好。

（三）清算价格

股票的清算价格是公司清算时每一股份所代表的实际价值。从理论上说，股票的清算价格应与账面价格一致。但在实际中，只有当清算时公司资产实际出售价格与财务报表上的账面价格一致时，每一股份的清算价格才与账面价格一致。在清算时，公司资产往往只能压低价格出售，同时由于清算成本的存在，大多数公司的股票清算价格低于股票账面价格。

（四）市场价格

股票的市场价格是股票在交易市场上流通转让时的价格。股票市场价格永远处于变动之中，随着供求关系的变化而上下波动。股票的市场价格又可分为开盘价、最新价（成交价）、最高价、最低价、买入价、卖出价、收盘价等。

1．开盘价。开盘价指股票在股票市场开市时的第一笔交易的成交价，开盘价通过集合竞价产生。国内沪深股市集合竞价的过程如下：①每个交易日的 9:15—9:25 属于自由报单时间，全国各地的投资者可以将购买股票的价格指令通过证券公司传入证券交易所的计算机主机系统；②9:25 主机启动，自动撮合，产生开盘价；③9:25—9:30，主机停止运转，只显示撮合出来的价格；④9:30，主机再次启动，进入连续竞价阶段。

2．最新价（成交价）。股票最新的一笔交易的成交价。

3．最高价。股票当天已成交的最高价格。

4．最低价。股票当天已成交的最低价格。

5．买入价、卖出价。已有人下了买入或卖出股票的指令、想在此价位成交但尚未成交的报价。

6．收盘价。当天最后一笔交易的成交价。

二、价值定义

（一）公平市场价值

公平市场价值是以现金等价物表示的价格，在该价格下，财产（资产）将在假设的有意愿和能力的买方与卖方之间进行"公平交易"。在一个开放且不受限制的市场中，当交易双方都没有强迫购买或出售，并且都对相关事实有合理的了解时，公平市场价值才能体现。

（二）市场价值

国际评估准则理事会（IVSC）将市场价值定义为"在适当的市场营销后，在一次公平交易中，自愿买方与自愿卖方之间在估值之日应交换的资产或负债的估计金额，并且当事人各自采取了信息充分、谨慎和无强制行为的方式"。

（三）公允价值

公允价值是财务报告中使用的价值的定义，是在市场参与者之间的公平交易中自愿出售资产或清偿负债而支付的价格。

公允价值与公平市场价值和市场价值有许多相似之处。公允价值的定义中也提及了公平交易（即任何一方均未在胁迫下行事）以及交易各方知情的前提。

（四）投资价值

投资价值可以根据投资者的投资要求和期望，定义为对于特定投资者所具有的价值。由于投资者对公司未来盈利能力和公司（资产）风险水平持有不同观点，公司的投资价值可能因不同的投资者而异。

投资价值与前面的价值定义不同，它更侧重于特定买方，而不是"市场"背景下的价值。

（五）内在价值

内在价值通常用于投资分析。内在价值可以定义为投资者在评估的基础上得出的价值，即真实价值。当其他投资者得出同样的结论时，该价值成为市场价值。

三、股票的投资风险

股票的投资风险是指股票投资者购进股票后遭遇股价下跌的可能性，一般可理解为卖出价格低于预期价格，或实获股息未能达到预定的标准。股票市场上的机遇和风险总是同时存在的，投资者在期望获取高额收益的同时，必然要承担相应的巨大风险。

股票的投资风险，可分为系统性风险和非系统性风险两大类。

系统性风险又称市场风险或不可分散风险，是指由于某些共同因素的影响，投资者风险增大，从而给投资者带来损失的可能性。系统性风险的诱因多发生在公司等经济实体外部。公司等经济实体作为市场参与者，无法完全控制这一风险。系统性风险带来的波动面一般都比较大，有时也表现出一定的周期性。系统性风险是不可分散的。

非系统性风险指的是某些特定因素带来的可被分散的结构性风险。

第二节 股利贴现模型

一、模型应用条件

股利贴现模型需要具备以下条件。

（1）一般适用于上市公司。

股利贴现模型一般适用于上市公司，需要模型使用者能够较为容易、准确、及时地收集到公司的股利分配情况、市场地位、经营前景、财务状况等基本信息，且股票应具有较高的流动性。

（2）公司具有比较稳定的股利分配形式。

股利贴现模型一般适用于具有比较稳定的股利分配形式的公司，否则股利忽正忽负、忽增忽减，难以进行股票价值计算。

二、主要模型

（一）基本贴现模型

假定某投资者购买了某公司的股票，计划持有 n 年，那么股票的内在价值等于每年年末的股利与最终卖出价格的现值，即

$$V_0 = \frac{D_1}{(1+R)} + \frac{D_2}{(1+R)^2} + \cdots + \frac{D_n + P_n}{(1+R)^n} \tag{10-1}$$

式中，R 为贴现率、最低回报率；P_n 为股票在第 n 年的卖出价格；$D_i(i=1,2,\cdots,n)$ 为各年支付的股利。

式（10-1）与债券估值公式具有一定的相似之处，都是一系列收入（债券的利息和股票的股利）的现值与最终收入（债券的面值和股票的最终卖出价格）的现值之和；主要差别在于：股票的股利不确定，股票没有固定的到期日，且股票最终卖出价格也不确定。

1. 股利零增长时的股利贴现模型

对于股利零增长的普通股，以及在发行时就约定了固定股息率的优先股（无论公司经营状况和盈利水平如何变化，股息率都不变）来说，股利为常数。

$$V_0 = \sum_{t=1}^{\infty} \frac{D}{(1+R)^t} = \frac{D}{R} \tag{10-2}$$

式中，D 表示各期支付的股利；R 表示贴现率、最低回报率。

2. 股利固定增长时的股利贴现模型

股利贴现模型对股票估值的作用并不大，因为它要求模型使用者对股票未来无限期内

的股利进行预测。为使股利贴现模型更具实用性，假设股利以固定的增长率 g 增长，将这些股利预测值代入式（10-2），可以计算出股票的内在价值为：

$$V_0 = \frac{D_0(1+g)}{(1+R)} + \frac{D_0(1+g)^2}{(1+R)^2} + \cdots + \frac{D_0(1+g)^n + P_n}{(1+R)^n} \quad (10\text{-}3)$$

根据同比序列求和公式可以将式（10-3）简化为：

$$V_0 = \frac{D_0(1+g)}{(R-g)} \quad (10\text{-}4)$$

式中，$g < R$。

式（10-4）在 $g < R$ 时才有效。如果 $g > R$，股票的价值将会无穷大。

3. 股价和投资机会

内在价值与市场价格之间的差异是否会消失？如果会，将在何时消失？

最普遍的假设是该差异永远不会消失，且市场价格将永远以接近 g 的增长率增长下去。如果这样，内在价值与市场价格之间的差异也将以相同的增长率增长。

另一假设是内在价值与市场价格之间的差异将在年末消失。

公司获得盈利后是用于派发股利还是进行再投资、增加未来股利，对股票价值估计具有影响。当公司发现更好的投资项目（高于当前公司投资收益率）时，会降低当前的股利支付率（公司派发的股利占公司盈利的百分比），提高盈余再投资率（指将公司盈利用于再投资的比例），股价会上涨。股价的上涨反映了再投资的期望收益率高于最低回报率这一事实。换句话说，该投资机会的净现值为正值。投资机会的净现值也称增长机会现值（present value of growth opportunity，PVGO）。

因此，股价=零增长公司的股价+增长机会现值，其公式表示为：

$$P_0 = \frac{D_1}{R} + \text{PVGO} \quad (10\text{-}5)$$

式中，D_1 表示固定的每股股利；R 表示贴现率、最低回报率；PVGO 表示增长机会现值。

（二）多阶段增长模型

现实中，公司往往具有生命周期特征，即萌芽期、发展期、成熟期和衰退期。处于不同生命周期阶段的公司盈利状况显著不同，股利政策也大相径庭。

例如，在萌芽期，公司有大量有利可图的投资机会，股利支付率低，增长速度较快。在成熟期，公司生产能力已足够满足市场需求，竞争者逐渐进入市场，公司此时难以再发现好的投资机会。因此，公司会提高股利支付率，而不是保留盈利。

面对不同的生命周期阶段，使用多阶段增长模型更贴近现实。

多阶段增长模型假设：在某一时点之后，公司将达到稳态增长，股利将按照某一固定水平持续增长，而在该时点之前，股利没有固定的增长模式，股利增长率是可变的。假定这一时点为 T，在 T 时点之前，由于股利无规则变化，需要分析师们对每一时期的股利 $D_1, D_2, \cdots, D_T$ 逐个进行预测；在 T 时点以后，股利将按照分析师们预测的固定增长率 g 持续增长。

根据假设，多阶段增长模型分为两大部分。

第一部分是股利的无规则变化阶段。若将这一部分所有预期股利流的现值记为 V_1，并假设适用的贴现率为 R，且在各期保持不变，则有：

$$V_1 = \frac{D_1}{(1+R)} + \frac{D_2}{(1+R)^2} + \cdots + \frac{D_T}{(1+R)^T} = \sum_{t=1}^{T} \frac{D_t}{(1+R)^t} \qquad (10\text{-}6)$$

第二部分是股利稳态增长阶段。由于股利增长率在 T 时点后为常数 g，因此这一部分的股票价值可以用股利固定增长的股利增长模型计算。此时，初始时点是 T 而不是 0，下一期的股利为 D_{T+1}，所有预期股利流在 T 时点的现值 V_T，或者说在 T 时点投资者愿意接受的股票内在价值应该为：

$$V_T = \frac{D_{T+1}}{R-g} \qquad (10\text{-}7)$$

利用贴现率 R 对 V_T 进行贴现，得到 V_T 在 0 时点的现值 V_2：

$$V_2 = \frac{D_{T+1}}{(R-g)(1+R)^T} \qquad (10\text{-}8)$$

将这两部分的现值相加，便可以得到多阶段增长模型股票内在价值的计算公式为：

$$V_0 = \sum_{t=1}^{T} \frac{D_t}{(1+R)^t} + \frac{D_{T+1}}{(R-g)(1+R)^T} \qquad (10\text{-}9)$$

如果求出的股票内在价值 V_0 高于股票的市场价格 P_0，说明股票内在价值被低估，可以考虑买入股票；如果股票内在价值 V_0 低于股票的市场价格 P_0，说明股票内在价值被高估，可以考虑卖出股票。多阶段增长模型在实际的运用中有不同的形式。根据对 T 时点之前股利增长模式的不同假设，可以将多阶段增长模型分为两阶段增长模型、三阶段增长模型、四阶段增长模型、五阶段增长模型或者 N 阶段增长模型等。

两阶段增长模型将公司的发展分为超常增长阶段和稳定增长阶段：假定在 T 时点以前，为公司超常增长阶段，股利以一个不变的增长速度 g_1 增长；在 T 时点后，公司进入稳定增长阶段，股利以另一个不变的增长速度 g_2 增长。在该假定下，建立两阶段增长模型。

第一阶段：

$$V_1 = \frac{D_0(1+g_1)}{(1+R)} + \frac{D_0(1+g_1)^2}{(1+R)^2} + \cdots + \frac{D_0(1+g_1)^T}{(1+R)^T} = \sum_{t=1}^{T} \frac{D_0(1+g_1)^t}{(1+R)^t} \qquad (10\text{-}10)$$

第二阶段：

$$V_2 = \frac{D_0(1+g_1)^T(1+g_2)}{(R-g_2)(1+R)^T} \qquad (10\text{-}11)$$

综合得到：

$$V_0 = \sum_{t=1}^{T} \frac{D_0(1+g_1)^t}{(1+R)^t} + \frac{D_0(1+g_1)^T(1+g_2)}{(R-g_2)(1+R)^T} \qquad (10\text{-}12)$$

需要注意的是，g_1 可以大于、小于或者等于 R，而 g_2 必须小于或者等于 R。

第三节 估值比率法

一、市盈率估值法

（一）市盈率与增长机会

现实中对股票估值的讨论主要集中于股票的价格收益乘数上，该值等于股票每股价格与每股收益之比，通常被称为市盈率。

当未来增长机会主导总估值时，市盈率会相对较高，也意味着公司拥有较多的未来增长机会。从这个角度而言，市盈率实际上是市场对公司增长前景的态度的反映。分析师在使用市盈率时，必须清楚自己是比市场更乐观还是更悲观，若更乐观，则会建议买入股票。

有一种方法可以使这些观点更明确。

股票的内在价值 V_0 在数值上等于均衡市场中股票的市场价格 P_0，根据固定增长的股利贴现模型可知：

$$P_0 = \frac{D_1}{(R-g)} \qquad (10\text{-}13)$$

同时，股利等于公司未用于再投资的盈利，即：

$$D_1 = E_1(1-b) \qquad (10\text{-}14)$$

$$g = \text{ROE} \times b \qquad (10\text{-}15)$$

式中，b 为再投资率；ROE 为净资产收益率。从而得到：

$$P_0 = \frac{E_1(1-b)}{(R-\text{ROE} \times b)} \qquad (10\text{-}16)$$

这可以计算出市盈率等于：

$$\frac{P_0}{E_1} = \frac{(1-b)}{(R-\text{ROE} \times b)} \qquad (10\text{-}17)$$

可以看出，市盈率会随 ROE 的增加而增加。因为 ROE 高的项目会为公司带来增长机会。而且，只要 ROE 超过 R，市盈率会随着 b 的增加而增加。当公司有好的投资机会时，若公司可以更大胆地利用这些机会，将更多的盈利用于再投资，市场将回报给它更高的市盈率。

概括而言，增长率随再投资率的增加而增加，市盈率随再投资率增加则可能增加、减少和不变。

当预期 ROE＜R 时，投资者更希望公司把盈利以股利的形式发放下来，而不是再投资于低收益率的项目，即 ROE＜R 时，公司价值会随再投资率的增加而降低。

相反，当 ROE＞R 时，意味着公司提供了有吸引力的投资机会，因此公司价值会随再投资率的增加而增加。

当 ROE = R 时，公司提供了拥有公平收益率的"盈亏平衡"的投资机会。在这种情况下，对投资者而言，将公司盈利进行再投资还是投资于其他具有相同市场资本化率的项目并无差别，股价不受再投资率影响。

综上所述，再投资率越高，增长率越高；但再投资率越高并不意味着市盈率越高。只有当公司提供的期望收益率大于市场资本化率时，高再投资率才会增加市盈率。否则，高再投资率只会损害投资者的利益，因为高再投资率意味着更多的钱将被投入低收益率项目中。

我们通常把市盈率当作股利或盈利增长率。事实上，根据投资经验，市盈率应大致等于收益率。

（二）市盈率与股票风险

根据 $\dfrac{P_0}{E_1} = \dfrac{(1-b)}{(R - \text{ROE} \times b)}$ 可知，公司风险越高，R 越高，因此市盈率会越低。也就意味着，对于任何期望收益和股利流，当人们认为其风险越大时，其现值就越小，股价和市盈率就越低。

当然，现实中许多刚起步的、高风险的小型公司都有很高的市盈率，但这与我们市盈率随风险上升而下降的说法并不矛盾。相反，这正说明市场预期这些公司会有高增长率。在其他条件相同时，风险越高，市盈率越低。

（三）市盈率分析的缺陷

（1）市盈率的分母是每股收益，在某种程度上会受会计准则的影响，例如在计提折旧和进行存货估值时要使用历史成本。在高通货膨胀时期，用历史成本计算的折旧和存货估值会低估其真实的经济价值，因为存货和设备的重置成本都将随一般物价水平上升而上升。

（2）计算预计盈余时忽略了部分费用，如重组费用、股票期权费用和持续经营中的资产减值。公司认为忽略这些费用会使公司的潜在盈利状况更加一目了然。但当有太多余地选择什么费用被排除在外时，对投资者和分析师而言，要解释这些数字或在公司之间做出比较会变得非常困难。由于缺少标准，公司在盈余管理方面有相当大的回旋余地，甚至企业会计准则也在盈余管理方面给了公司相当大的自由裁量权。

（3）市盈率的推导公式，隐含地假设了利润是固定增长的，或者说是沿光滑的趋势线上升的。但是，报表中的利润会随商业周期曲线的变化上下波动。

二、市净率估值法

市净率是股票每股价格与每股净资产之比。

（一）适用条件

市净率估值法的适用条件有以下几个。

（1）每股收益为零或负数时。由于净资产是资产负债表的存量数据，所以即使在每股收益为零或负数时,每股净资产也为正。此时,市盈率估值法不再有效,市净率估值法更适用。

(2)市盈率数值异常时。由于每股净资产较每股收益更为稳定,所以当市盈率的数值异常高或异常低时,市净率估值法更有效。

(3)市净率估值法更适用于主要由流动性资产构成的公司的股票估值,例如投行、保险机构及银行机构。此类公司的净资产与市场价值大致相符。当存在差别时,分析师根据市场价值调整报告的净资产即可。

(4)市净率估值法也适用于预期不再持续盈利的公司的股票估值。

根据经验研究,每股净资产的差异与每股收益的差异存在密切联系。市净率估值法同市盈率估值法存在相通之处。

(二)缺陷

市净率估值法的缺陷有以下几个。

(1)有时,在财务报表之外的资产可能是决定公司价值的关键因素。例如,对于许多服务性公司而言,人力资本(劳动力拥有的技能和知识的价值)比物质资本更重要,但并未被统计反映在财务报表中。另外,公司通过长期持续努力提供高质量商品和服务而赢得的良好声誉也未反映在报表中。此时,用市净率估值法进行股票估值必然导致估计偏差。

(2)估值的不同公司使用的资产存在显著的差别时,使用市净率估值法对股票进行估值和比较可能存在误导性。

(3)会计方法影响企业净资产。普遍而言,公司内部产生的无形资产没有反映在公司财务报表中。例如,公司会计计入了广告和市场营销成本,但由广告和市场营销产生的品牌价值,却未反映在财务报表中。与之类似的还有研发投资。

(4)净资产反映了资产和负债的报告价值。某些资产和负债(如某些金融工具)可能按报表日期的公允价值进行报告;其他资产(如厂房及设备)一般按历史成本(扣除累计折旧、摊销、耗减及减值)进行报告。对于按历史成本计量的资产,通货膨胀和技术变革最终可能导致净资产和市场价值出现显著差异。因此,每股净资产往往不能准确反映股东投资的价值。在运用市净率估值法进行估值,对公司进行比较时,资产平均使用时间的显著差异可能会降低公司之间市净率的可比性。

(三)估计算式

根据戈登增长模型,$g=b\times\text{ROE}$,市净率为:

$$\frac{P_0}{B_0}=\frac{\text{ROE}-g}{R-g}=1+\frac{\text{ROE}-R}{R-g} \qquad (10\text{-}18)$$

$$P_0=B_0+\frac{\text{ROE}-R}{R-g}B_0 \qquad (10\text{-}19)$$

式中，P_0 为股票每股价格；B_0 为股票每股净资产；ROE 为净资产收益率；R 为贴现率、最低回报率（股票成本）；g 为股利增长率，b 为再投资率。

三、其他比较估值比率

1. 股价现金流比率

财务报表中的利润会受不同会计方法的影响，甚至可以人为操纵，数据精确度可能不高。现金流记录的是实际流入和流出企业的现金流量，受会计方法的影响较小。因此，一些分析师更倾向于用股价现金流比率对公司进行估值。在具体计算时，有些分析师喜欢用经营现金流，还有些分析师喜欢用自由现金流。

2. 股价销售额比率

许多刚起步的公司都没有盈利，可用股价销售额比率（每股价格与每股年销售额的比率）对公司进行股票估值。当然，不同行业间的股价销售额比率会大不相同，因为不同行业的年销售额相差很大。

有时我们必须自己设计估值工具。例如，20 世纪 90 年代，一些分析师根据网站点击次数对网络零售公司进行估值，该估值比率被称为"股价点击比率"。在新的投资环境中，分析师总会使用可获得的信息来设计更好的估值工具。

第四节　其他估值方法

一、未上市公司股票估值

（一）未上市公司含义与特征

未上市公司指股票没有上市和没有在证券交易所交易的股份有限公司。未上市公司具有多样化特征，体现在以下几个方面。

1. 生命周期阶段

生命周期阶段影响公司的估值。未上市公司既包括处于萌芽期的小微企业，也包括处于发展期的中型企业。

2. 规模

公司规模对股票的风险水平有影响，因此也会影响股票估值。规模较小的公司通常风险水平较高。未上市公司一般来说规模较上市公司小。

3．股东和管理层的重叠

与大多数上市公司相比，许多未上市公司的高层管理人员拥有控股权。因此，他们可能不会像上市公司那样面临来自外部投资者的压力，这样也可以避免委托代理问题。

4．管理的质量和深度

一家小型未上市公司，如果增长潜力有限，则对管理层候选人的吸引力也会比较有限，因此管理层的管理的质量和深度会低于典型的上市公司。而且，较小的经营规模也可能影响管理的质量和深度。这些因素可能会增加未上市公司的风险并影响其发展前景。

5．信息披露

上市公司必须及时披露财务信息和其他要求的详细信息。

而未上市公司的信息披露程度较低，潜在投资者的信息收集成本较高。信息不完全可能会导致较大的不确定性，也就是风险。在其他条件相同的情况下，较高的风险会导致相对较低的估值。

（二）未上市公司股票特征

1．控制集中

未上市公司的控制权通常集中在很少的股东身上。这种集中控制可能导致以其他股东利益为代价使某些股东受益的行为。

2．流动性较差

未上市公司股票的流动性相对较差。未上市公司未在证券交易所交易，也可能签订了限制出售股份的股东协议，这些都会降低股权的可销售性。

（三）估值的原因

1．个人金融

筹集资金对处于发展阶段的未上市公司来说至关重要。风险资本投资者通常通过与关键发展阶段相关的多轮融资对公司进行投资，此时估值就非常必要。

2．首次公开发行

首次公开发行是未上市公司的一种流动性选择，对非上市公司进行估值是首次公开发行流程的一部分。

3．收购

对于有些公司而言，收购可能是一种有吸引力的流动性选择，因此可能会进行与收购相关的估值。

4. 破产

对于在破产保护下运营的公司来说,对公司业务及其相关资产进行估值可能有助于评估公司持续经营与清算哪个更有价值。而且对于在破产保护下运营的公司来说,估值可能对过度杠杆化资本结构的重组至关重要。

二、自由现金流估值法

自由现金流估值法适用于任何公司。

自由现金流是指扣除资本性支出后可由公司或股东支配的现金流。一种方法是用加权平均资本成本对公司自由现金流(free cash flow for the firm,FCFF)进行贴现来估计公司价值,然后扣除已有的负债价值来得到权益的市场价值。另一种方法是直接用权益资本成本对股东自由现金流(free cash flow to the equity holders,FCFE)进行贴现来估计权益的市场价值。

(一)公司自由现金流贴现模型

公司自由现金流是公司经营活动产生的税后现金流扣除资本投资和净营运资本增加值后的净现金流,包括支付给债权人的现金流、支付给股东的现金流:

$$FCFF = EBIT(1-t) + 折旧 - 资本化支出 - \Delta NWC$$

式中,EBIT 为息税前利润;t 为公司税率;ΔNWC 为净营运资本的增加值。

公司自由现金流贴现模型是把每一年的公司自由现金流进行贴现,然后将其与估计的最终价值的贴现值相加。用固定增长模型来估计最终公司价值 VF_0(贴现率为加权平均资本成本 WACC)的模型如下:

$$VF_0 = \sum_{t=1}^{N} \frac{FCFF_t}{(1+WACC)^t} + \frac{VF_N}{(1+WACC)^N} \quad (10-20)$$

式中,$VF_N = \dfrac{FCFF_{T+1}}{WACC - g}$;$WACC = w_b R_b + w_E R_E$;$w_b$ 为债务资本的比重;R_b 为债务资本的利息率;w_E 为权益资本的比重;R_E 为权益资本的股息率。

如果想要得到公司的权益价值,可用推导出来的公司价值减去现有负债的市场价值。

(二)股东自由现金流贴现模型

股东自由现金流与公司自由现金流的不同之处在于,股东自由现金流的计算涉及税后利息费用以及新发行或重组并购债务的现金流(即偿还本金的现金流出减去发行新债券获得的现金流入)。

$$FCFE = FCFF - 利息费用 \times (1-t) + 净负债的增加值$$

用权益资本成本 R_E 对股东自由现金流进行贴现来估计公司权益价值:

$$VE_0 = \sum_{t=1}^{N} \frac{FCFE_t}{(1+R_E)^t} + \frac{VE_N}{(1+R_E)^N} \quad (10\text{-}21)$$

式中, $VE_N = \dfrac{FCFE_{T+1}}{R_E - g}$。

三、剩余收益估值法

剩余收益估值法是一种广泛的投资分析工具。从概念上讲，剩余收益是公司净收入减去共同股东产生净收入的机会成本后的余额。

剩余收益估值法对分析师的吸引力源于传统会计的缺点。具体而言，公司的财务报表虽然包括利息费用形式的对债务资本成本的计算，但不包括对权益资本成本的计算。公司拥有正的净收入时，如果其净收入不超过其权益资本成本，则实际上仍然不会为股东增加价值。剩余收益估值法完善了这一点，明确承认用于产生收入的所有资本的成本。

剩余收益明确地扣除了权益资本成本。权益资本成本是权益的边际成本，也称权益所需回报率。权益资本成本之所以是边际成本，是因为它代表了额外股权的成本。根据公司披露的财务报表，可计算出公司期末剩余收益。

根据剩余收益估值法进行估值的计算方法如下:

$$P_0 = B_0 + \frac{ROE - R}{R - g} B_0 \quad (10\text{-}22a)$$

$$P_0 = B_0 + \sum_{t=1}^{\infty} \frac{RI_t}{(1+R)^t} = B_0 + \sum_{t=1}^{\infty} \frac{E_t - R \times B_{t-1}}{(1+R)^t} = B_0 + \sum_{t=1}^{\infty} \frac{(ROE - R) B_{t-1}}{(1+R)^t} \quad (10\text{-}22b)$$

式中, P_0 为股票当前价值; B_0 为当前股票的每股净资产; B_{t-1} 为预期 $t-1$ 期时股票的每股净资产; R 为贴现率、最低回报率(股票成本); RI_t 为预期每股剩余收益, $RI_t = E_t - R \times B_{t-1} = (ROE - R) B_{t-1}$; E_t 为 t 期预期每股收益; ROE 为净资产收益率。

剩余收益估值模型的优势包括: ①相对于其他模型, 最后一期的值占比较小; ②模型使用已有的会计数据; ③模型可以在没有股利和短期正现金流的情况下使用; ④当现金流不可预测时, 可以使用该模型。

剩余收益估值模型的弱点包括: ①模型基于可能受管理层操纵的会计数据; ②用作输入的会计数据可能需要进行重大调整; ③模型要求清洁盈余关系成立, 分析师需要在清洁盈余关系不成立时进行适当调整。

在以下情况下, 使用剩余收益模型最合适: ①公司不支付股利, 或者表现出不可预测的股利支付模式; ②公司多年来都是负现金流, 但预计未来某个时候会产生正现金流; ③预测最后一期价值存在很大的不确定性。

四、重置成本

评估公司价值的另一个方法是评估公司资产扣除负债后的重置成本。一些分析师相信公司资产的市场价值不会长期高于其重置成本,因为如果市场价值长期高于重置成本,竞争者就会试图复制这家公司,随着越来越多的相似公司进入这个行业,竞争压力将迫使所有公司的市场价值下跌,直至与重置成本相等。

公司资产的市场价值与重置成本的比值被称为托宾 Q。根据这一观点,从长期来看,市场价值与重置成本的比值将趋向于1,但证据却表明该比值可在长期内显著不等于1。

尽管这些估值方法的应用都比较简单,但是确定合适的输入数据却非常具有挑战性。但这些模型对分析师而言仍非常有用,因为它们提供了公司内在价值的估计结果。

第十章习题

第十一章

股利与股票价格指数

学习目标

- 了解股利含义及其主要形式;
- 掌握股票分配股利的程序;
- 理解除权、除息后股票价格的变动;
- 理解股票价格指数的编制方法;
- 了解国内外主要的股票价格指数。

本章主要介绍股票分配股利的程序,除权、除息后股票价格的变动及简要计算方法,国内外主要的股票价格指数,以及股票价格指数的计算方法。本章思维导图如图 11-1 所示。

第十一章 股利与股票价格指数

> 思维导图

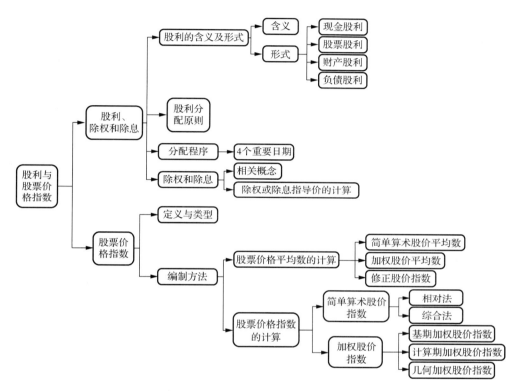

图 11-1 股利与股票价格指数思维导图

第一节 股利、除权和除息

一、股利的含义及形式

（一）含义

股利分配是公司向股东分配股利，是公司利润分配的一部分，属于公司税后净利润的分配。

股利分配涉及的主要内容包括：股利支付程序中各日期的确定、股利支付比率的确定、股利支付形式的确定、支付现金股利所需资金筹集方式的确定等。其中，最主要的是股利支付比率的确定，即确定多少盈余用于发放股利，多少盈余用于公司留用（称为内部筹资）。

（二）形式

（1）现金股利。现金股利俗称派现，是最普遍、最基本的股利形式。

（2）股票股利。股票股利俗称送股，它是股份有限公司以股票的形式向股东支付的股息、红利。通常是由股份有限公司以新增发的股票或一部分库藏股票（可赎回优先股）作为股利，代替现金分配给股东，实际上是将当年的留存收益资本化。股票股利实现了股东权益账户不同项目之间的转移，同时对公司的资产、负债和股东权益毫无影响。

（3）财产股利。财产股利指公司用现金以外的其他财产向股东分配股利，通常是公司持有的实物或其他公司的股票、债券。

（4）负债股利。公司通过将债券或应付票据作为股利分配给股东。这种负债股利到期可兑换成货币；持有期可以带来一定的利息；可以流通转让，随时可以变现。

二、股利分配原则

分配股利一般遵循以下几个原则。

（1）制度原则。公司分配股利应遵循利润分配的基本程序和制度，一般不允许发生下列情况：未扣除税金而分配股利；未弥补亏损而分配股利；未提存公积金而分配股利；无盈余而分配股利。这是必不可少的股利分配原则。

（2）股权平等原则。股利分配时，分配日期、分配金额等要素，在各股东之间不得有区别。

（3）基准原则。对认股时股款的预缴或迟缴、股票转让的过户交割等影响股东持股比例的因素，应该确立一个基准，这是非常重要的股利分配原则。

（4）例外原则。对于发行特别股的公司，如章程规定特别股有先行分配股利的权利，或其股利支付比率高于普通股，则依章程规定行事。

新建公司无盈利而发放建业股利时，可以不受上述某些原则的限制。

三、分配程序

股利分配的基本程序是：由公司董事会根据公司的盈利水平和股利政策，确定股利分配方案，然后提交股东大会审议，通过后方能生效。生效后董事会即可将股利分配方案向股东宣布，并在规定的付息日派发股利。股利的分配程序涉及以下几个重要的日期。

（1）分配公告日。这是公司董事会决定将在某日发放股息、红利，并向股东宣布这一分配消息的日期。

（2）股权登记日。上市公司在分配股利时要由公司董事会确定一个具体日期，这一日期为股权登记日。只有在股权登记日被记录在公司股东名册上的股东，才有资格分享此次公司分配的股利。在该日闭市后，拥有该股票而没卖出的投资者，可以享受股利分配方案中所载明的各种权利，即含权。

（3）除权除息日。股权登记日后的第一个交易日即除权除息日。在该日及之后买进的股票不再享有股利分配方案中所载明的各种权利。如投资者在股权登记日已拥有该股票，在除权除息日将股票卖出，则仍然享有分配权利。

（4）股利发放日。股利发放日是指将股利支付给股东的日期。

四、除权和除息

（一）相关的几个概念

（1）含权股或含息股。上市公司的股票，在分红之前，包含着股利因素，因此称为含权股或含息股。

（2）除权、除息。在分红或送股、配股时，应当通过一定的技术处理将股价中的股利因素或价差因素扣除掉，这种技术处理称为股票的除权或除息。

（3）填权、贴权。公司股票在除息或除权后复牌交易时，若股价上涨，高于除息除权理论指导价，则称为填权；若股价下跌，低于除权或除息指导价，则称为贴权。

（二）除权或除息指导价的计算

除权或除息股与含权股或含息股的区别在于是否能够享受股利。这也决定了两者市场价值之间存在差异。一般而言，除权除息日的股价要低于股权登记日的股价。为保证股票价格的公平性和连续性，需要在除权除息日对该股票进行技术处理。根据除权和除息的具体情况计算得出一个剔除除权和除息影响后的价格，作为除权或除息的指导价或基准价，又称为除权或除息报价。

除权除息日，股票应当以除权或除息指导价作为（理论）开盘价。计算除权或除息指导价的计算公式为：

$$除息指导价 = 股权登记日收盘价 - 每股股息$$

$$送股除权指导价 = \frac{股权登记日收盘价}{1+送股比例}$$

$$配股除权指导价 = \frac{股权登记日收盘价 + 配股比例 \times 配股股价}{1 + 配股比例}$$

$$同时送股与配股的除权指导价 = \frac{股权登记日收盘价 + 配股比例 \times 配股股价}{1 + 送股比例 + 配股比例}$$

$$同时派息、送股、配股的除权指导价 = \frac{股权登记日收盘价 + 配股比例 \times 配股股价 - 每股股息}{1 + 送股比例 + 配股比例}$$

第二节 股票价格指数

一、定义与类型

（一）股票价格指数的定义

股票价格指数，简称股价指数，是指由金融服务机构编制的、通过对股票市场上一些代表性公司股票的交易价格进行平均计算和动态对比后得出的数值，是对股市动态的综合反映。股票价格指数能从总体上衡量股市的价格水平和涨跌情况，被公认为股市行情的"晴雨表"，是投资人研判股市走势的重要工具，是金融衍生工具的重要标的。

（二）股票价格指数的类型

按指数基期确定方式的不同，股票价格指数分为定基指数（各个时期都将某一固定时期作为基期）和环比指数（各个时期都将前一期作为基期）。

按所代表范围的不同，股票价格指数分为行业指数（以某一行业的采样股票为对象编制）和综合指数（以各行业的采样股票为对象编制）。

二、股票价格平均数的计算

计算股票价格指数时，往往把股票价格指数和股票价格平均数分开计算。

股票价格指数是反映不同时期股价变动情况的相对指标，即将某一时期的股价平均数作为另一时期股价平均数的基准。通过股票价格指数，可以了解计算期的股价比基期的股价上升或下降的百分比。

股票价格平均数是将样本股票某一时点的价格加以平均所得到的数值，一般以股票收盘价为准进行计算，股票价格平均数可以反映多种股票价格变动的一般水平。通过比较不同时期的股票价格平均数，可以认识多种股票的价格变动水平。

由于股票价格指数是一个相对指标，因此就一个较长的时期来说，股票价格指数比股票价格平均数更能精确地衡量股价的变动。

股票价格平均数可分为简单算术股价平均数、加权股价平均数和修正股价平均数。

1．简单算术股价平均数

简单算术股价平均数是以样本股每日收盘价之和除以样本数。其计算公式为：

$$\overline{P} = \frac{1}{n}\sum_{i=1}^{n} P_i \quad (11\text{-}1)$$

式中，P_i 为各样本股每日收盘价；n 为样本数。

这种方法的优点是计算简便，缺点有以下几个。

（1）样本股的送股、配股、拆股和更换，会使简单算术股价平均数失去连续性、真实性和时间数列上的可比性。

（2）简单算术股价平均数未考虑样本股的权数，即忽略了发行量或成交量不同的股票对股票市场有不同影响这一重要因素，不能区分重要性不同的样本股对股票价格平均数的不同影响。

简单算术股价平均数的这两个缺点，可以通过加权股价平均数和修正股价平均数来弥补。

2．加权股价平均数

加权股价平均数又称加权平均股价，是将各样本股的发行量或成交量作为权数计算出来的股票价格平均数。其计算公式为：

$$\overline{P} = \frac{\sum_{i=1}^{n} P_i W_i}{\sum_{i=1}^{n} W_i} \quad (11\text{-}2)$$

式中，W_i 为样本股的发行量或成交量。

以样本股成交量为权数的加权股价平均数可表示为：

$$加权股价平均数 = \frac{样本股成交量}{同期样本股成交总量}$$

以样本股发行量为权数的加权股价平均数可表示为：

$$加权股价平均数 = \frac{样本股市价总额}{同期样本股发行总量}$$

3．修正股价平均数

修正股价平均数是在简单算术股价平均数的基础上计算得来的，当发生拆股、配股等变动时，通过变动除数，使股票价格平均数不受影响。其计算公式为：

$$新除数 = \frac{变动后的总价格}{变动前的简单算术股价平均数}$$

$$修正股价平均数 = \frac{变动后的总价格}{新除数}$$

道琼斯股价指数就采用修正股价平均数方法来计算，每当股票拆股、发放股票股息或配股数超过原股份 10% 时，就对除数进行相应的修正。

三、股票价格指数的计算

股票价格指数是将计算期的股价与某一基期的股价相比较的相对变化指数,用以反映市场股票价格的相对水平。股票价格指数的编制方法有简单算术股价指数和加权股价指数两类。

1. 简单算术股价指数

(1) 相对法:先计算各样本股的个别指数,再将个别指数加总求算术平均数。其公式表示如下:

$$P' = \frac{1}{n}\sum_{i=1}^{n}\frac{P_{1i}}{P_{0i}} \tag{11-3}$$

式中,P_{0i} 为样本股的基期价格;P_{1i} 为样本股的计算期价格。

(2) 综合法:将样本股的基期价格和计算期价格分别加总,再求出股票价格指数。其公式表示如下:

$$P' = \frac{\sum_{i=1}^{n}P_{1i}}{\sum_{i=1}^{n}P_{0i}} \tag{11-4}$$

2. 加权股价指数

加权股价指数以样本股发行量或成交量为权数加以计算,又可以分为基期加权股价指数、计算期加权股价指数和几何加权股价指数。

(1) 基期加权股价指数。

基期加权股价指数又称拉斯贝尔指数,用基期发行量或成交量作为权数,计算公式为:

$$P' = \frac{\sum_{i=1}^{n}P_{1i}Q_{0i}}{\sum_{i=1}^{n}P_{0i}Q_{0i}} \tag{11-5}$$

式中,Q_{0i} 为基期发行量或成交量。

(2) 计算期加权股价指数。

计算期加权股价指数又称派许指数,采用计算期发行量或成交量作为权数。计算期加权股价指数适用性较强,使用较广泛,标准普尔指数等都使用这一方法。其计算公式为:

$$P' = \frac{\sum_{i=1}^{n}P_{1i}Q_{1i}}{\sum_{i=1}^{n}P_{0i}Q_{1i}} \tag{11-6}$$

式中,Q_{1i} 为计算期发行量或成交量。

(3) 几何加权股价指数。

几何加权股价指数又称费雪公式，是对上述两种指数做几何平均，由于计算复杂，很少被应用。其计算公式为：

$$P' = \sqrt{\frac{\sum_{i=1}^{n} P_{1i}Q_{0i}}{\sum_{i=1}^{n} P_{0i}Q_{0i}} \times \frac{\sum_{i=1}^{n} P_{1i}Q_{1i}}{\sum_{i=1}^{n} P_{0i}Q_{1i}}} \quad (11-7)$$

四、国内外主要股票价格指数

（一）国内主要股票价格指数

1. 综合指数

（1）上证综合指数。

上证综合指数是上海证券交易所股票价格综合指数的简称。上证综合指数以 1990 年 12 月 19 日为基期，基点为 100 点，以在上海证券交易所上市的股票和红筹企业发行的存托凭证为样本空间，选取所有样本空间内证券作为指数样本。

上证综合指数的不足主要体现在以下两点。

第一，上证综合指数将所有上市股票列入样本计算，导致指数失真。随着新股发行的不断扩大，上市股票数量不断增加，每只股票对指数影响不断降低，指数前后可比性下降。

第二，上证综合指数用发行股本数加权平均计算指数，导致股权分置状态下的操纵股价现象。在股权分置改革之前，上市公司中大部分的股本是不能流通的，但是在计算指数时，将上市公司的所有发行股本数乘以流通股的市价来计算总市值，使得一些发行股数很多、流通股很少的上市公司成为指标股。这些公司发行股本数多，在指数计算中的权重也很大，而流通股少，就容易被机构操纵。因此，机构可以通过拉抬或打压这类公司的股价达到操纵指数的目的。

（2）深证系列综合指数。

深圳证券交易所编制并发布的指数包含深证综合指数、深证 A 股指数和深证 B 股指数，它们分别以在深圳证券交易所主板、创业板上市的全部股票、全部 A 股，以及在深圳证券交易所上市的全部 B 股为样本股。以 1991 年 4 月 3 日为深证综合指数和深证 A 股指数基期，以 1992 年 2 月 28 日为深证 B 股指数基期，基点为 100 点，以指数样本股计算日的股份数为权数进行加权逐日连锁计算。

综合指数存在的问题主要有三点。

一是将新股逐一计入指数计算范围，影响了指数的前后可比性和内部结构的稳定性。

二是采用总发行股本数作为权重不能十分确切地反映流通市场股价的动态演变，因为不能流通的国家股和法人股约占总发行股数的 70%。

三是把亏损股计入指数计算范围会把亏损股股价的非理性波动带到指数的波动中去。

2. 成分股指数

（1）上证180指数。

上证180指数是上海证券交易所编制的一种成分股指数，其前身是原上证30指数。

原上证30指数是由上海证券交易所按照一定条件，选出最具市场代表性的30只样本股作为计算对象，并以流通股数为权数的加权综合股价指数，入选原上证30指数的样本股一般是在市场中有代表性的大盘股、绩优股。原上证30指数的推出是为了对股市进行统计上的缩容，激活股市的人气，使得投资人更加注重上市公司的业绩，并对上市公司本身造成一种压力。

但原上证30指数存在一些缺陷，如行业代表性逐渐降低；个别股票权重过大，容易被操纵；样本股市值和成交额所占的比重不高；等等。为此，上海证券交易所在对原上证30指数进行调整后，发布了上证180指数。上证180指数以2002年6月28日的上证30指数收盘点位为基点（3299.06点）。

（2）上证50指数。

上证50指数以上证180指数为样本空间，挑选上海证券市场规模大、流动性好的最具代表性的50只证券组成样本股，以综合反映上海证券交易市场最具市场影响力的一批龙头企业的整体状况。上证50指数以2003年12月31日为基期，基点为1000点。上证50指数根据样本稳定性和动态跟踪相结合的原则，每半年调整一次指数样本，调整比例一般不超过10%。

（3）上证红利指数。

上证红利指数挑选在上海证券交易所上市的现金股息率高、分红比较稳定、具有一定规模及流动性的50只证券组成样本股，以反映上海证券交易所高红利证券的整体状况和走势。该指数于2005年发布，以2004年12月31日为基期，基点为1000点。

（4）深证成份指数。

深证成份指数由深圳证券交易所编制，是按一定标准将选出40家有代表性的上市公司的股票作为计算对象，以流通股数为权数，采用加权平均法编制而成。

（5）深证100指数。

深证100指数选取在深圳证券交易所上市的100只A股作为成分股，采用派氏加权法编制。深证100指数以2002年12月31日为基期，基点为1000点。深证100指数每半年调整一次成分股。

（6）沪深300指数。

沪深300指数是由从上海证券交易所和深圳证券交易所选取的300只证券作为样本编制而成的指数，以2004年12月31日为基期，基点为1000点。沪深300指数的样本股原则上每半年调整一次，每次调整的比例不超过10%。

(二)国际主要股票价格指数

1. 道琼斯股价平均指数

以下介绍几种常见的道琼斯股价平均指数。

(1) 道琼斯工业平均指数:包括 30 家公司。平时所说的道琼斯指数就是指道琼斯工业平均指数。

(2) 道琼斯运输业股价平均指数:以 20 家有代表性的运输业公司的股票为编制对象。

(3) 道琼斯公用事业股价平均指数:以 15 家具有代表性的公用事业大公司的股票为编制对象。

(4) 道琼斯股价综合平均指数:以上述 65 家公司的股票为编制对象的加权指数。

2. 日经平均股价指数

日经平均股价指数由从东京证券交易所选出的 225 只股票组成,原则上每半年调整一次。

3. 标普 500 指数

标普 500 指数被广泛认为是衡量美国大盘股市场的最好指标。该指数包括了美国 500 家顶尖上市公司,其市值约占美国股市总市值的 80%。

4. 纳斯达克指数

纳斯达克指数是反映纳斯达克市场的综合指数。该指数的基点为 100 点。

第十一章习题

第十二章

衍生证券投资分析

学习目标

- 理解远期合约的定义与分类;
- 掌握期货合约的分类、投资策略与定价方法;
- 理解期权的定价方法;
- 理解金融互换的含义、功能和种类。

衍生证券是指价值依赖于某种标的资产的金融工具,标的资产可以是股票、债券、货币、商品、股票价格指数等。衍生证券的价格取决于或者衍生于其他证券的价格,收益取决于其他证券的收益,因此它又称为或有权益。本章主要介绍一些常见的衍生证券及其定价方法、收益与风险特征等内容。本章思维导图如图 12-1 所示。

思维导图

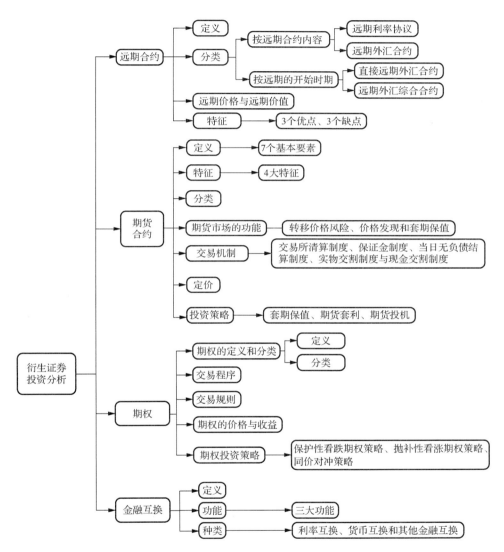

图 12-1 衍生证券投资分析思维导图

第一节 远期与期货

远期和期货是指持有者确定在未来某一时间购买或出售某种标的证券，负有执行商定交易的任务。从严格意义上讲，远期和期货不算一项投资，它们只是对未来交易的承诺，但它们为投资提供了有力的保护手段，通常会改变投资组合的特征。

一、远期

（一）远期合约的定义

远期合约是指双方约定在未来的某一确定时间，按确定的价格买卖一定数量的标的物的安排。远期合约是一种非标准化的合约，一般采用场外交易方式进行。

远期合约规定在将来买入标的物的一方为多头，而在将来卖出标的物的一方为空头。远期合约中规定的未来买卖标的物的价格称为交割价格。使远期合约价值为零的交割价格称为远期价格。如果信息是对称的，而且合约双方对未来的预期相同，那么交割价格应使合约价值在签署合约时等于零。这意味着不需要成本就可处于远期合约的多头或空头状态。

（二）远期合约的分类

按照合约内容，可将远期合约分为远期利率协议和远期外汇合约。

远期利率协议是指，在协议中，买卖双方同意从未来某一商定的时期开始，在某一特定时期内，按协议利率借贷一笔数额确定、以具体货币表示的名义本金。远期利率协议的买方是名义借款人，卖方则是名义贷款人。

远期外汇合约是指，在合约中，买卖双方约定在将来某一时间，按约定的远期汇率，买卖一定金额的某种外汇。

按照远期的开始时期，远期外汇合约又分为直接远期外汇合约和远期外汇综合合约。

（三）远期价格与远期价值

由上文可知，使远期合约价值为零的交割价格称为远期价格。远期价格为理论价格，与远期合约在实际交易中形成的实际价格（即双方签约时所确定的交割价格）可能相等，也可能不相等。如果理论价格与实际价格不相等，就会出现套利机会。

远期价格与远期价值存在区别。远期价格指的是远期合约中标的物的远期价格，与标的物的现货价格紧密相连；远期价值则是指远期合约本身的价值，是由远期实际价格与远期理论价格的差距决定的。在签署远期合约时，若交割价格等于远期价格，则远期合约价值为零。但随着时间推移，远期价格有可能改变，而原有远期合约的交割价格则不可能改变，因此合约价值就可能不再为零。

（四）远期合约的特征

远期合约的优点主要有以下几个。

（1）签订远期合约的目的规避现货交易风险。通过远期交易，协议双方均可获得好处。

（2）远期合约是非标准化合约，不在交易所交易。一般金融机构之间或金融机构与客户之间会通过谈判签署远期合约。已有的远期合约也可以在场外市场交易。

（3）在签署远期合约之前，协议双方可以就交割地点、交割日期、交割价格、合约规模、标的物品质等细节进行谈判，以便尽量满足双方的需要，因此远期合约灵活性较大。

远期合约的缺点主要有以下几个。

（1）远期合约没有固定的、集中的交易场所，不利于信息交流和传递，不利于形成统一的市场价格，市场效率较低。

（2）远期合约之间千差万别，会给远期合约的流通造成较大不便，流动性较差。

（3）远期合约的履约没有保证，当价格变动对一方有利时，对方有可能无力或无诚意履行合约，因此远期合约的违约风险较高。

二、期货

（一）期货合约的定义

期货合约是指协议双方同意在约定的将来某个日期按约定的条件（包括交割价格、交割地点、交割方式）买入或卖出一定标准数量的某种资产的标准化协议，期货合约是标准化的远期合约。期货合约中规定的价格就是期货价格。

期货合约的基本要素包括以下几个。

（1）交易单位，也称合约规模，是指交易所对每一份期货合约所规定的标的物的交易数量。

（2）最小变动价位，是指由交易所规定的、在期货交易中每一次价格变动的最小幅度或数额，通常用点来表示。

（3）每日价格最大波动限制，也称最大价格波动，是指期货合约的价格在一天中的最大波动幅度。

（4）合约月份，是指期货合约的交割月份。

（5）交易时间，是指交易所规定的各期货合约在每一个交易日进行交易的时间段。

（6）最后交易日，是指交易所规定的各期货合约在合约到期月份的最后一个交易日。

（7）交割，是指各交易所对期货合约到期交割时各项条件的规定，主要包括交割方式和交割地点等。

（二）期货合约的特征

（1）期货合约均在交易所进行，交易双方不直接接触，而是各自跟交易所的清算部或专设的清算公司结算。清算部或清算公司充当所有期货合约买者的卖者，以及所有期货合约卖者的买者，因此交易双方无须担心对方违约。因为所有买者和卖者都集中在交易所交易，所以期货合约在一定程度上克服了远期合约所存在的信息不对称风险和违约风险。

（2）期货合约的买者或卖者可在交割日期之前采取对冲交易，结束其期货头寸（即平仓），而无须进行最后的实物交割。这相当于买者可把原来买进的期货卖掉，卖者可把原来卖出的期货买回，这就解决了远期合约流动性差的问题。由于平仓比实物交割更加省事、灵活，目前大多数期货交易是通过平仓来结清头寸的。但交割的重要性在于，由于最后交割的可能性，期货价格和标的物的现货价格之间才具有内在的联系。随着期货交割月份的逼近，期货价格收敛于标的物的现货价格。否则，就存在无风险套利机会。

（3）期货合约的合约规模、交割日期、交割地点等都是标准化的。交易双方所要做的工作是选择适合自己的期货合约，并通过交易所竞价确定成交价格。值得一提的是，不同期货合约的交割日期、交割地点等可能存在差异，但这是由交易所事先确定，并在期货合约中事先载明的，而不是由交易双方商定后载入合约的。

（4）期货交易每天进行结算，而不是到期一次性进行结算，买卖双方在交易之前都必须在经纪公司开立专门的保证金账户。经纪公司通常要求交易者在交易之前必须存入一定数量的初始保证金。

（三）期货合约的分类

按合约商品，可以将期货合约分为农产品期货、金属和矿产品（包括能源产品）期货、金融期货。

按标的物，金融期货合约又可以分为利率期货、股价指数期货和外汇期货。利率期货是指标的物价格依赖利率水平的期货合约；股价指数期货的标的物是股价指数；外汇期货的标的物是外汇。

国际主要期货种类与国内期货举例分别如表 12-1 和表 12-2 所示。

表 12-1 国际主要期货种类

外汇期货	农产品期货	金属与矿产品期货	利率期货	股价指数期货
英镑	玉米	铜	欧洲美元	标普 500 指数
加拿大元	燕麦	铝	欧洲日元	道琼斯工业平均指数
日元	大豆	黄金	欧元计价债券	标准普尔中盘 400 指数
欧元	豆粉	白金	欧洲瑞士法郎	纳斯达克指数
瑞士法郎	豆油	钯	英国政府债券	纽约证券交易所综合指数
澳大利亚元	小麦	白银	德国政府债券	罗素 2000 指数
墨西哥比索	大麦	原油	意大利政府债券	日经平均股价指数
巴西雷亚尔	亚麻籽	取暖油	加拿大政府债券	富时 100 指数
	菜籽油	柴油	长期国债	
	黑麦	天然气	中期国债	
	活牛	汽油	短期国债	
	活猪	丙烷	伦敦同业拆借利率	

续表

外汇期货	农产品期货	金属与矿产品期货	利率期货	股价指数期货
	猪肉	商品研究局指数	欧洲同业拆借利率	
	可可	电	市政债券指数	
	咖啡		联邦基金利率	
	棉花		银行承兑汇票	
	牛奶			
	橘汁			
	糖			
	木材			
	大米			

表 12-2 国内期货举例

	沪深 300 股指期货合约		5 年期国债期货合约
合约标的	沪深 300 指数	合约标的	面值为 100 万元人民币、票面利率为 3%的名义中期国债
合约乘数	每点 300 元	可交割国债	发行期限不高于 7 年、合约到期月份首日剩余期限为 4～5.25 年的记账式附息债券
报价单位	指数点	报价方式	百元净价报价
最小变动价位	0.2 点	最小变动价位	0.005 元
合约月份	当月、下月及随后 2 个季月	合约月份	最近的 3 个季月（3 月、6 月、9 月、12 月中的最近 3 个月循环）
交易时间	上午：9:30—11:30 下午：13:00—15:00	交易时间	上午：9:30—11:30 下午：13:00—15:15
每日价格最大波动限制	上一个交易日结算价±10%	每日价格最大波动限制	上一个交易日结算价±1.2%
最低交易保证金	合约价值的 8%	最低交易保证金	合约价值的 1%
最后交易日	合约到期月份的第 3 个周五（遇国家法定节假日顺延）	最后交易日	合约到期月份的第 2 个周五
交割日期	同最后交易日	最后交割日	最后交易日后的第 3 个交易日 最后交易日交易时间为 9:30—11:30
交割方式	现金交割	交割方式	实物交割
交易代码	IF	交易代码	TF
上市交易所	中国金融期货交易所	上市交易所	中国金融期货交易所

中国主要的期货交易所有上海期货交易所、郑州商品交易所、大连商品交易所、中国金融期货交易所。

（四）期货市场的功能

期货市场的功能主要有以下几个。

（1）转移价格风险的功能。这是期货市场最主要的功能，也是期货市场产生的最根本原因。

（2）价格发现功能。期货价格是所有参与期货交易的人，对未来某一特定时间的标的物的现货价格的期望。市场参与者可以利用期货市场的价格发现功能进行相关决策，以提高自己适应市场的能力。

（3）套期保值功能。投资者可以利用现货市场与期货市场价格的相关性，在现货市场和期货市场建立头寸，从而规避价格风险。

三、远期与期货的关系

罗斯等美国经济学家证明，如果满足下列基本假设，交割日期相同的远期价格和期货价格应相等。

（1）没有交易费用和税收。

（2）市场参与者能以相同的无风险利率借入和贷出资金。

（3）远期合约没有违约风险。

（4）允许现货卖空行为。

（5）当套利机会出现时，市场参与者将参与套利活动，从而使套利机会消失。

（6）期货合约的保证金账户支付同样的无风险利率。这意味着任何人均可不花成本地取得远期和期货的多头和空头地位。

四、期货交易机制

（一）交易所清算制度

清算所是由交易所建立的用来方便交易的场所。清算所可以将自己定位为交易双方的中介。购买和出售期货合约的交易预案并不是互相持有合约，而是由清算所来充当多头的合约卖方，以及空头的合约买方。清算所有义务向多头转让商品，以及为空头转让的商品支付货款。因此，清算所头寸为零。这一安排使得清算所成为每个交易者的交易对手，无论对合约买方还是合约卖方，清算所都必须履行合约，一旦有交易者不履行他在期货合约中所负有的义务，清算所将是唯一受害方。

（二）保证金制度

保证金分为初始保证金和维持保证金（或变动保证金），初始保证金是指交易者在最初开仓交易时按规定比例存入保证金账户的金额，维持保证金是指交易所规定的保证金账户必须保有的最低金额。当保证金账户余额低于维持保证金时，交易者必须按要求补充保证金，否则，交易所有权将该交易者的期货头寸进行强制平仓。

（三）当日无负债结算制度

期货交易的结算是由交易所统一组织进行的。期货交易所实行当日无负债结算制度，即在每天交易结束时，交易所按当日结算价格结算所有合约的盈亏、交易保证金、手续费、税金等，对应收、应付的款项同时划转，相应增加或减少会员的结算准备金，根据期货价格的升跌而调整保证金账户，以反映交易者的浮动盈亏，称为"盯市"制度。

浮动盈亏根据结算价格计算。结算价格的确定方法由交易所规定，它有可能是当天的加权平均价，也可能是收盘价，还可能是最后几秒钟的平均价。若当天结算价格高于前一天的结算价格（或当天的开仓价），高出部分就是多头的浮动盈利和空头的浮动亏损。这些浮动盈利和浮动亏损就在当天晚上分别加入多头的保证金账户，并从空头的保证金账户中扣除。当保证金账户的余额超过初始保证金水平时，交易者可随时提取现金或开新仓。维持保证金水平通常是初始保证金水平的75%。

（四）实物交割制度与现金交割制度

1. 实物交割制度

实物交割是指期货合约的买卖双方于合约到期时，根据交易所的规则和程序，通过期货合约标的所有权的转移，将到期未平仓合约进行结算的行为。

实物交割是促使商品期货价格和现货价格趋向一致的制度保证。通过实物交割，期货、现货两个市场得以联动，期货价格最终与现货价格趋于一致，使期货市场真正发挥价格晴雨表的作用。

实物交割方式分为"集中性"交割和"分散性"交割。"集中性"交割是指，所有到期合约在交割月份最后一个交易日过后，一次性集中交割的交割方式。"分散性"交割是指，除了可以在交割月份的最后一个交易日过后，将所有到期合约全部配对交割，也可以在交割月份第一交易日至最后一个交易日之间的规定时间进行交割的交割方式。

实物交割应当在合约规定的交割期内完成。《上海期货交易所交割细则》规定，交割期是指该合约最后交易日后的连续两个工作日。这两个工作日分别称为第一交割日、第二交割日，第二交割日为最后交割日。

（1）第一交割日：买方申报意向，卖方交付标准仓单。买方在第一交割日内，向交易所提交所需商品的意向书。内容包括品种、牌号、数量及指定交割仓库名等。卖方在第一交割日内通过标准仓单管理系统将已付清仓储费用的有效标准仓单交付交易所。

（2）第二交割日。

① 交易所分配标准仓单。交易所在第二交割日根据已有资源，按照"时间优先、数量取整、就近配对、统筹安排"的原则，向买方分配标准仓单。不能用于下一期货合约交割的标准仓单，交易所按所占当月交割总量的比例向买方分摊。

② 买方交款、取单，卖方收款。买方应当在第二交割日14:00前到交易所交付货款并取得标准仓单。交易所应当在第二交割日16:00前将货款付给卖方，如遇特殊情况，交易所可以延长交割货款给付时间。

2. 现金交割制度

现金交割指到期未平仓期货合约进行交割时，用结算价格来计算未平仓合约的盈亏，以现金支付的方式最终了结期货合约的交割方式，即为满足合约而交割标的物的现金价值（不是资产本身）。

五、远期和期货的定价

由于期货合约是标准化下的远期合约，所以期货定价可以从远期定价开始分析，以下是几种常用的定价方法。

（一）无套利定价法

参考张亦春（1999）、张亦春等（2020）的研究思路，无套利定价法的基本思路为：构建两种投资组合，让其终值相等，则其现值一定相等；否则就可以进行套利，即卖出现值较高的投资组合，买入现值较低的投资组合，并持有到期末，套利者就可赚取无风险收益。众多套利者这样做，将使较高现值的投资组合价格下降，较低现值的投资组合价格上升，直至套利机会消失，此时两种投资组合的现值相等。这样，就可根据两种投资组合现值相等的关系求出远期价格。

具体来说，可以构建如下两种投资组合。

组合 A：一份无收益资产远期合约多头加上一笔金额为 $Ke^{-r(T-t)}$ 的现金。

组合 B：一单位标的资产。

在组合 A 中，在 t 时刻以无风险利率投资 $Ke^{-r(T-t)}$ 的现金，投资期为 $T-t$。到 T 时刻，$Ke^{-r(T-t)}e^{r(T-t)}=K$，其金额将达到 K。

这样，在 T 时刻，两种投资组合的价值都等于一单位标的资产。

$$f + Ke^{-r(T-t)} = S \tag{12-1}$$

式中，f 为无收益资产远期合约多头的价值；S 为标的资产现货价格；$Ke^{-r(T-t)}$ 为交割价格现值。

式（12-1）表明，无收益资产远期合约多头的价值等于标的资产现货价格与交割价格现值的差额。或者说，一份无收益资产远期合约多头可由一单位标的资产多头和金额为 $Ke^{-r(T-t)}$ 的无风险负债组成。

因为期货价格 F 就是使无收益资产远期合约多头价值 f 为零的交割价格 K，所以当 $f=0$ 时，$K=F$。据此得出：

$$F = S \times e^{r(T-t)} \tag{12-2}$$

这就是无收益资产的现货-期货平价定理。该式表明，对于无收益资产而言，期货价格等于其标的资产现货价格的终值。

（二）期货价差定价理论

现货期货平价定理研究的是期货绝对价格形成的机理，而价差套利是在买进（卖出）一种合约的同时卖出（买进）另一种合约，通过利用不同合约的价格差别，以无风险或较小风险获取相对较小利润的操作。价差套利的获利基础是合约的相对价格变化,而非个别合约绝对价格的涨跌。下文将对期货价差定价理论进行介绍。

1. 期货价差定价理论的假设条件

期货价差定价理论的假设条件包括:商品是可存储的;市场为完全竞争市场,任何一个交易者皆为价格接受者;市场没有摩擦,即没有交易成本(佣金、买卖价差、税赋等)和保证金要求;市场的参与者都是风险厌恶者,且都希望财富越多越好;不考虑违约风险;卖空标的资产不受限制;市场价格可以自由调整,即无套利机会,若市场上存在无风险套利的机会,套利活动就会进行,直到套利机会消失。

2. 期货价差定价理论的原理

短期内无风险利率、存储成本可认为是固定不变的,且不考虑便利收益,在此条件下,根据持有成本理论,则在 t 时刻,到期日为 T_1 的期货价格为:

$$F_{t,T_1} = S_t \times e^{(r_f+W)(T_1-t)} \tag{12-3}$$

式中,F_{t,T_1} 表示到期日为 T_1 的期货在 t 时刻的价格;S_t 表示标的资产在 t 时刻的价格;r_f 表示无风险利率;W 表示存储成本(包括仓储费、防腐费、保险费、损耗费和运输费等)。

同时,在 t 时刻,到期日为 T_2($T_2>T_1$)的期货在 t 时刻的价格为:

$$F_{t,T_2} = S_t \times e^{(r_f+W)(T_2-t)} \tag{12-4}$$

根据式(12-3)和式(12-4)可以得出:

$$\frac{F_{t,T_2}}{F_{t,T_1}} = \frac{S_t \times e^{(r_f+W)(T_2-t)}}{S_t \times e^{(r_f+W)(T_1-t)}} = e^{(r_f+W)(T_2-T_1)} \tag{12-5}$$

进而可以得出跨期期货的理论价格的关系:

$$F_{t,T_2} = F_{t,T_1} e^{(r_f+W)(T_2-T_1)} \tag{12-6}$$

当市场为正向市场,且 $F_{t,T_2} > F_{t,T_1} e^{(r_f+W)(T_2-T_1)}$ 时,投资者可以在 t 时刻卖出较远期的合约,买入近期的合约,在近期的合约到期时交割,以 F_{t,T_1} 的价格获得商品现货并继续持有较远期的合约,在到期日 T_2 进行交割,这等同于对正向市场的期货价格和现货价格之差的套利操作,是无风险的。因为无风险套利机会是存在的,所以近期的合约和较远期的合约的价差不会超过跨期的全部持有成本。

当市场为反向市场时,由于商品供需紧张,库存量少,持有商品现货可获得便利收益。这会使得近期的合约价格高于较远期的合约价格,则需在式(12-6)中加上便利收益 c:

$$F_{t,T_2} > F_{t,T_1} e^{(r_f+W+c)(T_2-T_1)}$$

当 $F_{t,T_2} < F_{t,T_1} e^{(r_f+W+c)(T_2-T_1)}$ 时,则可进行套利。

(三)支付已知现金收益资产远期合约的定价

为了对支付已知现金收益资产的远期合约进行定价,可构建如下两个投资组合。

组合A:一份远期合约多头f加上一笔数额为$Ke^{-r(T-t)}$的现金。

组合B:一单位标的资产S加上利率为无风险利率、期限为从现在到现金收益派发日、本金为I的负债。

组合A和组合B在T时刻的价值都等于一单位标的资产S。因此,在T时刻,这两个投资组合的价值应相等:

$$f + Ke^{-r(T-t)} = S - I \quad (12\text{-}7)$$

即:

$$f = S - I - Ke^{-r(T-t)} \quad (12\text{-}8)$$

式(12-8)表明,一单位支付已知现金收益资产的远期合约多头价值等于一单位标的资产现货价格扣除负债后的余额与交割价格现值之差。或者说,一单位支付已知现金收益资产的远期合约多头可由一单位标的资产和$I + Ke^{-r(T-t)}$单位无风险负债构成。

(四)支付已知收益率资产远期合约的定价

为了对支付已知收益率资产的远期合约进行定价,可构建如下两个投资组合。

组合A:一份远期合约多头加上一笔金额为$Ke^{-r(T-t)}$的现金。

组合B:$e^{-q(T-t)}$单位标的资产,并且所有收入都再投资于该标的资产,其中q为该标的资产按连续复利计算的已知收益率。

组合A和组合B在T时刻的价值都等于一单位标的资产。因此在T时刻两者的价值也应相等,即:

$$f + Ke^{-r(T-t)} = Se^{-q(T-t)} \quad (12\text{-}9)$$

即:

$$f = Se^{-q(T-t)} - Ke^{-r(T-t)} \quad (12\text{-}10)$$

式(12-10)表明,支付已知收益率资产的远期合约多头价值等于$e^{-q(T-t)}$单位标的资产的现值与交割价格现值之差。或者说,一单位支付已知收益率资产的远期合约多头可由$e^{-q(T-t)}$单位标的资产和$Ke^{-r(T-t)}$单位无风险负债构成。

根据期货价格的定义,可根据式(12-10)算出支付已知收益率资产的期货价格:

$$F = Se^{(r-q)(T-t)} \quad (12\text{-}11)$$

式(12-11)即支付已知收益率资产的现货-期货平价公式。式(12-11)表明,支付已知收益率资产的期货价格等于按无风险利率与已知收益率之差计算的现货价格在T时刻的终值。

六、期货投资策略

（一）套期保值

套期保值是指把期货市场当作转移价格风险的场所，将期货合约作为将来在现货市场上买卖标的资产的临时替代物，对其现在买入准备以后售出的标的资产或对将来需要买入的标的资产的价格进行保值的交易活动。根据参与期货交易的方向，可以把套期保值交易划分为买入套期保值和卖出套期保值两类。

1. 买入套期保值

买入套期保值是指投资者因担心标的资产价格上涨而买入相应的期货合约进行套期保值，即首先在期货市场上建立多头头寸，在套期保值期结束时再将其对冲掉的交易行为，因此也称"多头保值"。买入套期保值的目的是锁定标的资产的买入价格，规避其价格上涨的风险。

投资者主要在以下情况下进行买入套期保值。

（1）投资者预期未来一段时间内可收到大笔资金，准备将其投入证券市场，但经研究认为标的资产价格在资金到位前会逐步上涨，若等资金到位后再建仓，势必会提高建仓成本。

（2）机构投资者现在拥有大量资金，计划按当前价格买进标的资产，由于需要买进的标的资产数额较大，因此在短期内完成建仓必然会推高股价，提高建仓成本；如果逐步分批建仓，则担心价格会上涨。

（3）在允许交易者进行融券做空的证券市场中，由于融券具有确定的归还时间，融券者必须在预定日期前将做空的证券如数买回，再加上一定的费用归还给出借者。

（4）投资者卖出看涨期权，一旦标的资产价格上涨，投资者将面临较大的亏损。

2. 卖出套期保值

卖出套期保值是指投资者因担心标的资产价格下跌而卖出相应期货合约进行套期保值，即先在期货市场上开仓卖出期货合约，待下跌后再买入平仓的交易行为，因此又称"空头保值"。卖出套期保值的目的是锁定标的资产的卖出价格，规避其价格下跌的风险。

投资者一般在以下几种情形下进行卖出套期保值。

（1）投资者手中持有标的资产，也准备长期持有，却看空大盘。

（2）持有大量股票的战略投资者看空后市，却不愿意因卖出股票而失去大股东地位，此时，这些股票持有者也可以通过卖出相应的期货合约对冲价格下跌的风险。

（3）投资银行与证券承销商有时也需要使用卖出套期保值策略。

（4）投资者卖出看跌期权，一旦标的资产价格下跌，投资者将面临很大的亏损风险。此时，投资者可以通过卖出期货合约在一定程度上对冲风险。

（二）期货套利

期货套利是指利用相关市场或者相关合约之间的价差变化，在相关市场或者相关合约上进行方向相反的交易，以期在价差发生有利变化时获利的交易行为。

利用期货市场与现货市场之间的价差进行套利的行为称为期现套利。

利用期货市场上不同合约之间的价差进行套利的行为称为价差套利。

期货套利可划分为：①跨交割月份套利；②跨市场套利（跨市套利）；③跨商品套利。

（三）期货投机

期货投机是指在期货市场上以获取价差收益为目的而进行的期货交易行为。

期货投机是期货市场中必不可少的一环，其经济功能主要有如下几点：①承担价格风险；②提高期货市场流动性；③保持价格体系稳定；④形成合理的价格水平。

第二节　期　权

期权是一个人类在金融领域的伟大的发明，它不仅在金融领域产生了重大影响，也在其他领域产生了重大影响。

一、期权的定义和分类

（一）期权的定义

期权是指赋予其购买者在规定期限内按双方约定的价格（执行价格）购买或出售一定数量的某种金融资产的权利的合约。

期权不仅可以在交易所交易，还可以在场外交易市场交易。在交易所交易的是标准化的期权合约，在场外交易市场交易的则是非标准化的期权合约。对于在交易所交易的期权来说，其合约有效期一般不超过9个月，以3个月和6个月最为常见。为了保证期权交易的高效、有序，交易所对期权合约的规模、期权价格的最小变动单位、期权价格的每日最高波动幅度、最后交易日、交割方式、标的资产的品质等做出了明确规定。

（二）期权的分类

（1）按期权持有者的权利划分，期权可分为看涨期权和看跌期权。

看涨期权赋予期权持有者在到期日或者到期日之前以特定的价格（执行价格）购买某项资产的权利。购买期权的费用称为期权费，也称权利金。如果市场价格高于执行价格，期权持有者将行权，购买标的资产，从而获利。

看跌期权赋予期权持有者在到期日或者到期日之前以特定的价格（执行价格）出售

某项资产的权利。如果市场价格低于执行价格，期权持有者将行权，出售标的资产，从而获利。

（2）按期权持有者执行期权的时限划分，期权可分为美式期权和欧式期权。

美式期权允许期权持有者在到期日或者到期日之前的任意时刻执行买入或者卖出标的资产的权利。

欧式期权规定期权持有者只能在到期日执行买入或者卖出标的资产的权利。

（3）按照期权合约的标的资产划分，期权可分为利率期权、货币期权、股价指数期权、股票期权以及金融期货期权等。

二、期权的交易程序

（一）期权交易指令

进行期权交易涉及的交易指令因素主要包括：①开仓或平仓；②买进或卖出；③执行价格；④合约月份；⑤交易代码；⑥看涨期权或看跌期权；⑦合约数量；⑧期权费；⑨交易指令种类。交易指令种类分为市价指令、限价指令和取消指令等。

（二）下单与成交

（1）交易者向其经纪公司发出期权交易指令，说明买进或卖出期权的数量、期权的执行价格、合约月份、交易指令种类等。

（2）交易指令通过计算机按照成交原则撮合成交。

（3）经纪公司将成交结果告知交易者。

三、期权的交易规则

（一）期权交易的保证金制度

期权交易的保证金制度与期货交易的保证金制度一样，都是交易所控制违约风险的重要工具。但是，这两种保证金制度也存在若干差异，其中最显著的差别是，在期权交易中，买方无须缴纳保证金，仅卖方需要缴纳保证金。这是因为保证金的作用在于确保合约的履行，而期权的买方没有必须履行合约的义务。

（二）期权交易的报价

期权交易与期货交易的报价有很大的差别，因为期权与期货的价格有着完全不同的含义。在期货交易中，市场报出的价格是标的资产在未来交易时的价格；在期权交易中，市场报出的价格是期权合约赋予的权利的价格，也就是期权费。

四、期权的价格与收益

期权的购买价格被称为期权费或者权利金。期权的卖方得到期权费，但如果期权持有者行权，期权的卖方必须卖出或买入标的资产。期权的买方拥有行权的权利，而卖方只有义务没有权利。

期权价格是期权买方支付的期权费。场外市场的期权价格由交易双方协商确定，场内市场的期权价格由交易双方在交易所内通过竞价的方式确定。一般来说，期权价格是由市场供求关系决定的，它反映出期权的买卖双方对其做出的价值判断。

履约价格即期权的执行价格，是在期权交易完成后，期权的买方行权，从而买进或卖出标的资产的价格。

期权价值存在以下三种情况。

（1）实值期权：执行期权能够获得利润（内在价值大于零）。

（2）虚值期权：执行期权无利可图（内在价值小于零）。

（3）平价期权：执行价格等于市场价格（内在价值等于零）。

（一）看涨期权

1. 买入看涨期权

买入执行价格为 X 的看涨期权，在支付期权费 C 之后，便可以享受在到期日之前按执行价格 X 买入或者不买入标的资产的权利。

如果市场价格 S 上涨，便执行看涨期权，以低价获得标的资产，然后又按上涨后的价格卖出标的资产，赚取差价，差价减去期权费之后的所得就是净损益；或者在期权费价格上涨时卖出期权平仓，获得期权费价差收入。

如果市场价格 S 下跌，买方可以选择不履行期权，亏损的金额即期权费。

2. 卖出看涨期权

卖出看涨期权与买入看涨期权不同，是一种义务，而不是权利。如果看涨期权的买方要求执行期权，那么看涨期权的卖方别无选择。

如果卖出执行价格为 X 的看涨期权，可以得到期权费收入 C。如果市场价格 S 下跌，买方不履约，卖方可获得全部期权费；如果市场价格 S 上涨，卖方可能会面临亏损。

看涨期权多头、空头的到期日价值和净损益如表 12-3 所示。

表 12-3 看涨期权多头、空头的到期日价值和净损益

项 目	计算公式
到期日价值（执行净收入）	多头看涨期权到期日价值=max（$S-X$，0） 空头看涨期权到期日价值=-max（$S-X$，0）
净损益	多头看涨期权净损益=多头看涨期权到期日价值-C 空头看涨期权净损益=空头看涨期权到期日价值+C

（二）看跌期权

1. 买入看跌期权

买入执行价格为 X 的看跌期权，在支付期权费 C 之后，便可以享受在到期日之前按执

行价格 X 卖出或者不卖出标的资产的权利。

如果市场价格 S 下跌，便执行看跌期权，以高价卖出标的资产，然后按下跌后的价格买入标的资产，赚取差价，差价减去期权费之后的所得就是净损益；或者在期权费价格上涨时卖出期权平仓，获得期权费价差收入。

如果市场价格 S 上涨，买方可以选择不执行期权，亏损的金额即期权费。

2．卖出看跌期权

卖出看跌期权与买入看跌期权不同，是一种义务，而不是权利。如果看跌期权的买方要求执行期权，那么看跌期权的卖方别无选择。

如果卖出执行价格为 X 的看跌期权，可以得到期权费收入 C。如果市场价格 S 上涨，买方不履约，卖方获得全部期权费收入；如果市场价格 S 下跌，卖方可能面临亏损。

看跌期权多头、空头的到期日价值和净损益如表 12-4 所示，看涨期权多空双方净损益分布与看跌期权买者多空双方净损益分布如图 12-2 所示。

表 12-4　看跌期权多头、空头的到期日价值和净损益

项　目	计算公式
到期日价值（执行净收入）	多头看跌期权到期日价值=max（$X-S$，0） 空头看跌期权到期日价值=-max（$X-S$，0）
净损益	多头看跌期权净损益=多头看跌期权到期日价值-C 空头看跌期权净损益=空头看跌期权到期日价值+C

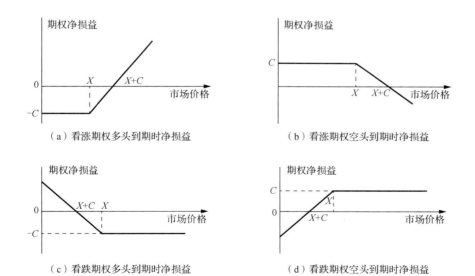

图 12-2　看涨期权多空双方净损益分布与看跌期权买者多空双方净损益分布

期权买方的最大损失是期权费，但是盈利空间无限。期权卖方的最大收益是期权费，但是亏损空间无限。因此，期权具有非对称的盈利和亏损结构。

（三）期权定价

$$期权价格 = 内在价值 + 时间价值$$

期权的内在价值是指期权的买方因执行期权而获得的收益的现值。当期权为虚值期权和平价期权时，期权的内在价值为零，因为期权的买方不会执行期权。

$$内在价值 = \max(S - X, 0) \tag{12-12}$$

期权的时间价值为期权价格超过内在价值的部分，即：

$$时间价值 = 期权价格 - 内在价值$$

看涨期权、看跌期权在实值和虚值状态下的价值举例如表 12-5 所示。

表 12-5　看涨期权、看跌期权在实值和虚值状态下的价值举例

看涨期权（实值）		看跌期权（实值）	
市场价格	10 元	执行价格	10 元
执行价格	9 元	市场价格	9 元
内在价值	1 元	内在价值	1 元
时间价值	0.5 元	时间价值	0.5 元
期权价格	1.5 元	期权价格	1.5 元
看涨期权（虚值）		看跌期权（虚值）	
市场价格	8 元	执行价格	8 元
执行价格	9 元	市场价格	9 元
内在价值	—	内在价值	—
时间价值	0.5 元	时间价值	0.5 元
期权价格	0.5 元	期权价格	0.5 元

（四）看涨期权和看跌期权的平价关系

无收益资产的欧式看涨期权和看跌期权存在如下的平价关系：

$$C + Xe^{-r(T-t)} = P + S \tag{12-13}$$

式中，C 和 P 分别表示看涨期权和看跌期权的期权价格。

这就是无收益资产的欧式看涨期权与看跌期权之间的平价关系。它表明欧式看涨期权的价格可根据相同协议价格和到期日的欧式看跌期权的价格推导出来，反之亦然。如果这一条件不成立，则存在无风险套利机会，套利活动将最终促使其成立。

（五）定价公式

1. 布莱克-舒尔斯定价公式

（1）布莱克-舒尔斯定价公式的假设条件有以下几个。

① 在期权有效期内，标的股票没有现金收益。
② 没有交易费用和税收，标的股票都是完全可分的。
③ 短期的无风险利率是已知的，并且在期权有效期内保持不变。

④ 任何证券购买者都能以短期的无风险利率借得任何数量的资金。
⑤ 允许卖空标的股票。
⑥ 看涨期权只能在到期日执行。

（2）看涨期权的定价公式。

初始时刻，看涨期权的定价公式为：

$$f_0 = S_0 e^{-\delta T} N(d_1) - X e^{-rT} N(d_2) \quad (12\text{-}14\text{a})$$

式中，$d_1 = \dfrac{\ln \dfrac{S_0}{X} + \left(r - \delta + \dfrac{\sigma^2}{2}\right)T}{\sigma\sqrt{T}}$；$d_2 = d_1 - \sigma\sqrt{T}$；$f_0$ 为初始期权价格；S_0 为初始标的股票价格；X 为执行价格；e^{-rT} 为复利折现系数；$N(d_1)$ 为标准正态分布下界值为 d_1 的概率；$N(d_2)$ 为标准正态分布下界值为 d_2 的概率；δ 为标的股票的股利收益率（为简化分析，假定股利支付连续的收入流，而不是离散支付）；σ 为利率的标准差；r 为无风险利率（安全资产的连续复利年收益，且该安全资产的到期日与期权的到期日相同，r 不同于离散的期间无风险利率 r_f）；T 为期权从协议日到到期日的时间。

在 t 时刻，看涨期权的定价公式为：

$$f_t = S_t e^{-\delta(T-t)} N(d_1) - X e^{-r(T-t)} N(d_2) \quad (12\text{-}14\text{b})$$

式中，$d_1 = \dfrac{\ln \dfrac{S_t}{X} + \left(r - \delta + \dfrac{\sigma^2}{2}\right)(T-t)}{\sigma\sqrt{T-t}}$；$d_2 = d_1 - \sigma\sqrt{T-t}$；$f_t$ 为 t 时刻的期权价格；S_t 为 t 时刻标的股票价格；其他变量含义同上。

（3）看跌期权的定价公式。

初始时刻和 t 时刻的看跌期权的定价公式分别为：

$$f_0 = X e^{-rT} N(-d_2) - S_0 e^{-\delta T} N(-d_1) \quad (12\text{-}15\text{a})$$

$$f_t = X e^{-r(T-t)} N(-d_2) - S_t e^{-\delta(T-t)} N(-d_1) \quad (12\text{-}15\text{b})$$

其中，各变量含义同式（12-14a）和式（12-14b）。

例题链接 12-1：扫二维码阅读。

例题链接 12-1

2. 二叉树模型

利用布莱克-舒尔斯定价公式对期权进行定价需要懂得高深的数学知识，其经济含义也不易被读者所理解。二叉树模型属于离散时间模型，较为直观，不需要复杂的数学推导。

其基本思路是：将期权的有效期分为很多很小的时间间隔，并假设在每个时间间隔内，股票价格波动只有向上和向下两个方向，即向上上升到原来的 $u(u>1)$ 倍，或向下下降到原来的 $d(d<1)$ 倍。其中，股票价格上升的概率为 p，下降的概率为 $1-p$。

例题链接 12-2：扫二维码阅读。

例题链接 12-2

（1）单期二叉树模型。

一般地，假设一只股票的初始价格是 S_0，基于该股票的欧式期权价格为 f。经过一个时间间隔（至到期日 T）后，该股票价格有可能上升到 $uS_0(u>1)$，相应的期权价格为 f_u；也有可能下降到 $dS_0(d<1)$，相应的期权价格为 f_d。这个过程可通过单期二叉树表示出来，如图 12-3 所示。

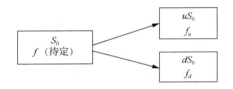

图 12-3　单期二叉树

为了对该欧式期权定价，采用无套利假设——市场上无套利机会存在。在无套利假设的基础上，构造一个股票和期权的组合，组合中有 Δ 份多头股票和一份空头期权。

如果该股票价格上升到 uS_0，则该组合在期权到期日的价值为 $uS_0\Delta - f_u$；如果该股票价格下降到 dS_0，则该组合在期权到期日的价值为 $dS_0\Delta - f_d$。根据无套利假设，该组合在股票价格上升和下降两种状态下的价值应该相等，即：$uS_0\Delta - f_u = dS_0\Delta - f_d$。由此可得：

$$\Delta = \frac{f_u - f_d}{S_0(u-d)} \tag{12-16}$$

式（12-16）意味着 Δ 是两个节点之间的期权价格增量与股价增量的比率。在采用这一比率时，该组合是无风险的。以 r 表示无风险利率，则该组合的现值为 $(uS_0\Delta - f_u)e^{-rT}$，又注意到该组合的当前价值是 $S_0\Delta - f$，故有：

$$S_0\Delta - f = (uS_0\Delta - f_u)e^{-rT} \tag{12-17}$$

即：

$$f = S_0\Delta - (uS_0\Delta - f_u)e^{-rT} \tag{12-18}$$

可得到基于单期二叉树模型的期权定价公式：

$$f = e^{-rT}\left[pf_u + (1-p)f_d\right] \quad (12-19)$$

式中，$p = \dfrac{e^{rT} - d}{u - d}$。

需要指出的是，由于我们是在无套利假设下讨论欧式期权的定价的，因此无风险利率应该满足：$d < e^{rT} < u$，亦即有 $0 < p < 1$。

（2）两期二叉树模型。

在单期二叉树模型中，股票和期权的价格只经过一个时间间隔的演化。如果初始时点距期权到期日的时间间隔太长，有可能计算误差过大。因此，在初始时点与期权到期日之间增加离散的时间点，缩短计算的时间间隔，有助于提高计算精度。

现在我们将初始时点距期权到期日的时间 T 分成两个相等的时间间隔，则每个时间间隔为 $\dfrac{T}{2}$。假设一只股票的初始价格是 S_0，基于该股票的欧式期权价格为 f，且每经过一个时间间隔，该股票价格或者增加到当前价格的 u（$u > 1$）倍，或者下降到当前价格的 d（$d < 1$）倍，无风险利率为 r。股票和期权价格的演化过程可通过图 12-4 所示的两期二叉树表示。

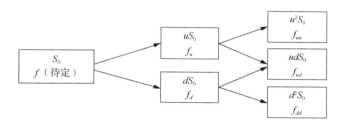

图 12-4　两期二叉树

类似于单期二叉树模型的期权定价方法，两期二叉树模型也采用无套利假设，由前向后逐步计算，可得到基于两期二叉树模型的期权定价公式：

$$\begin{aligned}
f &= e^{-r\frac{T}{2}}\left[pf_u + (1-p)f_d\right] \\
&= e^{-r\frac{T}{2}}\left[p^2 f_{uu} + 2p(1-p)f_{ud} + (1-p)^2 f_{dd}\right]
\end{aligned} \quad (12-20)$$

式中，$f_u = e^{-r\frac{T}{2}}\left[pf_{uu} + (1-p)f_{ud}\right]$，$f_d = e^{-r\frac{T}{2}}\left[pf_{ud} + (1-p)f_{dd}\right]$，$p = \dfrac{e^{-r\frac{T}{2}} - d}{u - d}$。

在式（12-14）中，p^2、$2p(1-p)$ 和 $(1-p)^2$ 分别是风险中性状态下最后一个时间间隔股票价格到达上节点、中间节点和下节点的概率。因此，期权的初始价格可认为是对期权在到期日的期望价格的贴现。

（3）多期二叉树模型。

如果我们将初始时点距期权到期日的时间 T 分成 n（$n \geqslant 3$）个相等的时间间隔，则每个时间间隔为 $\delta_t = \dfrac{T}{n}$。假设一只股票的初始价格为 S_0，且每经过一个时间间隔，股票价格或者增加到当前价格的 $u(u>1)$ 倍，或者下降到当前价格的 $d(d<1)$ 倍，无风险利率为 r，则在期权到期日，股票价格有 n 种可能结果：$u^n d^0 S_0, u^{n-1} d S_0, \cdots, u^0 d^n S_0$，它们在风险中性状态下出现的概率分别是 $C_n^0 p^n (1-p)^0, C_n^1 p^{n-1} (1-p)^1, \cdots, C_n^n p^0 (1-p)^n$。其中，$p = \dfrac{e^{r\delta_t} - d}{u - d}$。

假设 $f_{n,0}, f_{n-1,1}, \cdots, f_{0,n}$ 为与 n 种股票可能价格 $u^n d^0 S_0, u^{n-1} d S_0, \cdots, u^0 d^n S_0$ 对应的期权价格，X 为期权的执行价格，则在无套利假设下，股票看涨期权在到期日的价值为：

$$f_{n-i,i} = \max(u^{n-i} d^i S_0 - X, 0), \quad i = 0, 1, \cdots, n \qquad (12\text{-}21)$$

股票看跌期权在到期日的价值为：

$$f_{n-i,i} = \max(X - u^{n-i} d^i S_0, 0), \quad i = 0, 1, \cdots, n \qquad (12\text{-}22)$$

将该期权在到期日的期望价值贴现，即可得到期权的初始价格：

$$f = e^{-nr\delta_t} \sum_{i=0}^n C_n^i p^{n-i} (1-p)^i f_{n-i,i}, \quad i = 0, 1, \cdots, n \qquad (12\text{-}23)$$

参数 u、d 的取值由股票价格波动率 σ 确定：$u = e^{\sigma\sqrt{\delta_t}}$，$d = \dfrac{1}{u}$。

（六）影响期权价格的因素

期权价格除受内在价值和时间价值的影响外，还会受到以下几个因素的影响。

（1）执行价格。看涨期权的执行价格越低，或看跌期权的执行价格越高，期权被履约的可能性越大，期权价格中的内在价值也越高，期权价格越高。

（2）期权到期时间。期权到期时间的长短直接与期权被履约的可能性有关，到期时间越长，则无论是看涨期权还是看跌期权，被履约的可能性都越大，期权价格中包含的时间价值也越高。

（3）期权标的资产市场价格的变动趋势和波动性。标的资产市场价格看涨（跌）时，看涨期权的期权费就上升（下降），看跌期权的期权费就下降（上升）；标的资产市场价格波动越大，可能的获利机会越多，期权费越高；反之，标的资产市场价格波动越小，期权费越低。

（4）市场利率。市场利率越高，标的资产市场价格越低，看涨期权的内在价值和相应的期权费越少，看跌期权的内在价值和相应的期权费越多。

表 12-6 为看涨期权价格的影响因素。

表 12-6　看涨期权价格的影响因素

影响因素	看涨期权价格
标的资产市场价格提高	提高
执行价格提高	降低
标的资产市场价格波动性变大	提高
期权到期时间变长	提高
市场利率提高	提高

五、期权投资策略

（一）保护性看跌期权策略

保护性看跌期权策略是指投资者购买一份看跌期权，同时持有在此之前购买的标的资产。可以把此策略看作为了对冲价格下跌风险而加入的一种保险（通过买入看跌期权），对于持有标的资产的投资者来说，使用该策略可以事先锁定出售标的资产的价格，其净损益结构与持有看涨期权多头相似。

$$组合净损益=执行日的组合收入-初始投资$$

（1）标的资产价格<执行价格：组合净损益=执行价格-（标的资产购买价格+期权购买价格）

（2）标的资产价格>执行价格：组合净损益=标的资产售价-（标的资产购买价格+期权购买价格）

（二）抛补性看涨期权策略

抛补性看涨期权策略是指在购买一份标的资产的同时出售该标的资产的一份看涨期权。

$$组合净损益=执行日组合收入-初始投资$$

（1）标的资产价格<执行价格：组合净损益=标的资产售价+期权售价-标的资产购买价格

（2）标的资产价格>执行价格：组合净损益=执行价格+期权售价-标的资产购买价格

（三）同价对冲策略

同价对冲策略，也叫跨式组合，是指同时买进标的资产的看涨期权和看跌期权，它们的执行价格、到期时间都相同。同价对冲策略分为两种：底部同价对冲策略和顶部同价对冲策略。前者由两份多头组成，后者由两份空头组成。

同价对冲策略对于预期标的资产市场价格将发生剧烈变动，但是不知道是升高还是降低的投资者来说非常有用。

$$组合净损益=执行日组合收入-初始投资$$

（1）标的资产价格<执行价格：组合净损益=（执行价格-标的资产售价）-两种期权的购买价格

（2）标的资产价格>执行价格：组合净损益=（标的资产售价-执行价格）-两种期权的购买价格

第三节 金融互换

比较优势理论是经济学家李嘉图提出的。比较优势理论不仅适用于国际贸易，还适用于所有的经济活动。只要存在比较优势，双方就可以通过适当的分工和交换共同获利。金融互换是比较优势理论在金融领域最生动的运用。根据比较优势理论，只要满足以下两个条件，就可进行金融互换：①双方对彼此的资产或负债均有需求；②双方在两种资产或负债上存在比较优势。

一、金融互换的定义

金融互换是约定两个或两个以上当事人，按照商定条件，在约定的时间内，交换一系列现金流的合约。

二、金融互换的功能

金融互换具有以下几个主要功能。

（1）通过金融互换可在全球各市场之间进行套利，一方面可以降低筹资者的融资成本，提高投资者的资产收益；另一方面可以促进全球金融市场的一体化。

（2）利用金融互换，可以管理资产负债组合中的利率风险和汇率风险。

（3）金融互换为表外业务，可以逃避外汇管制、利率管制及税收限制。

三、金融互换的种类

金融互换主要包括利率互换和货币互换。

（一）利率互换

利率互换是指双方同意在未来的一定期限内，根据同种货币的同样的名义本金，交换现金流。其中，一方的现金流根据浮动利率计算，另一方的现金流根据固定利率计算。利率互换的期限通常在2年以上，有时甚至在15年以上。

利率互换有以下几个优点。

（1）风险较小。因为利率互换不涉及本金，双方仅互换利率，风险也只限于应付利息这一部分，所以风险相对较小。

（2）影响较小。因为利率互换对双方财务报表没有什么影响，现行的会计规则也未要求把利率互换列在报表的附注中，故可对外保密。

（3）成本较低。双方通过利率互换，都实现了自己的目的，同时降低了筹资成本。

（4）手续较简单，交易达成迅速。

利率互换的缺点是，利率互换不像期货交易那样有标准化的合约，可能存在违约风险，有时也可能找不到互换的另一方。

（二）货币互换

货币互换的主要原因是互换双方在各自国家的金融市场上具有比较优势。

货币互换是指两笔金额相同、期限相同、计算利率的方法相同，但货币不同的债务资金之间的调换。也就是说，货币互换是将一种货币的本金和固定利息与另一货币的等价本金和固定利息进行交换。货币互换流程如图12-5所示。

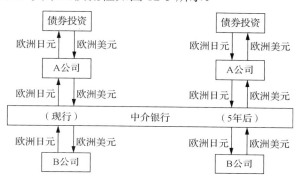

图 12-5 货币互换流程

简单来说，利率互换是相同货币债务间的调换，而货币互换则是不同货币债务间的调换。货币互换中，双方互换的是货币，它们之间各自的债权、债务关系并没有改变。初次互换的汇率假定为协定的即期汇率。货币互换的目的在于降低筹资成本，以及防止汇率变动造成损失。

货币互换的优点有以下几个。

（1）可降低筹资成本。

（2）满足了双方意愿。

（3）避免汇率风险，这是因为货币互换可以通过远期合约将汇率固定下来。

货币互换的缺点是，与利率互换一样，货币互换也存在违约或不履行合同的风险，如果是这样，另一方必然会因利率、汇率变动而遭受损失。

（三）其他金融互换

金融互换实质上是现金流的交换。根据不同的计算或确定现金流的方法，可以将金融互换分为不同品种，除利率互换和货币互换外，其他主要的金融互换有以下几种。

（1）交叉货币利率互换。交叉货币利率互换是利率互换和货币互换的结合，是以一种货币的固定利率交换另一种货币的浮动汇率。

（2）增长型互换、减少型互换和滑道型互换。在标准的金融互换中，名义本金是不变的，而在这三种金融互换中，名义本金是可变的。其中，增长型互换的名义本金在开始时较小，随着时间的推移逐渐增大；减少型互换则正好相反，其名义本金随时间的推移逐渐变小；滑道型互换的名义本金则在互换期内时而增大，时而变小。

（3）基点互换。在普通的利率互换中，互换一方是固定利率，另一方是浮动利率。而在基点互换中，双方都是浮动利率，只是两种浮动利率的参照利率不同。

（4）可延长互换和可赎回互换。在标准的金融互换中，期限是固定的，而可延长互换的一方有权在一定限度内延长互换期限；可赎回互换的一方则有权提前中止互换。

（5）远期互换。远期互换是指互换生效日是未来某一确定时间的金融互换。

（6）互换期权。互换期权从本质上属于期权而不是互换，该期权的标的物为金融互换。例如，利率互换期权本质上是把固定利率交换为浮动利率，或把浮动利率交换为固定利率的权利。但许多机构在统计时都把互换期权列入金融互换的范围。

（7）股票互换是将股票指数产生的红利和资本利得与固定利率或浮动利率交换。投资组合管理者可以用股票互换把债券投资转换成股票投资，反之亦然。

第十二章习题

第十三章

投资基金概述

学习目标

- 理解投资基金的特点与优势;
- 掌握公司型基金和契约型基金的投资特点;
- 掌握开放式基金和封闭式基金的投资特点;
- 理解公募基金和私募基金的投资特点;
- 掌握投资基金估值方法;
- 理解投资基金的分类与投资特点。

投资者可能缺少充分的时间对市场进行关注和分析,也可能缺少必要的专业知识、专业技术和信息,因此可能难以做出合理的投资决策,此时投资基金成为一个值得考虑的选择。本章主要介绍投资基金分类、投资基金估值方法。本章思维导图如图 13-1 所示。

思维导图

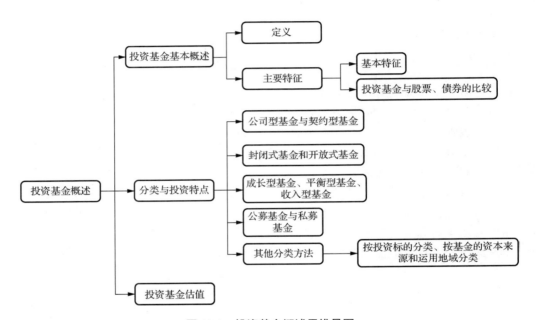

图 13-1　投资基金概述思维导图

第一节 投资基金基本概述

一、投资基金的定义

投资基金是一种通过发行基金证券集中投资者的资金,将资金交由专家管理,以资产的保值增值等为根本目的,从事股票、债券等金融工具投资,投资者按投资比例分享其收益并承担风险的投资工具。投资基金可以把投资者的资金转换成金融资产,通过专门机构在金融市场上再投资,使货币资产得到增值。投资基金本身属于有价证券的范畴。投资基金与股票、债券一起构成有价证券的三大品种。

投资基金起源于19世纪的英国;第一次世界大战后,投资基金盛行于美国;第二次世界大战后,投资基金进入了一个新的发展阶段,在世界各地都得到了广泛发展。

二、主要特征

(一)投资基金的基本特征

(1)集合投资。投资基金将零散的资金巧妙地汇集起来,交给专业机构投资于各种金融工具,以谋取资产的增值。这种运作模式体现了投资基金可以将分散的小额资金汇集成统一的巨额资金的集合投资优势。

(2)分散风险。投资基金一方面可以凭借其雄厚的资金,在法律规定的投资范围内进行科学的组合,分散投资多种证券,使每个投资者面临的投资风险变小;另一方面,又可以利用不同的投资对象之间的互补性,达到分散投资风险的目的。同时,投资基金将基金财产的管理权与托管权分开,体现了投资基金的安全优势。

(3)专家管理。投资基金由具有专业化知识的金融专家经营管理,又有精通投资业务的投资银行参与,因此能够更好地利用各种金融工具,抓住各个市场的投资机会,创造更高的收益。

(4)低交易成本。投资基金公司会进行大规模交易,因此可以在经纪费用和佣金方面获得优惠。

(5)交易便捷。投资基金从发行到收益分配、交易、赎回,都有专门的机构负责,特别是可以将收益自动转化为再投资,使整个投资过程更轻松、简便。

(二)投资基金与股票、债券的比较

(1)契约关系不同。债券反映债权、债务关系;股票反映产权关系;投资基金(信托型)反映信托关系。

(2)收益和投资风险不同。债券收益较固定,投资风险较小;股票收益不固定,投资风险较大;投资基金通过组合投资减小了风险,因此,其投资风险比股票相对要小,比债券相对要大,可能取得的收益比债券要高,比股票要低。

第二节 分类与投资特点

一、公司型基金与契约型基金

按照法律地位的不同,可以将投资基金分为公司型基金和契约型基金。

(一)公司型基金

公司型基金是指以股份有限公司的形式组建的以盈利为目的的基金股份有限公司。一般投资者通过认购基金购买该公司的股份,从而成为该公司的股东,凭其持有的股份依法享有投资收益。公司型基金要设立董事会,重大事项应由董事会讨论决定。

公司型基金的主要特点有:①投资基金的资金即为公司的资本;②公司型基金的结构和一般股份有限公司类似;③公司是基金财产的法定持有人,而投资者则是该公司的股东,也是基金财产的最终持有人;④公司型基金在具体运作上和普通股份有限公司有所差异。

(二)契约型基金

契约型基金(信托型基金)是指由基金管理公司(管理人)、基金托管机构(托管人)和基金投资者三方订立"信托契约"的一种投资基金形式。这种模式下,由基金管理公司(管理人)设立基金,发布基金招募说明书(其目录见表13-1),负责基金的管理操作;由基金托管机构(托管人)负责基金资产的保管和处置;投资成果由基金投资者分享。

表 13-1 基金招募说明书目录

一、绪言	十二、基金的收益分配
二、释义	十三、基金费用与税收
三、基金管理人	十四、基金的会计与审计
四、基金托管人	十五、基金的信息披露
五、相关服务机构	十六、风险提示
六、基金的募集	十七、基金的终止与清算
七、基金合同的生效	十八、基金合同的内容摘要
八、基金份额的申购、赎回与转换	十九、基金托管协议的内容摘要
九、基金的投资	二十、对基金份额持有人的服务
十、基金的财产	二十一、其他应披露的事项
十一、基金资产的评估	二十二、招募说明书存放及查阅方式

契约型基金的主要特点有:①契约型基金的核心是"信托契约",契约型基金是委托代理性质,其成立与运作均需按"信托契约"进行,在组织上不是一个独立的法人机构。②契约型基金由基金管理公司(管理人)设立,并由基金管理公司(管理人)自行管理或

聘请经理人代为管理。③基金托管机构（托管人）接受基金投资者的委托，并且以委托人的名义为基金注册和开立户头。该基金户头完全独立于基金托管机构（托管人）的账户，即使基金托管机构（托管人）倒闭，其债权人也不能动用基金的财产。

（三）公司型基金与契约型基金的比较

公司型基金与契约型基金的不同点主要有以下几个方面。

（1）资金的性质不同。公司型基金的资金是通过发行普通股票筹集起来的，为公司法人的资本；契约型基金的资金是通过发行受益凭证筹集起来的信托财产。

（2）投资者的地位不同。公司型基金的投资者购买基金公司的股票后成为该公司的股东，享有表决权；契约型基金的投资者购买受益凭证后成为基金契约的当事人之一，即受益人，无表决权。因此，公司型基金的投资者可以通过股东大会享有管理公司的权利，而契约型基金的投资者没有管理基金资产的权利。

（3）基金的营运依据不同。公司型基金依据公司章程营运基金，契约型基金依据"信托契约"营运基金。

二、封闭式基金和开放式基金

按照能否赎回，可将投资基金分为封闭式基金和开放式基金。

（一）封闭式基金

封闭式基金是指在该基金形式下，基金发起人在设立基金时，会限定发行总份额，筹集到发行总份额后基金宣告成立，并具有一定的封闭期，在封闭期内基金份额持有人不得申请赎回，基金总份额不再增减。封闭式基金在基金成立后的一定时期内不再有新基金份额的追加，因此又称为固定型投资基金。投资者如果想变现资产，只能将基金份额卖给其他投资者。基金单位的流通采取在证券交易所上市的办法，投资者买卖基金份额都必须通过证券经纪人在二级市场上进行，其价格随行就市。封闭式基金的期限是指基金的存续期，即从基金成立到基金终止的时间。

封闭式基金的主要特点有：①封闭式基金一般有明确的封闭期限；②封闭式基金在二级市场交易时，其价格由市场供求关系、基金业绩、市场行情等因素共同决定；③封闭式基金的基金总份额是固定的，不会时而增加、时而减少。

（二）开放式基金

开放式基金是指在基金设立时，基金发行总份额不固定，投资者可随时向基金管理公司认购或赎回基金份额，申购或赎回的价格按照基金的净资产值计算。基金管理公司在设立开放式基金时，基金发行总份额不固定，可视投资者的需求追加发行。投资者也可根据市场状况和投资决策，买入或赎回基金份额。为了满足投资者中途抽回资金变现的要求，开放式基金一般会从所筹资金中拨出一定比例，以现金形式保存。这虽然会影响基金的盈利水平，但对于开放式基金来说是必需的。

开放式基金的主要特点有：①开放式基金一般不通过证券交易所进行买卖，而是委托商业银行等金融机构开设内部交易柜台进行交易；②基金份额的价格不受市场供求的影响，而是由基金份额所代表的净资产值和手续费决定，不会产生溢价或折价；③开放式基金为了满足投资者随时可能提出的赎回要求，一般投资于开放程度较高、规模较大的市场，不能将全部资金用于长线投资，同时要备有一定的现金。

在证券交易所交易的开放式基金是将封闭式基金的交易便利性与开放式基金的可赎回性相结合的一种新型基金。一方面，它可以像封闭式基金一样在二级市场进行买卖；另一方面，它可以像开放式基金一样随时申购和赎回。

上海证券交易所推出了交易型开放式指数基金和上市开放式基金。

（1）交易型开放式指数基金：它的申购是用一篮子股票换取交易型开放式指数基金份额，赎回时也是换回一篮子股票而不是现金。

（2）上市开放式基金：它可以在场外基金销售机构进行基金份额的认购、申购、赎回，在证券交易所进行基金份额的认购、申购、赎回及交易，是把场外市场和场内市场有机结合的新型基金，其认购、申购和赎回均以现金形式进行。

（三）封闭式基金与开放式基金的比较

封闭式基金与开放式基金的不同点主要有以下几个方面。

（1）存续期限不同。封闭式基金通常有固定的封闭期，即基金从成立到终止的时间，通常在5年以上，一般为10年或15年，经受益人大会通过并经主管机关同意可以适当延长期限；开放式基金没有固定的封闭期，投资者可随时向基金管理人赎回基金单位。

（2）发行规模不同。封闭式基金在招募说明书中列明其基金规模，在封闭期内未经法定程序认可不能再发行其他基金份额；开放式基金没有发行规模限制，投资者可随时提出申购或赎回申请，基金规模会随之增加或减少。

（3）交易方式不同。封闭式基金的基金份额在封闭期内不能赎回，投资者只能通过在证券交易所出售给第三者的方式进行转让；开放式基金的投资者则可以在首次发行结束一段时间（多为3个月）后，随时提出申购或赎回申请。

（4）交易价格不同。封闭式基金与开放式基金的首次发行价格都是按面值加一定百分比的手续费计算，而之后的交易计价方式有所不同。封闭式基金的交易价格受市场供求关系的影响，常出现溢价或折价现象，并不必然反映基金的净资产值；开放式基金的交易价格则取决于基金每单位净资产值的大小，申购价格一般是基金单位净资产值加一定的购买费，赎回价格是基金单位净资产值减去一定的赎回费，不直接受市场供求影响。

（5）投资策略不同。封闭式基金的基金总份额不变，资本不会减少，因此可进行长期投资，基金资产的投资组合能有效地在预定计划内进行；开放式基金的基金单位可随时赎回，为满足投资者随时赎回的要求，不能将全部基金资产用来投资，更不能将全部基金资产用来进行长期投资，必须保持基金资产的流动性，在投资组合上需保留一部分现金和高流动性的金融产品。

(6) 信息披露标准不同。基金单位资产净值公布的时间不同，封闭式基金的单位资产净值每周公布一次；开放式基金则每日公布其单位资产净值。

三、成长型基金、平衡型基金和收入型基金

按照投资目标，可以将投资基金分为成长型基金、平衡型基金和收入型基金。

（一）成长型基金

成长型基金追求的是基金资产的长期增值。相对于现时收入，成长型基金更看重资本利得的前景。为了实现这一目标，基金管理人通常将基金资产投资于信誉度较高、有长期成长前景或长期盈余的所谓成长型公司的股票。成长型基金是投资基金中最常见的一种。

（二）平衡型基金

平衡型基金将基金资产分别投资于权益证券和固定收益证券，并保持一个相对稳定的比率，即在以取得收入为目的的债券及优先股和以资本增值为目的的普通股之间进行平衡和选择。平衡型基金一般将 25%~50%的基金资产投资于债券及优先股，将其余的资产投资于普通股。平衡型基金的主要目的是从其投资的债券及优先股中得到适当的利息收益，从普通股中获得一定的升值收益。

平衡型基金的特点是风险比较低，但成长的潜力不大。

（三）收入型基金

收入型基金倾向于持有可提供高股利收入公司的股票，以获取较高的现时收入。收入型基金一般可分为固定收入型基金和股票收入型基金。

固定收入型基金的主要投资对象是债券和优先股，因而尽管收益率较高，但长期成长的潜力很小，而且当市场利率波动时，基金净值容易受到影响。

股票收入型基金的成长潜力比较大，但易受股市波动的影响。

四、公募基金与私募基金

按照募集方式，可以将投资基金分为公募基金和私募基金。

（一）公募基金

公募基金是指以公开发行方式向社会公众投资者募集基金资金，并以证券为投资对象的投资基金。

公募基金必须按规定向社会公众投资者公布信息，而且投资者人数不受限制，具有公开性、可变现性及高规范性等特点。2015—2020 年我国公募基金数量增长图如图 13-2 所示，其中，公募基金类型包括股票型基金、混合型基金、债券型基金、货币市场基金、QDII 基金等，如图 13-2 所示。

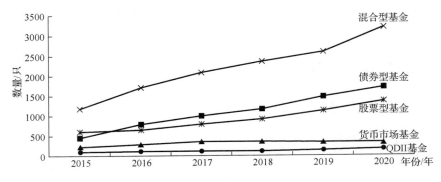

图 13-2 2015—2020 年我国公募基金数量增长图

数据来源：Wind 数据库

（二）私募基金

私募基金是指以非公开发行方式向特定投资者募集基金资金，并以证券为投资对象的投资基金。

（三）公募基金与私募基金的比较

公募基金与私募基金的不同点主要有以下几个方面。

（1）募集资金的方式不同。公募基金募集资金是通过公开发售的方式进行的，而私募基金则是通过非公开发售的方式募集资金。公募基金可以通过基金公司网站、银行代售等方式公开发行，向社会公众投资者募集基金；私募基金则属于私密性质，只能向特定的机构或个人发行来募集相应的资金，无法进行公开发行。

（2）信息披露要求不同。公募基金的信息披露被严格监管，要求十分严格，每个季度都要详细地披露其投资组合、持仓比例等信息；私募基金的信息披露要求较低，有非常不错的保密性。

（3）资金参与要求不同。公募基金产品规模通常较大，一般为几亿元至几百亿元；私募基金单只基金的资产规模相对较小，一般为几千万元至几十亿元。公募基金在投资品种、投资比例等方面有严格的限制，投资门槛起点也比较低；而私募基金的投资限制较少，投资门槛起点较高。

（4）投资目标不同。公募基金的投资目标是超越业绩比较基准，以及追求同行业的较高排名；而私募基金的投资目标是追求绝对收益和超额收益。但同时，私募基金投资者所要承担的风险也较高。公募基金规模庞大，因此其主要收入来源为每年投资者支付的固定管理费，这笔管理费用足以维持公募基金公司的正常运作。而私募基金的收入来源主要为浮动管理费，该费用的多少与基金净值相关，这就意味着私募基金公司必须给投资者持续赚钱才能盈利。

（5）投资范围不同。公募基金投资范围较小，只能选择股票或债券进行投资；私募基金的投资范围较广，不仅可以投资股票和债券，还可以投资非上市公司股权、房地产、有风险企业等。公募基金在股票投资上受限较多，对仓位等有明确限制；私募基金的投资限制较少，仓位灵活。

（6）可能收益不同。公募基金享受市场整体的回报，基金的超额收益不可能长期脱离业绩基准，规模越大，公募基金获取市场平均收益的可能越大；私募基金的收益则十分丰厚。

五、其他分类方法

（一）按投资标的分类

按投资标的，可将投资基金分为债券型基金、股票型基金、货币市场基金、指数型基金、杠杆基金、创业基金等。

1. 债券型基金

债券型基金是指以债券为主要投资对象的投资基金。债券型基金的风险较低，适合稳健型投资者。

2. 股票型基金

股票型基金是指以股票为主要投资对象的投资基金。股票型基金侧重于追求资本利得和长期资本增值。基金管理人拟定投资组合，将资金投放到一个或几个国家的股票市场，甚至可以投放到全球的股票市场，以达到分散投资、降低风险的目的。股票型基金不仅有不同的风险类型可以选择，还可以克服股票市场普遍存在的区域性投资限制的弱点。此外，股票型基金还具有变现性强、流动性强等优点。

3. 货币市场基金

货币市场基金是指以货币市场为投资对象的投资基金，其投资对象的期限在一年内，包括银行短期存款、短期国债、公司债券、银行承兑票据及商业票据等。货币市场基金通常被认为是无风险或低风险的投资。

4. 指数型基金

指数型基金是指功能上近似或等于所编制的某种证券市场价格指数的投资基金。指数型基金可以使投资者获取与市场平均收益率接近的投资回报率，因为它可以按照不同证券在某一指数中的权重，相应地购买同样比率的证券组合。指数型基金收益会随着当期的价格指数上下波动，当价格指数上升时，基金收益增加，反之收益减少。

指数型基金的优势是：①费用低廉，指数型基金的管理费较低，尤其交易费用较低；②风险较小，指数型基金的投资非常分散，可以基本消除投资组合的非系统性风险，而且可以避免由于基金持股集中带来的流动性风险；③在以机构投资者为主的市场中，指数型基金可获得市场平均收益率。

5. 杠杆基金

杠杆基金是指投资于期货、期权、认股权证等具有杠杆作用的金融工具的投资基金。杠杆基金可能获得的收益很高，但风险也极大。

6. 创业基金

创业基金的投资目标主要是那些不具备上市资格的小型企业及新兴企业，追求高风险下的高回报。被创业基金选中的投资目标往往是具有增长潜力，但暂时缺乏发展资金的创业公司。

（二）按基金的资本来源和运用地域分类

按资本来源和运用地域，可将投资基金分为国内基金、国际基金、离岸基金、海外基金。

1. 国内基金

国内基金是指基金资本来源于国内并投资于国内金融市场的投资基金。一般而言，国内基金在一国基金市场上占主导地位。

2. 国际基金

国际基金是指基金资本来源于国内但投资于国外金融市场的投资基金。因为各国的经济和金融市场发展不平衡，所以在不同国家投资会有不同的投资回报，通过国际基金的跨国投资，可以为本国资本带来更多的投资机会，并在更大范围内分散投资风险，但国际基金的投资成本和费用一般也较高。

3. 离岸基金

离岸基金是指基金资本从国外筹集并投资于国外金融市场的投资基金。离岸基金的特点是两头在外。离岸基金的资产注册登记不在母国，为了吸引全球投资者的资金，离岸基金一般都在素有"避税天堂"之称的地区注册，因为这些地区对个人投资的资本利得、利息和股息收入都不收税。

4. 海外基金

海外基金是指基金资本从国外筹集并投资于国内金融市场的基金。海外基金通过发行受益凭证，把筹集到的资金交由指定的投资机构集中投资于股票和债券，把所得收益进行再投资，或者将其作为红利分配给投资者。

第三节　投资基金估值

一、投资基金的单位资产净值

投资基金的单位资产净值是指在某一时点上，某一投资基金每份基金单位实际代表的价值，是基金单位的内在价值。单位资产净值是衡量一个基金经营好坏的主要指标，也是基金单位价格的计算依据。一般情况下，基金单位价格与基金单位资产净值趋于一致，即基金单位资产净值增长时，基金单位价格也会随之提高。开放式基金可以很好地说明这一点，其基金单位的申购价格或赎回价格是直接按基金的单位资产净值来计价的。但是，封闭式基金是在证券交易所上市的，因此其价格除取决于基金单位资产净值外，还受到市场供求状况、经济形势、政治环境等多种因素的影响，其单位价格与单位资产净值常发生偏离。

计算投资基金单位资产净值的方法一般有两种：已知价计算法和未知价计算法。

1．已知价计算法

已知价又称历史价，是指上一个交易日的收盘价。已知价计算法是指基金管理人根据上一个交易日的收盘价来计算基金金融资产（包括股票、债券、期货合约、认股权证等）的总额，将其加上现金资产，然后除以已售出的基金单位总份额，即可得出单位资产净值。采用已知价计算法，投资者当天就可以知道基金单位价格，可以及时办理交割手续。计算公式如下所示：

$$基金单位资产净值 = \frac{根据上一个交易日收盘价计算的基金金融资产总额 + 现金资产}{已售出的基金单位总份额}$$

2．未知价计算法

未知价又称期货价，是指当日证券市场上各种金融资产的收盘价。未知价计算法是指基金管理人根据当日收盘价来计算基金的单位资产净值。在实行这种计算方法时，投资者要在第二天才知道基金单位价格。计算公式如下所示：

$$基金单位资产净值 = \frac{根据当日收盘价计算的基金金融资产总额 - 基金负债总额}{已售出的基金单位总份额}$$

在中国，投资基金基本上采用未知价计算法进行估值。

投资基金的单位资产净值的估值方法会随投资对象的变化做相应调整。

二、投资基金的回报率

$$投资基金的回报率 = \frac{NAV_1 - NAV_0 + 收入与资本利得的分配}{NAV_0}$$

式中，NAV_1 为投资基金在投资期末的净资产价值；NAV_0 为投资基金在投资期初的净资产价值。

第四节　中国（不含港、澳、台）投资基金发展情况

（一）投资基金的产生及初期发展阶段（1987—1993 年）

1．投资基金的产生

中国的投资基金是在 1987 年前后产生的。这一阶段，由外资金融机构或中外合资金融

机构联合设立的,以中国市场为投资对象的各类投资基金不断涌现。到 1993 年,各地大大小小的基金管理公司大约有 70 家。

2. 投资基金的产生及初期发展阶段存在的问题

(1) 这一时期的投资基金绝大部分都是由地方政府批准发行的,而且有关的基金法规非常不完善,只有一些地方政府制定的基金规章。

(2) 这时的投资基金均在场外交易,对投资基金发行与交易的监管很不完善,甚至出现了基金管理人与基金托管人同为一个机构的现象。

(3) 投资基金内部的运作机制很不合理,缺乏有效的监督,存在随意投资的现象。大量的资金被浪费或套牢在股市或房地产上。投资基金普遍出现严重的亏损,投资效益极为低下。

(二) 投资基金公开上市交易阶段 (1993—1997 年)

1. 公开上市交易阶段投资基金发展情况

1993 年 8 月,淄博基金在上海证券交易所公开上市,以此为标志,中国的投资基金进入了公开上市交易阶段。据统计,到 1997 年年底,全国共有各类基金管理公司近百家,总资产在一百亿元左右。

2. 公开上市交易阶段投资基金发展的主要特点

(1) 以信托型基金为主:在投资基金中,绝大多数为信托型基金。

(2) 以封闭型基金为主:封闭型基金比较稳定,管理也较为容易,符合中国当时的发展水平。

(3) 以全能性基金为主:多数投资基金的投资领域相当广泛,除了可以投资于股票、债券、实业,也可以投资于房地产、高新技术项目。

3. 公开上市交易阶段投资基金存在的主要问题

在公开上市交易阶段,基金法规不完善,监管缺乏经验,因此存在许多问题,主要有以下几个。

(1) 投资基金发起人没有健全的组织机构和管理制度,经营行为不规范。

(2) 投资基金的资本构成不规范,一些机构向非合格投资者募集资金,证券类结构化基金不符合杠杆率要求。

(3) 投资基金信托关系不规范,委托人以非法财产或者法律规定不得设立信托的财产设立信托。

(4) 投资基金的性质不明确,未按合同约定进行信息披露、未按规定备案基金。

(5) 内部监控不力,盲目投资的现象比较严重;信息披露不规范。

(6) 人才不足,机构运作能力不强,自律意识差。

（三）封闭式证券投资基金发展阶段（1997—2001年）

1. 封闭式证券投资基金与原有投资基金的区别

封闭式证券投资基金与已经在沪深两市进行交易的原有投资基金相比，虽然同属封闭式基金，但是二者存在很大的区别：一是规范化程度不同，原有投资基金缺乏基本的法律规范，普遍存在法律关系不清、无法可依、监管不力的问题；二是基金规模不同，原有投资基金整体规模较小；三是专业化程度不同，原有投资基金并不以上市证券为基本投资方向，而是大量投向了房地产、企业等产业部门；四是发行方式不同，1998年，封闭式基金发展迅速，但仍无法满足投资者的需求，在这个阶段，中国封闭式基金的发行采取了"比例配售"方式。

2. 封闭式证券投资基金发行上市的重大意义

封闭式证券投资基金比原有投资基金更具有优势和实力，封闭式证券投资基金的发行上市意义重大。一方面，发展证券投资基金对于增加股市资金构成主体、扩大股市资金来源渠道具有重要意义；另一方面，发展证券投资基金是培育场内机构投资者的一个重要途径，这对股市的稳定发展起到了十分重要的作用。

3. 发展封闭式证券投资基金面临的问题

在存在过度投机的证券市场中，发展封闭式证券投资基金，直接面临着几个问题：一是如何保证基金投资者的安全和收益；二是证券投资基金的收益主要应从哪里获得；三是如何保证证券投资基金本身不过度投机；四是如何完善基金管理公司的法人治理结构。

在中国证券市场的实践中，正是由于以上问题未能很好地解决，封闭式证券投资基金在操作中出现了过度投机的现象，"基金黑幕"问题就是一个典型的例证。

（四）开放式证券投资基金发展阶段（2001年以后）

2001年后，开放式证券投资基金得到迅速发展，并迅速发展出其他形式的证券投资基金。

1. 开放式证券投资基金的优势

开放式证券投资基金最主要的优势在于，可以建立起投资者对基金管理人的有效制约机制，通过投资者"用脚"投票和基金单位自由赎回的方式，迫使基金管理人一心一意地搞好本职工作。

2. 如何促进中国投资基金的发展

创立良好的市场环境对发展中国投资基金来讲非常重要，必须做好以下几方面的工作：一是完善基金立法，在颁布《中华人民共和国证券投资基金法》之后，要配套一系列实施细则，还应制定相关配套的法律；二是建立规范化的基金监管体系；三是制定正确的投资基金发展步骤；四是加强理论研究，培养基金人才；五是完善证券市场，为投资基金创造发展的良好环境。

1998——2020年中国基金（管理公司）的数量和规模增长情况如表13-2所示。

表13-2　1998——2020年中国基金（管理公司）的数量和规模增长情况

年份/年	基金总数/只	封闭式基金/只	开放式基金/只	基金管理公司/家	基金净值/亿元
1998	5	5	0	5	103.64
1999	19	19	0	10	484.16
2000	33	33	0	10	845.91
2001	51	48	3	14	818.10
2002	67	54	13	17	1112.92
2003	104	54	50	25	1572.74
2004	161	54	107	37	3246.40
2005	222	54	168	47	4607.78
2006	321	53	268	52	8552.71
2007	366	35	331	57	32853.28
2008	474	33	441	59	19427.37
2009	621	33	588	60	26829.61
2010	785	31	754	60	25275.43
2011	944	69	875	66	21879.79
2012	1173	68	1105	72	28661.81
2013	1552	137	1415	89	30020.71
2014	1897	134	1763	95	45353.61
2015	2722	164	2558	106	83971.83
2016	3867	303	3564	110	91593.05
2017	4841	480	4361	116	115996.86
2018	5626	669	4957	125	130346.50
2019	6544	861	5683	132	147672.51
2020	7913	1143	6770	138	198914.91

第十三章习题

第十四章

投资基金运营管理

学习目标

- 掌握投资基金的设立条件和运行机制;
- 掌握投资基金的发行方式及交易方式;
- 理解投资基金的管理流程;
- 掌握投资基金的资产配置决策方法;
- 掌握投资组合管理策略;
- 理解投资基金的绩效评估方法。

了解投资基金的运营管理方式,有利于投资者选择更适合自己风险偏好和承受能力的投资基金。本章主要介绍投资基金的设立条件、运行机制、发行方式、交易方式、策略风格、绩效评估方法等内容。本章思维导图如图 14-1 所示。

思维导图

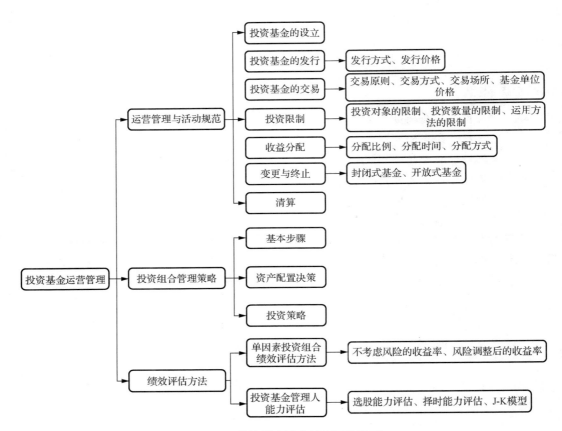

图 14-1 投资基金运营管理思维导图

第一节 运营管理与活动规范

一、投资基金的设立

投资基金的设立必须具备两个条件：有发起人；制订相关的文件，对各个当事人的地位、角色、职责权限和投资基金的性质、功能、投资目标和策略等做出相应的文字性说明。相关的文件包括基金章程、信托契约和公开说明书。

投资基金的设立，大致包括以下环节：①发起人选择基金投资方向和基金形式；②选择基金托管人并签订协议；③制订相关的文件；④提出设立投资基金的申请并提供所需文件；⑤主管部门审核批准；⑥发起人公开发行基金受益凭证。

二、投资基金的发行

投资基金的发行方式一般可分为两种：私募发行、公开发行。

投资基金的发行价格是指投资基金在发行市场出售的价格。

基金受益凭证不能溢价发行，其发行价格通常是由基金单位资产净值和发行手续费来确定：

$$发行价格=基金单位资产净值+发行手续费$$

$$发行手续费=基金单位资产净值 \times 发行手续费率$$

基金单位资产净值是基金单位价格的价值基础，基金单位价格以基金单位资产净值为中心上下波动。

需要注意的是，因为封闭式基金的发行总份额有限，而投资者对基金份额的需求有可能高于或者低于市场的供应量，所以可能会导致基金单位价格的溢价或者折价。

三、投资基金的交易

（一）交易原则

封闭式基金交易原则：①交易采用"公开、公平、公正"和"价格优先、时间优先"的原则；②基金交易申请以标准手数为单位进行，价格变化单位为 0.001 元；③在证券市场的交易日可以随时委托买卖基金份额。

开放式基金交易原则：①交易采用"未知价"原则和"金额申购、份额赎回"原则；②申购费率各不相同；③当日的申购和赎回申请可以在基金管理人规定的时间之前撤销；④基金存续期间，单个基金账户最高持有基金单位的比例不超过基金单位总份额的 10%；⑤基金存续期间，单个投资者申购的基金份额加上上一开放日其持有的基金份额不得超过上一开放日基金单位总份额的 10%，超过部分不予确认；⑥基金管理人可根据基金运作的实际情况更改上述原则。

（二）交易方式

封闭式基金采用竞价买卖方式进行交易；开放式基金采用柜台申购或赎回的方式进行交易。

具体而言，开放式基金中，投资者的交易行为可分为五种：认购、申购、赎回、转换和变更。认购主要是指开放式基金募集发行时投资者的购买行为；申购主要是指开放式基金上市后的投资者认购行为；赎回是开放式基金上市后的投资者卖出行为；转换是指不同基金之间基金单位的转变，如投资者在伞形结构下进行基金或在不同系列基金之间的转换；变更是指投资者的非交易过户行为，如继承、捐赠、司法执行等原因导致的受益人变更。其中，申购与赎回是最基本的交易行为。

（三）交易场所

封闭式基金的交易场所为全国性证券交易所或区域性证券交易中心；开放式基金的交易场所为专门柜台。

（四）基金单位价格

（1）封闭式基金的基金单位价格以基金单位资产净值为基础，但主要由市场供求来确定。封闭式基金在交易过程中经常出现溢价和折价现象。

（2）开放式基金的基金单位价格则不是随行就市的，而是由基金单位资产净值来确定。开放式基金一般是每天报价，并且每天只有一个买入价和卖出价。开放式基金的基金单位价格，不受市场供求关系的影响，不会出现溢价或折价现象。

四、投资限制

投资基金通过发行筹集资金后，就要运用资金进行投资，以取得投资利润和收益。而这种投资会受到一定的限制并且应遵循一定的投资政策。

为了保障投资者的利益，各国一般会制定相应法律、法规，对投资基金的投资对象、投资数量及运用方法做出各种限制。

（一）投资对象的限制

一般来说，投资基金的主要投资对象为证券市场的各种有价证券，包括上市公司的股票、新股认购权证、国债、地方政府债券、公司债券、可转换公司债券、金融债券等。

（二）投资数量的限制

为了分散投资基金的投资风险，各国一般会对投资基金的投资数量进行一定的限制：投资于一家公司股票的数量不得超过该公司已发行股份总数的一定比例；对于同一种证券的投资额不得超过该基金资产净值的一定比率。

（三）运用方法的限制

基金管理公司运用基金财产的方法也会受到限制，主要的限制有以下几个。
（1）禁止与自身有关系的交易。
（2）限制基金财产相互间的交易。
（3）禁止用基金财产进行信用交易。
（4）禁止动用基金财产进行抵押、担保及经营贷款业务。

五、收益分配

投资基金的收益分配，主要涉及分配比例、分配时间和分配方式等内容。

（一）分配比例

投资基金的收益分配比例即可分配收益中用于分配给投资者的收益所占的比例。

（二）分配时间

债券基金和货币市场基金每月或每季度分配1次。

封闭式基金的收益分配每个会计年度不得少于1次，分配比例不得低于基金年度已实现收益的90%。当年收益先弥补上一年度的亏损，当年亏损则不进行收益分配。

开放式基金的收益分配由合同约定，约定内容包括分配时间、分配比例、分配方式等。

（三）分配方式

投资基金的收益分配方式一般有四种：①将可分配收益以现金形式发放；②将可分配收益折成基金单位派送；③将可分配收益按基金单位资产净值折成相应的基金单位份额滚入本金进行再投资；④将以上几种方式结合使用。

六、变更与终止

（一）封闭式基金的变更与终止

1. 封闭式基金的扩募或续期

封闭式基金只要具备国家证券监管部门规定或基金契约规定的条件，就可以进行扩募或续期：①基金运营业绩良好；②基金管理人最近三年内没有因违法违规行为受到行政处罚或者刑事处罚；③基金份额持有人大会决议通过；④《中华人民共和国证券投资基金法》规定的其他条件。

2. 封闭式基金的转型

封闭式基金的转型是指基金由契约型封闭式转变为契约型开放式。中国对封闭式基金的转型条件一般规定如下：①基金管理人（托管人）必须具备管理（托管）开放式基金所必需的人才、技术、设施等必要条件；②基金管理人、托管人最近三年内无重大违法、违规行为；③基金持有人大会同意基金的转型；④中国证监会规定的其他条件。在具备上述条件后，基金管理人可以在基金存续期内向中国证监会申请转型，该申请由中国证监会审查批准。

3. 封闭式基金的终止

《中华人民共和国证券投资基金法》规定，出现下列情形之一时，基金合同终止：

①基金合同期限届满而未延期；②基金份额持有人大会决定终止；③基金管理人、基金托管人职责终止，在六个月内没有新基金管理人、新基金托管人承接；④基金合同约定的其他情形。

（二）开放式基金的变更与终止

开放式基金不具有封闭期，因此其终止因素也就不尽相同。中国大部分开放式基金都在契约中对基金的终止条件进行了约定。一般来说，当出现下列情形之一时，基金应当终止：

①存续期内，基金持有人数量连续 60 个工作日达不到 100 人，或连续 60 个工作日基金资产净值低于 5000 万元人民币，基金管理人将宣布基金终止；②基金经持有人大会表决终止；③因重大违法、违规行为，基金被中国证监会责令终止；④基金管理人因解散、破产、撤销等事由，不能继续担任当前基金管理人的职务，而且无其他适当的基金管理人承接其原有权利及义务；⑤基金托管人因解散、破产、撤销等事由，不能继续担任当前基金托管人的职务，而且无其他适当的基金托管人承接其原有权利及义务；⑥由投资方向变更引起的基金合并、撤销；⑦中国证监会规定的其他情况。

七、清算

《中华人民共和国证券投资基金法》规定：基金合同终止时，基金管理人应当组织清算组对基金财产进行清算。

不论是封闭式基金还是开放式基金，在基金终止时，都要组织清算组，按一定的清算程序，对基金财产进行处置。

第二节 投资组合管理策略

投资基金普遍采用投资组合管理策略，目的是降低投资风险。各国的证券市场管理当局为了保护投资者的利益，一般都会在有关法律文件中对投资基金的投资组合进行明文规定。投资基金按照不同的风险程度和获利程度巧妙地安排投资组合，达到分散风险、获取收益的目的。投资组合管理流程如图14-2所示。

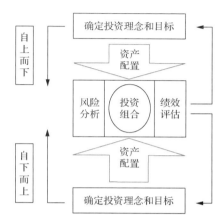

图 14-2　投资组合管理流程

一、投资组合管理的基本步骤

（一）确定投资理念和投资目标

投资基金管理人在了解市场、了解理论和了解历史的基础上确定自己的投资理念。确定投资理念后，投资基金管理人再根据对客户以及自身的了解，确定投资目标。

（二）资产配置决策

投资目标确定以后，首先要做的就是进行资产配置决策。

（三）选择投资策略

选择采用不同的投资策略，挑选合适的投资对象来构建投资备选库，使基金在具体构建投资组合时具有比较明确的目标。

（四）组合管理

需要对各个备选投资对象进行投资价值评估。

（五）绩效评估

绩效评估既是投资基金管理人评估资产管理结果、修正资产管理过程的重要方法，也是投资者选择投资基金管理人的重要依据。

二、资产配置决策的基本步骤

（一）确定投资者的风险承受能力

投资者的效用函数主要取决于投资者对待资产风险和收益的态度。对于风险规避的投资者而言，预期收益均值越大，效用就越大；而预期收益方差越大，效用就越小。

一般来说，投资者 k 的预期效用函数可以简洁地表示为：

$$U_{pk} = R_{pk} - \frac{\sigma_{pk}^2}{\tau_k} \tag{14-1}$$

式中，U_{pk} 表示资产组合 p 对投资者 k 而言的预期效用；R_{pk} 表示投资者 k 对资产组合 p 的预期收益均值；σ_{pk}^2 表示投资者 k 对资产组合 p 的预期收益方差；τ_k 表示投资者 k 的风险承受能力。

（二）估计资产的风险与收益

准确估计各类资产的风险和收益是构建最优投资组合的前提。现阶段中国常用的估计各类资产的风险和收益的方法主要有历史数据法和情景分析法。

1. 历史数据法

历史数据法假定未来与过去相似，以长期历史数据为基础，推测未来资产的风险和收益。

2. 情景分析法

情景分析法要求更高的预测技能，由此得到的预测结果在一定程度上也更有价值。情景分析法的示意图如图 14-3 所示。

图 14-3　情景分析法的示意图

情景分析法的预测步骤有以下几个。

（1）分析目前与未来的经济环境，确认经济环境可能存在的状态范围，即情景。例如，经济可能会出现高速增长、低通货膨胀、反通货膨胀、通货紧缩、通货再膨胀、滞胀等状态。

（2）预测在各种情景下各类资产可能的收益与风险，以及各类资产之间的相关性。例如利率、股票价格、持有期回报率等。

（3）确定各情景发生的概率。

（4）以情景的发生概率为权重，通过加权平均的方法估计各类资产的收益与风险。

（三）确定最优投资组合

确定最优投资组合的基本原理是马科维茨的投资组合理论。依据该理论构建最优投资组合，首先要在给定的可投资资产的基础上求出有效前沿组合。该问题可以简化为一个简单的数学规划问题，即在给定的效用水平下求方差最小的投资组合，或者在给定的方差下求效用最大的投资组合。

在预测了各类资产的收益情况并估计了投资者的效用函数后，就可以进行投资组合的最优化选择，以实现投资者效用的最大化。

最优化选择的方法有很多，规划法是其中比较有效的方法，其实质是最大化期望效用。

（四）资产配置策略

资产管理人进行资产配置，往往是在评估投资者风险承受能力、预期资产类别未来收益的基础上构造最优投资组合。

与此相关，资产配置在不同层面上具有不同的策略，可以大致分为战略性资产配置、动态资产配置和战术性资产配置三大部分。

1. 战略性资产配置

战略性资产配置是根据投资基金的投资目标和所在国家的法律限制，确定基金资产配置的主要资产类型以及各资产类型所占的比例，以建立最佳长期资产组合结构。战略性资产配置有时也称为政策性资产配置。战略性资产配置建立的最佳长期资产组合结构一旦确定，在较长时期内就不会再对其进行调节。

战略性资产配置需要确定以下四个基本要素。

第一，确定投资组合里面可以包括的资产，即投资范围。

第二，确定这些资产在基金计划持有期内的预期收益和风险。

第三，在估计各种资产的收益和风险之后，利用投资组合理论和资产配置优化模型及相关软件，找出在每一个风险水平上能提供最高收益率的投资组合，即确定有效前沿组合。

第四，在投资者可容忍的风险水平上选择能提供最高收益率的投资组合，作为基金的战略性资产配置组合，即在资产组合的有效前沿上选择最合适的组合点。

战略性资产配置对风险与收益的权衡取舍可以分成三大类型。

（1）高收益与高风险型。采用这种配置战略的投资基金，其投资目标更注重资本增值，即使投资者的资金能在一定时间内获得较大的成长幅度。

（2）长期成长与低风险型。采用这种配置战略的投资基金，其投资目标更注重长期投资，即使投资者获得较稳定的投资报酬，避免较高的投资风险。

（3）一般风险与收益平衡型。采用这种配置战略的投资基金，其投资目标是根据市场变化，适时调整投资组合。

2．动态资产配置

动态资产配置有时候也被称为混合资产管理，指的是基金管理人在长期内对各资产类别的混合比例进行调整的策略。但是，动态资产配置仅指那些在长期内根据市场变化机械地进行资产配置比例调整的方法。这里的"机械"体现在，采用了某一种具体的动态资产配置策略之后，任何特定的市场行为都会引发资产配置比例的特定改变。动态资产配置策略的本质就在于两点：其一是机械性；其二是动态资产配置会对战略性资产配置将产生直接影响。

（1）买入并持有策略。

买入并持有策略的特点是购买初始资产组合，并在长时间内持有这种资产组合。不管资产的相对价值发生了怎样的变化，这种策略都不会特意地进行主动调整，因此这种策略是分析和操作都十分简单的一种策略。

（2）恒定组合策略。

与买入并持有策略不同，恒定组合策略保持组合中各类资产市值的固定比例。

（3）投资组合保险策略。

投资组合保险策略是将一部分资金投资于无风险资产，从而保证资产组合的价值不低于某个最低价值，然后将其余资金投资于风险资产，并随着市场的变动调整风险资产和无风险资产的比例，不放弃资产升值潜力的一种动态调整策略。

3．战术性资产配置

战术性资产配置指在较短的时间内根据对资产收益率的预测，调节各大类资产之间的分配比例，以及各大类资产内部的具体构成，对基金资产进行快速调整来获利的行为。

大多数战术性资产配置一般具有以下共同特点。

（1）战术性资产配置一般是建立在一些分析工具基础之上的客观且量化的资产配置过程。

（2）战术性资产配置主要受某种资产类别预期收益率的客观测度驱使，因此属于以价值为导向的资产配置方法——买进认为价值被低估的证券，卖出认为价值被高估的证券。

（3）战术性资产配置能够较为客观地测度出哪一种资产类别已经失去市场的关注，并投资于这一不受人关注的资产类别，其动机来源于这样一个事实：不被市场关注的资产类别通常需要支付更高的收益率才能够吸引资本的流入，因此预期收益率较高。

（4）战术性资产配置一般依靠"回归均衡"的原则，这是战术性资产配置中的主要利润机制。

三、投资策略的类型

在资产配置策略确定以后，投资基金管理人将进一步在参与资产配置的各类资产中选择最优的单个资产组合。这种资产最优化选择所遵循的策略被称为投资策略。

总体来说，投资基金的投资策略可以简单地分为主动型投资策略和被动型投资策略两大类。

（一）主动型投资策略

主动型投资策略的核心是获取超额回报。具体做法就是利用可以获得的一切信息和预测技术，对投资组合里各种资产的表现进行预测，并以此为基础，通过对单个资产的选择、调整及对买卖时机的把握，来获取超过市场平均水平（即市场指数）的收益率。

1. 股票市场主动型投资策略

股票市场主动型投资策略主要是通过对股票价格变动的预测以及相应的股票资产管理来获取股票市场的超额收益。

以技术分析为基础的股票投资策略是在否定股票市场弱式有效的前提下，以历史交易数据为基础的投资模式，目的是预测单只股票或市场总体未来的价格变动趋势。

以基本面分析为基础的股票投资策略是以公司基本面状况为基础进行的分析，分析内容包括公司的收益与收益增长情况、资产负债情况、盈利能力和竞争能力等方面，可以通过横向或纵向比较加深对公司基本面的了解。

市场异常投资策略是指，基于对股票市场定价效率的认识，投资基金管理人选择自己的投资管理策略，并以一定的理论依据和实证数据支持自己的选择。

2. 债券市场主动型投资策略

债券市场主动型投资策略主要是通过对错误定价债券的识别以及市场利率的预测来获取债券市场的超额收益。

水平比较分析策略是指通过比较分析债券在某一期间的收益率来预测其未来的收益率。通常来讲，债券的收益率会受到时间推移和收益率变动这两个因素的综合影响。

债券调换策略是指通过对债券或债券组合在水平比较分析中的收益率预测来主动调换债券，用定价过低的债券替换定价过高的债券，或用收益率较高的债券替换收益率较低的债券。

追随收益率曲线策略是指充分利用债券的流动性，购入短期债券，到期后进行再投资的方法。应用该策略必须满足两个条件：第一，所选取债券的收益率曲线向上倾斜，即长期债券的收益率大于短期债券；第二，所选取债券的收益率曲线保持上升的趋势。

（二）被动型投资策略

被动型投资策略的核心是获取整体市场或某一局部市场的平均回报。具体做法就是以有效市场假说理论为基础，构造市场指数来拟合整体市场或者某一局部市场的平均表现。

构造市场指数是股票市场与债券市场这两个市场被动型投资策略的最主要工具。

其中，股票市场指数的构造总体上分为两个步骤。

（1）成分股的选择，具体方法有被动选股、过滤选股、数量选股。

（2）确定成分股的权重，有市值加权权重、基本面加权权重、固定权重。

第三节　绩效评估方法

一、单因素投资组合绩效评估方法

单因素投资组合绩效评估方法包括不考虑风险的收益率的计算和风险调整后的收益率的计算。

不考虑风险的收益率的计算简便直观，但忽略了风险对收益率的影响，带有经验化、定性化的色彩。

风险调整后的收益率的计算方法包括基于单因素资本资产定价模型的特雷诺测度方法、詹森测度方法、基于总体风险的夏普测度方法。这三种方法克服了在不同风险组合之间进行业绩比较的困难，但每种方法各有优缺点，其指标评价结果经常不一致。

（一）不考虑风险的收益率的计算

1. 基金单位资产净值法：绝对收益的衡量

在所有衡量基金收益的方法中，最简单、直观的方法是比较基金单位资产净值，即在某一时点上比较每份基金的市场价值。

这一方法简单直观，但存在一定的缺点：①基金单位资产净值只能表示基金的绝对收益；②不同基金的单位资产净值和整个宏观经济环境以及基金发行时间的长短相关；③基金单位资产净值不能反映基金的规模大小；④基金单位资产净值没有综合权衡收益与风险，因此不能基于此判断基金的收益是否能补偿该基金所面临的风险。

2. 投资收益率法：相对收益的衡量

开放式基金的投资者可以按基金单位资产净值申购和赎回基金股份。因此，开放式基金的收益可以直接用基金单位资产净值的变化来衡量，同时兼顾收益分配对基金单位资产净值的影响。通常，开放式基金的投资收益率表示为：

$$R_{t+1} = \frac{\text{NAVPS}_{t+1} - \text{NAVPS}_t + D_t}{\text{NAVPS}_t} \tag{14-2}$$

式中，R_{t+1} 表示基金在第 t 个期间内的投资收益率；$NAVPS_t$ 表示基金在第 t 个期间末的基金单位资产净值；D_t 表示第 t 个期间内基金发放的红利。

如果投资者进行多期投资，则可用算术平均收益率、时间加权收益率或货币加权收益率衡量每个投资阶段的平均收益。

（1）算术平均收益率。

算术平均收益率是投资组合在评估投资期间子期收益率的非加权平均，计算公式为：

$$R_A = \frac{R_1 + R_2 + \cdots + R_i}{i} \tag{14-3}$$

式中，R_A 表示算术平均收益率；R_i（$i = 1, 2, \cdots, N$）表示基金在各子期的收益率；i 为评估投资期内的子期数。

（2）时间加权收益率。

时间加权收益率也称几何平均收益率，衡量的是在评估投资期间投资组合市场价值的增长率，计算公式为：

$$R_T = \frac{(1+R_1)(1+R_2)\cdots(1+R_i)}{i} - 1 \tag{14-4}$$

式中，R_T 表示时间加权收益率；R_i（$i = 1, 2, \cdots, N$）表示基金在各子期的收益率，i 为评估投资期内的子期数。

（3）货币加权收益率。

货币加权收益率也称内部收益率，是使所有在评估投资期间的投资组合各子期的现金流及最终市值的现值之和等于其期初市场价值的收益率，计算公式为：

$$V_0 = \frac{C_1}{1+R_D} + \frac{C_2}{(1+R_D)^2} + \cdots + \frac{C_i + V_i}{(1+R_D)^i} \tag{14-5}$$

式中，R_D 表示货币加权收益率；V_0 表示基金投资组合的期初市场价值；V_i 表示基金投资组合的期末市场价值；C_i 表示基金投资组合在各子期的净现金流入（现金流入-现金支出），其中 $i = 1, 2, \cdots, N$。

一般而言，时间加权收益率是测算过去业绩的一个好方法，它可以在保持一个稳定收益率的情况下观察过去几年投资的实际业绩。算术平均收益率是预测未来投资业绩的更好的选择，它假定未来的期望收益不变动，从而该收益率是投资组合期望收益的无偏估计。因为长样本期的时间加权收益率往往小于算术平均收益率，所以时间加权收益率是基金投资组合预期收益的保守估计。

（二）风险调整后的收益率的计算

1. 特雷诺测度方法

根据资本资产定价模型，基金管理人应消除所有的非系统性风险。因此特雷诺测度方法用每单位系统性风险系数所获得的超额收益率来衡量投资组合的业绩，计算公式为：

$$T_R = \frac{r_p - r_f}{\beta_p} \tag{14-6}$$

式中，T_R 表示特雷诺测度；r_p 表示基金的投资收益率；r_f 表示无风险利率；β_p 表示组合的系统性风险系数。

特雷诺测度的数值越大，说明基金每单位系统性风险系数所获得的超额收益率越高，从而基金的业绩越好；反之，基金的业绩越差。

2. 夏普测度方法

夏普测度方法采用单位总风险所获得的超额收益率来评价基金的业绩——夏普比率，计算公式为：

$$S_R = \frac{r_p - r_f}{\sigma_p} \qquad (14\text{-}7)$$

式中，S_R 表示夏普比率；r_p 表示投资组合的预期收益率；r_f 表示无风险利率；σ_p 表示投资组合收益率的标准差。

基金的夏普比率的数值越大，说明基金的业绩越好。

3. 詹森测度方法

詹森测度方法衡量的不是基金的单位风险收益，而是差额回报率，即在给定面临风险的条件下，求出基金的期望收益率，然后将基金的实际收益率与期望收益率相比较，差额即为詹森测度，计算公式为：

$$E(r_p) = r_f + \beta_p (r_m - r_f) \qquad (14\text{-}8)$$

$$\alpha = r_p - E(r_p) \qquad (14\text{-}9)$$

式中，$E(r_p)$ 表示基金的预期收益率；α 表示詹森测度；r_p 表示基金的实际收益率；r_m 表示市场组合的实际收益率，其他变量含义同上。

如果 α 显著大于 0，则说明基金的实际收益率高于其预期收益率，该基金的业绩比市场对它的期望要好；反之，如果 α 显著小于 0，则说明基金的业绩比市场对它的期望要差。

4. 三种方法的选择

特雷诺测度方法基于资本资产定价模型提出，认为基金投资组合的非系统性风险已经被充分分散，基金投资组合的风险只有系统性风险。因此，现实中，如果基金投资组合非系统性风险已经被充分分散，那么评估基金业绩应选择特雷诺测度方法。

夏普测度方法基于资本资产定价模型提出，但是夏普比率计算公式的分母衡量的是投资组合的总风险。在基金投资组合的非系统性风险没有被充分分散的情况下，选择夏普测度方法更为恰当。

詹森测度方法假设基金投资组合的预期收益率是由该投资组合的系统性风险系数决定。

二、投资基金管理人能力评估

投资基金管理人能力评估包括对投资基金管理人的选股能力、择时能力及基金业绩持续能力的评估。

选股能力是指投资基金管理人可以通过购买市场估价过低的证券、卖出市场估价过高的证券,从中获得超过平均水平的收益。

择时能力是指投资基金管理人可以通过正确地预测股市周期的变化,调节投资组合中股票、债券和现金的比重或调节各行业股票的比重,从而获得高收益。

基金业绩持续能力是指业绩好的基金在其后一段时间内可以继续为投资者带来高额回报,而业绩差的基金则继续表现出较差的业绩。

(一)选股能力评估

T-M 模型可以评估选股能力。

$$R_p - R_f = \alpha + b(R_m - R_f) + c(R_m - R_f)^2 \tag{14-10}$$

式中,R_p、R_f 和 R_m 分别为投资组合的实际收益率、无风险利率和市场组合的收益率;α、b 和 c 为回归系数。

如果 $\alpha > 0$,则说明投资基金管理人具备选股能力,反之则说明投资基金管理人不具备选股能力。如果 $c > 0$,则说明投资基金管理人具备择时能力。

(二)择时能力评估

1. H-M 模型

$$R_p - R_f = \alpha + b(R_m - R_f) + c(R_m - R_f)d + \varepsilon_p \tag{14-11}$$

式中,R_p、R_f 和 R_m 分别为投资组合的实际收益率和无风险利率和市场组合的收益率;α、b 和 c 为回归系数;d 为虚拟变量,当 $R_m > R_f$ 时,$d=1$,否则 $d=0$;ε_p 为随机误差项。

如果 $c > 0$,则说明投资基金管理人具有择时能力。与 T-M 模型一样,H-M 模型也可通过对参数 α 进行显著性检验,检验投资基金管理人是否具有选股能力。

2. C-L 模型

C-L 模型认为可以用两个 β 对投资基金管理人的择时能力进行度量。

$$R_p - R_f = \alpha + \beta_1 \max(0, R_m - R_f) + \beta_2 \min(R_m - R_f, 0) + \varepsilon_p \tag{14-12}$$

式中,β_1 代表市场上升期的风险因子;β_2 代表市场下降期的风险因子,其他变量含义同上。

当 β_1、β_2 显著不为 0,且 $\beta_1 > \beta_2$ 时,投资基金管理人具有显著的择时能力,显著为正的 α 仍然是投资基金管理人选股能力的体现。

C-L 模型的优点在于形式简洁,能对基金在市场上升期和市场下降期的 β 分别进行度量。

（三）J-K 模型

基于 T-M 模型的 J-K 模型为：

$$R_p - R_f = \alpha + \beta_1\left(R_m - R_f\right) + \beta_2\left(R_m - R_f\right)^2 + \beta_3\left(R_m - R_f\right)^3 + \varepsilon_p \tag{14-13}$$

基于 H-M 模型的 J-K 模型为：

$$R_p - R_f = \alpha + \beta_1(R_m - R_f) + \beta_2(R_m - R_f)d + \beta_3(R_m - R_f)^2 + \varepsilon_p \tag{14-14}$$

其中，β_3 指除市场指数 β_1、β_2 外的系统风险敞口，其他变量含义同上。

如果式（14-13）及式（14-14）中的 β_3 显著且不等于 0，则意味着 T-M 模型和 H-M 模型对基金绩效的刻画不准确，使用 J-K 模型是必要的；如果两者均不显著，则没有必要使用 J-K 模型。

第十四章习题

第三篇

技术分析

证券的未来收益（特别是未来的股利或利息收益）是支撑证券价格的主要基石。投资者需要做的是预测未来收益（不包括资本利得）、计算证券价格，在证券价格低于当前市场价格一定幅度时买入，在证券价格高于当前市场价格一定幅度时卖出。这一幅度需结合个人风险偏好和技术分析来具体确定。

需要注意的是，技术分析是基于市场心理和相关技术方法对证券价格进行预测和计算，而不是以个人的价格预期来计算未来证券价格的上升空间。因此，价值分析是决定是否投资某一证券的主要工具，技术分析是选择证券投资时机的重要工具。技术分析不仅应用于股票市场、债券市场，还广泛应用于外汇市场、期货市场和其他金融市场。本篇的介绍主要以股票市场为例。

第十五章

技术分析概述

学习目标

- 理解技术分析法的出发点和假设;
- 掌握技术分析法的基本要素;
- 理解技术分析法的实用性和局限性;
- 理解主要投资策略的特点与选择方法。

技术分析法以行为金融理论为基础对证券价格进行预测和计算。本章主要介绍技术分析法的出发点、假设、基本要素、实用性和局限性、主要投资策略的特点与选择方法。本章思维导图如图15-1所示。

258 | 证券投资学——价值计算与技术分析

> 思维导图

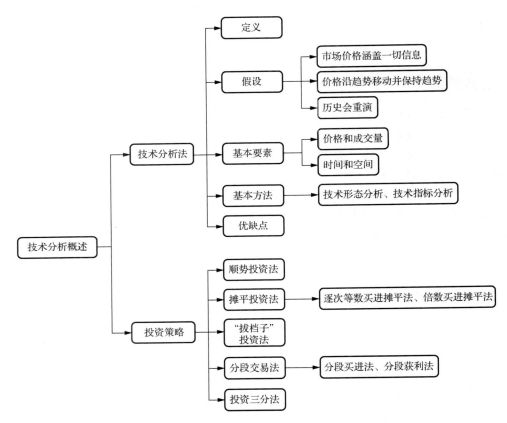

图 15-1　技术分析概述思维导图

第一节 技术分析法

一、技术分析法的定义

技术分析法是根据证券市场的历史交易资料,以证券价格的动态和变动规律为分析对象,运用统计技术和图形分析方法,对证券市场行为进行分析,从而判断证券价格变动方向和变动程度的分析方法。

二、技术分析法的假设

从金融心理学角度而言,勒伯在《投资生存之战》中提到,现实中根本就不存在所谓的证券价值的最终答案,12 位专家可能会有 12 种不同的结论。如果条件稍有变化,他们可能会立刻改变自己的预测。证券价值与财务报表仅有部分关系,证券价值主要由以下因素决定:人性的希望、恐惧、贪婪、野心,天气,新的发现,时尚和其他无数的、不可能一一罗列出来的东西(例如女士裙子的长短、鞋跟的高低、法国香水的空气浓度等)。

因此,技术分析法做出以下几个假设。

1. 市场价格涵盖一切信息——基石

技术分析者认为:任何可能影响股票、期货等证券价格的因素——内在的、外在的、基础的、政治的、心理的或其他的——实际上都反映在其价格之中,而价格变化必定反映供求关系。因此,技术分析者只研究价格变化就足够了,不必研究造成价格变化的内在因素。

2. 价格沿趋势移动并保持趋势——核心

技术分析者认为:价格的变动是按一定规律进行的,的确有趋势可循,而且当前的趋势有保持原来方向的势能或惯性,只有当它走到趋势的尽头时,才会掉头反向。否则,要改变原有趋势,必须有外力。研究价格的全部意义,就是要辨识出趋势发展的早期形态,以便顺应趋势进行交易。

3. 历史会重演——要点

技术分析与人类心理学有关,证券投资不过是一种追求利润的行为,不论是昨天、今天还是明天,这个目的都不会改变。在这种心理状态下,市场交易行为将趋于一定的模式,历史会不断重演,即过去出现过的价格趋势和变动方式,之后也会不断出现。

三、技术分析法的基本要素

价格、成交量、时间和空间是技术分析法的四个基本要素。价格和成交量是市场行为最基本的表现；时间和空间可以体现趋势的深度和广度，是市场潜在能量的表现。

1. 价格和成交量是市场行为最基本的表现

价格和成交量的关系主要有以下几个方面。

（1）成交量是推动价格涨跌的动力。

在牛市中，价格的上涨常常伴随着成交量的放大，价格回调时成交量随即减小。在熊市中，价格下跌时会出现恐慌性抛售，成交量显著放大，而价格反弹时，一般投资者对后市仍有疑虑，成交量并不会显著放大。

（2）量价背离是市场逆转的信号。

例如在牛市中，价格连创新高，成交量却不见放大；在熊市中，价格连创新低，成交量却开始放大。这种量价背离的现象说明价格的变动得不到成交量的配合，价格的变动趋势不能持久，常常是市场趋势逆转的征兆。

（3）成交密集区对价格运动有阻力作用。

如果在一个价格区间沉积了数量巨大的成交量，股价突破这个价位向上运动时，势必有很多投资者因获利而抛售，从而增加了股价上升的阻力。相反，股价要冲破这个区间向下运动时，大多数股票持有人不会愿意以低于买进价位的价格抛售而蒙受损失，结果大批的股票被锁定使卖方的力量被削弱，从而股价下行受到阻力。成交越密集，阻力作用越大，因而成交密集区成为股价相对稳定的均衡区域。

（4）成交量放大是判断价格突破有效性的重要依据。

根据上面的讨论，除非买卖双方力量发生了明显的倾斜，否则很难克服成交密集区的阻力推动价格的上升或下行。因此，有效的价格突破必然伴随成交量的放大，否则说明买卖力量的均势没有被打破，股价的变动不能被确认为有效的突破。

2. 时间和空间可以体现趋势的深度和广度

时间和空间是市场潜在能量的表现。时间指出"价格有可能在何时上升或下降"，反映的是市场起伏的内在规律和事物发展的周而复始的特征，体现了市场潜在的能量由小变大再变小的过程；空间指出"价格有可能上升或下降到什么地方"，反映的是变动程度的大小，也体现了市场潜在的上升或下降能量的大小。

对于时间较长的周期，价格变动的空间较大；对于时间较短的周期，价格变动的空间也较小。

同时，上升或下降的空间越大，潜在能量就越大；相反，上升或下降的空间越小，潜在能量就越小。

四、基本方法

（一）技术形态分析方法

技术形态的类型有 K 线图、点线图、直线图、OX 图（点数图）等。其中，K 线图表达的涵义最为细腻、敏感，更易于掌握行情的短期波动走势、判断多空双方的强弱状态，更适合作为进出场交易的参考。

（二）技术指标分析方法

技术指标是指利用价格、成交量或股票涨跌只数等市场行为资料，经特定公式计算出的数据。技术指标是技术形态研判的辅助工具，但它具有结论精确客观、指意明确的特点，在中短期交易中显得更为重要。

五、技术分析法的优缺点

（一）技术分析法的优点

（1）技术分析是一种理性分析，其结论比较客观，技术形态、技术指标反映的各种信号都不能因人为主观的意愿而改变。

（2）技术分析的许多方法简明易懂，在科学技术手段较为发达的今天，任何投资者都可以运用这些方法。技术分析适用于各种交易媒介（股票、期货、汇率等）和任何时间尺度（周、月、年等）。

（二）技术分析法的缺点

（1）技术分析只是透过理性的层面，告诉投资者市场趋势发展方向的最大可能性，而不可能告诉投资者，市场趋势必然这样发展，更不可能指出每一次价格波动的最高点、最低点，也无法告知每一次的价格上升阶段或下跌阶段何时完结。

（2）技术分析指出的各种买卖信号具有时滞性。

（3）技术分析有许多"死角"，常有错误信号发出或出现信号不灵敏的情况，使信号可信度大打折扣。

（4）尽管技术分析所指出的信号是客观的，但不同的分析者对其仍会有不同的解释。对同一个技术形态或技术指标发出的信号，有的分析者可能看涨，有的则可能看跌。

第二节 投资策略

一、顺势投资法

小额股票投资者由于投资能力有限,无法控制股市行情,只能跟随股价走势,采取顺势投资法。当整个股市大势向上时,宜做多头交易或买进股票持有;而当股市不振或股市大势向下时,则宜卖出手中持有的股票,待机而动。

顺势投资法只有在判明涨跌形成中期趋势或长期趋势时才可实施,而在只有短期趋势时,则不宜冒险跟进。

二、摊平投资法

摊平投资法是指在投资者买进股票后,若股价下跌,手中持股形成亏损状态,则在股价再跌一段时间以后,投资者再低价加码买进一些股票以冲低成本的方法。

摊平投资法主要有两种方式:逐次等数买进摊平法和倍数买进摊平法。

(一)逐次等数买进摊平法

当第一次买进股票便被套牢时,投资者可采用这一方式,等股价下跌至一定程度后,分次买进与第一次数额相等的股票。使用这种方法时,必须严格控制第二次投资的资金数量,以便留存剩余资金作以后的等数买进摊平之用。

例如,如果投资者准备分三次来买进摊平,则第一次买入 1/3,第二次和第三次再各买进 1/3。采用这种方法,可能会遇到以下几种情况。

(1)第一次买进后行情下跌,第二次买进同等数量的股票后,行情仍下跌,就再作第三次买进同等数量的股票,在这以后,如果行情回到第一次买进的价位,即可获利。

(2)买进第一次、第二次、第三次之后,行情可能继续下跌,不过行情几乎不可能永远只跌不涨,买进三次后,其成本会明显降低,更容易获利。

(二)倍数买进摊平法

这一方式是指在第一次买进后,如果行情下跌,则第二次再买进第一次倍数的股票,以便摊平。倍数买进摊平法可以买进两次或三次,分别称为两次加倍买进摊平法和三次加倍买进摊平法。两次加倍买进摊平法,即投资者把资金做好安排,在第一次买进后,如遇股价下跌,则用第一次倍数的资金进行第二次买进,即第一次买进 1/3,第二次买进 2/3。

三、"拔档子"投资法

这是多头降低成本、保持实力的操作方式之一。所谓"拔档子"就是投资者卖出自己持有的股票，等股票价位下降后再买回来。投资者"拔档子"并非看空股市，也不是真正有意获利了结，只是希望趁价位高时，先行卖出，以便先赚回一部分差价。采用这一投资法时，通常卖出与买回之间不会相隔太久，可能只有一两天，最长也不过一两个月。

具体地说，"拔档子"投资法有两种方式。

一是行情上涨一段时间后卖出，回降后补进的"挺升行进间拔档子"投资法。这是多头在推动股市行情上涨时，见价位已上涨不少，或者遇到沉重的压力区，就自行卖出，化解上升阻力，以便行情再度上升。

二是行情下跌时，套牢的多头自知实力弱于空头，因此在股价尚未跌底之前先行卖出，等股价跌落后再买回反攻，这是"滑降间拔挡子"投资法。

四、分段交易法

分段交易法包括分段买进法和分段获利法两种。

（一）分段买进法

许多投资者采取谨慎小心的策略，他们不会将手中拥有的资金一次性投入某种股票组合，而是将所有资金分成若干部分，多次分段买进，这就是所谓的分段买进法。具体有以下两种做法。

（1）当股价在某一价格水平时买进一批，然后等股价上涨一小段后再买进第二批，之后再依次陆续买进若干批次，这种分段买进法称为"买平均高"。

（2）与前一种情况相反，在某一股价水平上买进一批，待股价下降一小段后再买进一批，以后再依次陆续买进若干批次，这种分段买进法称为"买平均低"。

这两种做法的区别是"买平均高"可以在投入资金的同时获得利润，而"买平均低"则是在价格下跌时先购进，需要等到该股票价格反弹后，方能获得利润。

（二）分段获利法

对于稳健保守的投资者来说，可以采用这一方法。所谓分段获利法就是当所购买的股票创下新的高价行情时，便将部分股票卖掉，及时赚取相应的差价，再将剩下的股票保留下来，即使之后股价下跌，也可以安心持有，因为已有赚得的部分差价，保证了部分收益。

有些投资者在发现所持股票的市场价格上涨时，便急于倾囊抛售，这种做法可能会有很高的收益，但如果估计失误，价位继续上升，就会失去获取更高收益的机会。相比之下，分段分次抛售股票虽然会因价格下跌而减少所得利润，但比一次买卖要更稳妥，而且，股价居高不下时还有可能提高收益率。

五、投资三分法

　　稳健的投资者在对其资金进行投资安排时，最常用的方法是投资三分法。这种方法是将其资金分为三个部分：第一部分资金存于银行，等待更好的投资机会出现或者用来弥补投资的损失；第二部分资金用于购买股票、债券等有价证券作为长期投资，其中 1/3 用来购买安全性较高的债券或优先股，1/3 用来购买有发展前景的成长性股票，1/3 用来购买普通股票，用以赚取差价；第三部分资金用于购置房屋、土地等不动产。

　　投资三分法是投资组合原理的具体运用。购买债券或优先股，尽管收益有限，但安全可靠；购买具有潜在增长能力的成长性股票，目的是获取预期丰厚的未来投资收益；购买普通股，目的是获得买卖差价收益。

第十五章习题

第十六章

技术形态分析

学习目标

- 理解 K 线理论的基本要点，根据 K 线形态判断买卖双方力量，预判未来走势；
- 理解道氏理论的基本要点和主要应用方法；
- 理解趋势线理论的基本要点，掌握趋势线画法，根据趋势线形态判断买卖双方力量、预判未来走势；
- 理解移动平均线理论的基本要点、计算方法和运用法则，结合格兰维尔法则判断未来走势；
- 理解波浪理论的基本要点，理解波浪周期拐点的预判和计算方法。

本章主要介绍 K 线理论的基本要点、道氏理论的基本要点和主要应用方法、趋势线理论的基本要点、移动平均线理论的基本要点和计算方法、波浪理论的基本要点。本章思维导图如图 16-1 所示。

思维导图

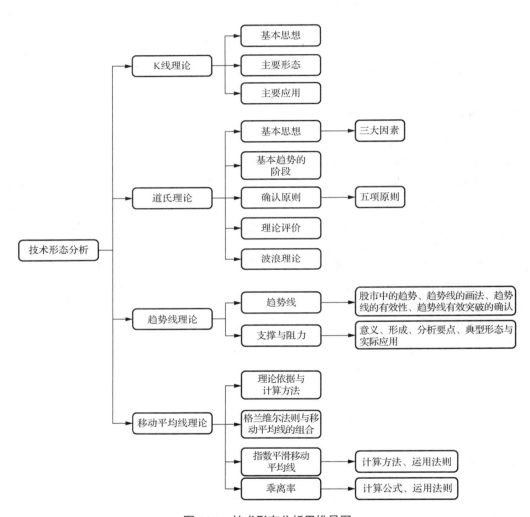

图 16-1　技术形态分析思维导图

第一节　K 线理论

一、基本思想

K 线图又称蜡烛线，它是用来表示一定时期股价或股价指数变动基本情况的一种图形。K 线理论是一种图表分析方法，其研究手法是根据若干 K 线的组合情况，推测市场买卖双方力量的对比，进而判断市场变化趋势。

K 线是一条柱状的线条，由影线和实体组成，由开盘价、收盘价、最高价和最低价四种价格决定其形状。K 线的主要形态如图 16-2 所示。

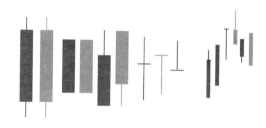

图 16-2　K 线的主要形态

开盘价与收盘价构成了 K 线的实体，实体分为阴线和阳线，K 线实体的长短决定于收盘价与开盘价的差价。最高价与最低价则分别组成 K 线的上影线和下影线，影线在实体上方的部分叫上影线，在实体下方的部分叫下影线。最高价与最低价的高低则决定了上影线和下影线的长短。最高价离 K 线的实体越远，则上影线越长；最低价离实体越远，则下影线越长。

K 线分为日 K 线、周 K 线、月 K 线和年 K 线，分别根据日数据、周数据、月数据和年数据绘制。买卖双方力量的对比可以根据上影线与实体长度的比例来判断。对阳线来说，实体越长，上影线越短，说明买方的优势越明显；反之，说明买方的优势越弱。对阴线来说，实体越长，下影线越短，说明卖方的优势越明显；反之，说明卖方的优势越弱。总而言之，指向一个方向的影线越长，越不利于股票价格向这个方向变动。

单根 K 线只反映了一天、一周、一个月或一年内买卖双方力量的对比。几根相邻的 K 线的组合往往能动态地反映买卖双方力量的消长。技术分析者经常通过几个月甚至数年的日 K 线的变化来分析股价中长期的趋势。

二、主要形态

K 线作为用来记载股价波动情形的符号，可以完全清楚地显示股价当时的开盘价、最高价、最低价、收盘价等，K 线的表示方式可分为下列几种。

（一）阳线

阳线（图 16-3）通常出现在多头市场，表示股票最终的收盘价格在开盘价格之上，买方优势不弱，阳线通常用红色表示。

（二）阴线

阴线（图 16-4）是投资者不愿意看到的 K 线，它通常出现在空头市场，意味着股票最终的收盘价格低于开盘价格，表示买方优势较弱，阴线通常用绿色表示。

图 16-3　阳线　　　　　　　　　　图 16-4　阴线

（三）十字线

十字线指开盘价等于收盘价的 K 线，十字线大多出现在股市盘整期间，因为买方和卖方的力量旗鼓相当，才会让收盘价回到开盘价。

（四）一字线

一字线最常出现在股价走势极强或极弱的时期，表示股票只有一种成交价格。由于只有一种成交价格，所以没有上影线或下影线，即一字线。一字线分为跳空涨停和跳空跌停两种情况。跳空涨停，意味着股价表现非常强势，出现一股难求的现象，未来股价还可能创新高。跳空跌停，意味着股价表现非常弱势，投资者面临求救无门的窘境，未来股价还可能继续往下探底。

（五）T 字线

留有下影线的一字线就是 T 字线，表示股票逢低承接，买方优势不弱。T 字线最常出现在股价处于底部的时期。T 字线代表股价虽然处于回调的阶段，但总是能够回到原点，使得最高价、开盘价、收盘价都相同，并留下部分的下影线。这意味着卖方的力量虽然不弱，但买方意愿并未减少，后续的股价无须悲观。

（六）倒 T 字线

留有上影线的一字线就是倒 T 字线，表示股票逢高出脱，买方优势较弱。倒 T 字线最常出现在股价处于高峰的时期。倒 T 字线代表股价虽然向上扬升，但收盘时总是又跌回原点，使得最低价、开盘价、收盘价都相同，并留下部分的上影线。这意味着买方的力量虽然不弱，但追价的意愿不足，最后仍被卖方杀回原点，后续的股价不太乐观。

三、主要应用

对 K 线的判断和应用，可掌握以下几条原则。

1. 分析实体的长短

阳线的实体越长，买方的力量越强；阴线的实体越长，卖方的力量越强。两根或三根 K 线组合在一起时，如果同是阳线，且后面的阳线实体与前面相比，一根比一根长，表明买方占绝对优势，股价涨势还将增强；如果后面的阳线实体与前面相比渐次缩短，表明买方气势已开始减弱，股价涨幅有限。如果同是阴线，则相反，如果后面的阴线比前面的长，表明卖方势强，还会进一步打压股价；如果阴线渐次缩短，表明卖方力量开始衰退，股价下跌势头趋缓。

2. 分析上影线和下影线的长短

上影线长，说明买方将股价推高后遇卖方打压，上影线越长，说明阻力越大；下影线长，说明买方在低价位有强力支撑，下影线越长，支撑力越强。

3. 分析紧邻的两三根 K 线的相互关系

如果紧邻的两根或三根 K 线分别为阳线和阴线，则要注意分析它们之间的关系，着重比较收盘价的相对关系。

以两根 K 线为例，如果第一根是阴线，第二根为阳线，则要注意分析以下几点：第二根 K 线的收盘价是否高于第一根 K 线的收盘价，是否超过第一根 K 线实体的 50%，是否高于第一根 K 线的开盘价，是否将前一根 K 线全部包入。阳线收盘价位置越高，表明买方力量越强。

如果第一根是阳线，第二根是阴线，则看阴线的收盘价是否低于阳线的收盘价，是否低于阳线实体 50%，是否低于阳线的开盘价，即将前一根阳线全部包入。阴线收盘价位置越低，表明卖方力量越强。

三根或多根 K 线组合也可依上述办法分析。

4. 分析 K 线是否组成某一形态

多根 K 线组合分析，要注意是否已组成某一突破或盘整形态。若已组成某一形态，则应按形态特点分析，而不必过于拘泥于 K 线的关系。要特别注意突破形态的 K 线，如果有大阳线向上突破或大阴线向下跌破，同时有量的配合，则是明确的突破信号。

第二节　道氏理论

道氏理论是使用最早和影响最大的技术分析方法。

一、道氏理论的基本思想

市场趋势是由波峰和波谷所构成的。这些波峰和波谷依次递升，或依次递降，或横向延伸，其方向构成了市场的趋势。因为股票价格平均数的波动已经包含了一切的信息，所以可用股价平均指数的波动来研究整个股票市场的变动趋势。道氏理论提出了影响股票价格的三大因素：基本趋势（主要趋势）、二级趋势（中间趋势）、三级趋势（次要趋势）。

（一）基本趋势

基本趋势指的是股价大规模的、总体上的上下运动，通常持续一年或数年之久。因此，基本趋势如潮起潮落，持续时间长，波动幅度大。如果后续价位会上升到比之前更高的水平，而回调的低点都比之前的低点高，那么这一基本趋势就是上升趋势，称之为牛市；如果后续价位会下跌到比之前更低的水平，而反弹的高点都比之前的高点低，那么这一基本趋势就是下降趋势，称之为熊市。

（二）二级趋势

二级趋势是打断主要价格趋势的重要回调，包括出现在牛市中的中等下跌（"矫正"），或者出现在熊市中的中等上扬（"反弹"）。二级趋势描述的是价格对目标趋势线的短期偏离，是价格在沿着基本趋势演进过程中产生的重要反复，即在上涨的基本趋势中会出现中等下跌，在下跌的基本趋势中会出现中等上扬。当价格回归到目标趋势线时，这些偏离就会消失。因此，二级趋势如海浪翻腾，持续时间不长（一般会持续几个月），峰谷落差较小（折回 1/3、1/2 或者 2/3）。

二级趋势一般并不改变基本趋势的发展方向，是长期牛市或熊市正常且必要的整理形态，是对股价暴涨、暴跌的技术上的修正。通常一个基本趋势中总会出现两到三次二级趋势。但当股市出现回档下跌或反弹上升时，需要及时区分它是二级趋势变动还是基本趋势的根本转向，这是很困难的事。

（三）三级趋势

三级趋势指的是几乎不重要的日波动，持续的时间很短（一般小于六天）。三级趋势如浪花滚动，转瞬即逝，变动范围最小。道氏理论认为三级趋势是人为操纵形成的，与反映客观经济态势的基本趋势和二级趋势有本质不同，既不重要又难以利用，可以不予理睬。

二、基本趋势的阶段

（一）牛市

牛市一般分为以下三个阶段。

第一阶段是积累阶段（建仓阶段）。在这一阶段，有远见的投资者知道尽管当前市场萧条，但形势即将扭转，他们愿意从没有信心和消沉的卖家手里接过所有他们愿意转让的股票。而一般公众则远离股市，市场活动基本停滞，但市场也开始有少许反弹。

第二阶段是稳定上涨阶段。在这一阶段，随着股市行情的复苏，市场逐步活跃，交易量随着公司业务的好转不断增加，同时公司的盈利开始受到关注。也正是在这一阶段，有能力的技术分析投资者往往会得到最大收益。最后，随着公众蜂拥而上，市场高峰出现。

第三阶段来临，公众拥有大量公司股票，所有信息都令人乐观，价格上涨令人瞠目，并不断创造新高，新股不断大量上市。在这一阶段的最后一个时期，交易量惊人地增长，而卖空也频繁出现。

（二）熊市

熊市通常也分为以下三个阶段。

第一阶段是出货阶段。在这一阶段，有远见的投资者认识到交易的收益已达到一个反常的高度，因而会在涨势中抛出所持股票。该阶段尽管上涨趋势逐渐减弱，但交易量仍居高不下，公众仍很活跃。但由于预期收益逐渐降低，行情开始显弱。

第二阶段是恐慌阶段。在这一阶段，买家越来越少，卖家越来越急躁，价格跌势突然加速，成交量也放大，价格几乎直线落至最低点。在这一阶段之后，可能存在一个相当长时间的回调，然后开始第三阶段。

第三阶段的特征是，那些在恐慌阶段一直未抛售股票的投资者，以及那些在恐慌阶段买进的投资者，终于沮丧地将股票抛出。价格跌势并不快，但仍持续。这是由于某些投资者因其他需要，不得不筹集现金而越来越多地抛出其所持股票。当坏消息被证实，所有可以预见的坏事都被吸收到股票的价格里，还会继续看跌行情时，这一轮熊市就结束了，而且通常是在所有坏消息公布之前就已经结束了。

需要注意的是，没有哪两个熊市是一模一样的；同样，也没有一模一样的牛市。不是每一个熊市或牛市都要有这典型的三个阶段。

三、确认原则

道氏理论的确认原则包括以下几个。

1. 平均指数相互印证原则

在所有的道氏理论原则中，这一条被人们质疑得最多，也最难给予理性论证。但是，它经受住了时间的考验。这条原则说的是，任何一个标志趋势变化的有效信号，都是由多个平均指数共同表达的。这些平均指数常常一起运动到一个新的更高或更低的层面。它们不必在同一天相互印证，在许多情况下，其中的某一个要晚几天、几星期，甚至一两个月。在不明朗的情况下，必须耐心等待，直到市场自身用更明确的方式来表达自己。当一个指数拒绝确认另一个指数时，说明没有产生任何类型的有效信号。

2. 交易量同趋势并行原则

随着价格向基本趋势的方向运动，交易倾向于更加活跃。在一轮牛市里，价格上涨，交易量就放大；价格下跌，交易量就减少。在一轮熊市里，价格下跌，交易量就放大；价格反弹，交易量就减少。在一定程度上，这一原则也适用于二级趋势。

3. 直线运动有可能取代二级趋势原则

在道氏理论中，直线运动指的是在某一个或者某两个平均指数中，价格的上下波动可以持续两到三个星期，或者更长。在这个过程中，价格上下波动大约不超过它们平均值的5%。直线运动的形态标志着买入和卖出的势力在某种程度上达成了平衡，这种平衡分为两种情况：要么是在该价格范围内，已经没有可以买的股票，因此想要买股票的人不得不提高他们的买价，吸引股票的持有者卖出股票；要么是急于在该价格范围卖出股票的人发现没有买家，于是不得不降价脱手。因此，如果价格穿过已经建立的直线运动的上限，就是看多的信号；反之，就是看空的信号。直线运动时间越长，突破的意义就越大。

4. 只考虑收盘价原则

道氏理论不关心在收盘之前出现的极端高或极度低的价格，它只考虑收盘时的价格。

5. 在没有明确反转信号之前，应假设趋势仍在持续原则

该原则实际上说的是一种概率。它是在警告投资者，不要过快地转变他们的市场头寸，该原则反对根据没有公之于世的信息进行交易。而一旦出现明确反转的信号，该原则主张投资者立即行动，不要有一分一秒的不必要的迟疑。等到明确反转信号再行动的人成功的概率会更高，但这种概率无法用具体数字来表达。

四、理论评价

评价道氏理论时，应当参考有效市场假说的观点。道氏理论的相关分析是基于可预测的重复出现的价格走势，然而有效市场假说认为如果存在可利用机会，投资者就会试图从价格走势的可预测性中获利，最终导致股价的变动并引起投资策略的自我毁灭。

（一）优点

道氏理论作为股价理论的重要基础，有其合理成分。

（1）道氏理论具有合理的内核和严密的逻辑，指出了股市循环和经济周期变动的联系，在一定程度上能对股市的未来变动趋势进行预测和判断，因而拥有很多信奉者，为投资大众所熟悉。

（2）依道氏理论编制的股价平均指数是反映经济周期变动的灵敏的晴雨表，被认为是可靠的先导指标。

(3) 道氏理论对技术分析法有重大影响。尽管道氏理论主要是对股市变动的基本趋势进行预测，但后人却在道氏理论的基础上发展演绎出种种针对长期、中短期的技术分析法。因此，道氏理论被认为是技术分析法的鼻祖。

（二）缺点

但是道氏理论的实用性和可靠性也有待商榷。

（1）道氏理论最明显的缺点是侧重于长期分析而不能对中短期进行分析，更不能指明最佳的买卖时机。

（2）即使是对基本趋势，道氏理论也无法精确预测其高峰和低谷，对市场逆转的确认具有滞后效应。

（3）股票市场的实际变动，特别是基本趋势和二级趋势，并不像道氏理论表述的那样泾渭分明，人们很难对它们加以区分，因此这一理论很容易发出错误信号，使投资者遭受损失。

（4）道氏理论过于强调股价平均指数，但股价平均指数不等于整个股票市场，并非所有股票都与股价平均指数同涨同跌，也就是说，这一理论没有给投资者指出具体的投资对象。

五、波浪理论

波浪理论是从道氏理论演变出来的。波浪理论把价格的上下变动和不同时期的持续上涨和下跌看成波浪的上下起伏；波浪的起伏遵循自然界的规律，股价也要遵循波浪起伏所遵循的规律。波浪理论的两个代表性理论是艾略特波浪理论和康德拉季耶夫周期理论。

（一）艾略特波浪理论

美国证券分析家艾略特将道琼斯工业平均指数作为研究工具，发现不断变化的股价波动形态反映了自然和谐之美。与道氏理论类似，艾略特波浪理论背后的理念是股价变化能被描述为一系列的波形。长、短期的波形周期会相互叠加，形成一个复杂的价格移动模式，但是投资者能根据这个理论解释波形周期并预测股价的大体走势。

艾略特通过观察整个市场的股价波动形态发现，任何层级的趋势都遵循着一种五波上升趋势和三波下跌趋势的基本节奏。五波上升趋势可分为三个推动波和两个修正波，三个推动波分别为第一、第三和第五波段，而修正波则为第二和第四波段；三波下跌趋势则分为a、b、c三个波段。这上升及下跌的八个波段形成一个完整周期，这样的周期将不断地反复持续，且普遍存在于各种时间刻度，从而形成各种大小的波浪。其中，每一个波浪都可能包含了更小规模的波浪，并且每一个波浪也都为另一个更大刻度的波浪所包含。

艾略特波浪理论的规则可以总结为以下几个。

（1）多头市场的一个完整周期中，前五个波段是看涨的，后三个则是看跌的；而前五个波段中，第一、第三、第五波段，是看涨的，第二、第四波段是明显看跌的。

（2）第七波段为奇数序号则是反弹整理。因此奇数序波段基本上在不同程度上是看涨或反弹，而偶数序波段则是看跌或回跌，整个周期呈现的是一上一下的大体规律。

（3）从更长的时间看，一个周期的前五个波段构成一个大周期的第一波段，后三个波段构成一个大周期的第二波段。

（4）艾略特波浪理论包括三部分：形态、比率及时间，其重要性以排行先后为序。

（5）艾略特波浪理论主要反映群众心理。越多人参与的市场，其准确性越高。

（二）康德拉季耶夫周期理论

康德拉季耶夫周期理论以苏联经济学家康德拉季耶夫命名，他断定宏观经济（以及股票市场）的波浪周期为48～60年。尽管康德拉季耶夫周期理论推断出的波浪周期的持续时间很长，但总体上说，它与道氏理论的基本趋势类似。然而康德拉季耶夫的断言却很难通过事实来证实，因为持续50年左右的波浪周期一个世纪才出现两次，我们很难收集足够的数据来证实该理论的预测能力。康德拉季耶夫波浪理论的波浪图如图16-5所示。

康德拉季耶夫周期理论的规则可以总结为以下几个。

（1）一个完整的康德拉季耶夫周期包括五波上升趋势和三波下降趋势。

（2）一个波浪可与其他波浪合并为更高一级的大波浪，亦可以再分割为更低一级的小波浪。

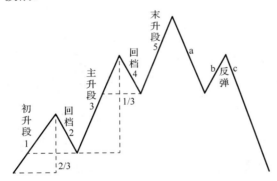

图16-5　康德拉季耶夫周期理论的波浪图

（3）跟随主流趋势的波段可以分割为更低一级的五个小波段。

（4）在第一、第三和第五波段中，第三波段不会是持续时间最短的一个波浪。

（5）假如三个推动波中的任何一个波段成为延伸浪，其余两个波段的运行时间及幅度会趋于一致。

（6）下跌趋势通常以三个波段的形态运行。

（7）经常遇见的回吐比率为0.382、0.5及0.618。

（8）第四个波浪的底不可以低于第一个波浪的顶。

（三）斐波那契数列与黄金切割率

1，2，3，5，8，13，21，34，55……

以上数列为斐波那契数列，斐波那契数列是由1、2、3开始的无限数字系列，其中，3为1与2之和，即两个连续出现的相邻数字相加等于后面的数字。之后出现的一系列数字，全部依照上述原则计算。例如，3加5等于8，5加8等于13。表面看来，这一数列很简单，但其背后却隐藏着无穷的奥妙。

在斐波那契数列中，取出任意两个相邻的数字，将低位的数字除以高位的数字，其计算结果会逐渐接近于 0.618，数值位越高的数字，其比率会越接近于 0.618。

同时，在斐波那契数列中，取出任意两个相邻的数字，将高位的数字除以低位的数字，其计算结果会逐渐接近于 1.618，数值位越高的数字，其比率会越接近于 1.618。

若取相邻隔位的两个数字相除，则通过高位与低位两数字的交换，可分别得到接近于 0.382 及 2.618 的比率。

将 0.382 与 0.618 两个重要的比率相乘则可得另一个重要的比率：0.382×0.618≈0.236。上述几个重要比率（0.236、0.382、0.618、2.618，其中 0.236 和 0.618 是著名的黄金分割比率）是波浪理论中预测未来的高点或低点的重要工具，用来预测涨幅、跌幅。

例如，上证指数周 K 线在 2014 年 3 月至 2016 年 3 月走出了较为明显的完整的波浪图，如图 16-6 所示。第一个波段的起始点位约为 2000 点，于 2015 年 1 月 16 日达到高点 3382 点，上涨幅度约为 69%。2015 年 2 月 13 日达到第二个波段的低点 3060 点，相对于 3382 点，下降幅度约为 10%；下降点位幅度为 322 点，约为第一个波段上升点位幅度 1382 点的 23%。第六个波段的低点为 3040 点，相对于第五个波段的高点 5178 点，下降幅度约为 41%，略大于 0.382（1-0.618）。读者可以进一步计算每一个波浪的低点点位和高点点位的数字特征。

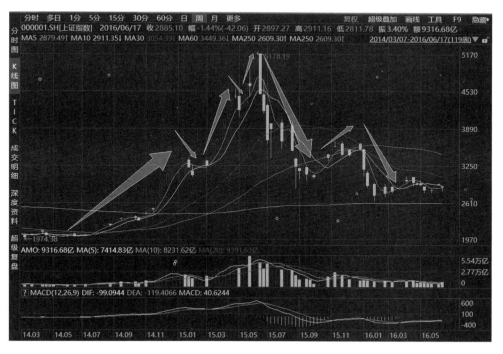

图 16-6　2014 年 3 月至 2016 年 3 月上证指数周 K 线的波浪图

第三节　趋势线理论

一、趋势线

（一）股市中的趋势

股价尽管每日会有涨跌变化，但在一定时间内总保持着一定的趋势，这是股价的变化规律。股价趋势从其运动的方向看，可分为涨势、跌势、水平移动三种。

涨势表现为各次级波动的低点越来越高，将各个低点相连，可形成一条向上倾斜的上升趋势线。

跌势则表现为各次级波动的高点越来越低，将各个高点相连，可形成一条向下倾斜的下降趋势线。

水平移动则表现为各次级波动的最高点和最低点基本上在同一水平线上做横向移动，连接各次级波动的最高点和最低点可形成一水平移动线。

股价的趋势运动并非始终保持直线的上升或下跌，在一个上涨的趋势中，会出现几次下跌的修正波，但这种修正波并不影响涨势；在下跌的趋势中，也会出现几次暂时的回升，同样也不能改变跌势。

股价趋势从其移动时间看，可分为长期趋势、中期趋势和短期趋势。若干个同方向的短期趋势可形成一个中期趋势，若干个同方向的中期趋势又可形成一个长期趋势。当影响长期趋势的因素的作用发挥殆尽，长期趋势不能再延续，就会朝相反方向转变成另一长期趋势。股价的趋势运动就是如此周而复始，循环往复。

（二）趋势线的画法

趋势线的画法有基本画法和 K 线图形趋势线画法。

1. 基本画法

确定上升趋势时需要两个反转低点，即当股价下跌到某一低价，旋即回升，随后再下跌，且没有跌破前一个低点，再度迅速上升时，将这两个低点连成直线就是上升趋势线。同样，确定下跌趋势时则需要两个反转高点，即当股价上升到某一价位开始下跌，随后回升却未能突破前一个高点，再度迅速下跌时，将这两个高点连成直线就是下降趋势线。总之，找出最先出现或最有意义的两点是画好趋势线的关键。

画出最早的趋势线以后，有时得不到股价的确认，则还需做出修正。如果股价在画出趋势线后的短短几天内跌破上升趋势线或涨过下降趋势线，说明股价仍在盘整，尚未形成真正趋势。真正趋势的形成是股价变动在一定时期内始终在上升趋势线的上方，或是在下降趋势线的下方。通常，过于陡峭的趋势线需要修正的可能性较大。

2. K 线图形趋势线画法

由于 K 线有开盘价、收盘价、最高价、最低价，K 线图形趋势线画法可依照下列原则处理：第一，上升趋势线可连接两根决定性阳线的开盘价或最低价；第二，下降趋势线可连接两根决定性阴线的开盘价或最高价。

（三）趋势线的有效性

画好趋势线以后，可从以下几方面验证它的有效性。

（1）趋势线被触及的次数。股价变动中触及趋势线的次数越多，趋势线越可靠，趋势线的支撑及阻力作用越强，一旦被突破后市场反应也越强烈。

（2）趋势线的倾斜度。趋势线的倾斜度越大，可靠性越低，支撑作用和阻力作用也越弱，很容易被突破。在股价变动趋势形成初期，如果出现倾斜度很大的趋势线，即使突破也不会改变股价变动方向，则可将其视为修正。

（3）趋势线的时间跨度。趋势线跨越的时间越长，可靠性越高，支撑和阻力作用越强。

（四）趋势线有效突破和有效击穿的确认

有效突破指的是当指数突破某个重要点位后，又回到这个点位时有支撑，然后继续向上。

有效击穿指当指数下探至某个重要点位后，又反弹至这个点位时有阻力，然后继续向下寻求支撑。

趋势线经过一段时间后终会被突破或击穿，关键是要及时确认其是改变行情变化方向的有效突破或击穿，还是因某一偶然因素作用的无效突破或击穿。

趋势线有效突破和有效击穿的确认原则有以下几个。

（1）收盘价突破或击穿。如果在某一交易日的交易过程中，股价曾以最高价或最低价突破或击穿趋势线，但收盘价并未突破或击穿趋势线，则这种突破或击穿不可确认有效。

（2）连续三天的突破或击穿。趋势线被突破或击穿后，市场价格连续三天向突破或击穿方向发展，则视为有效。

（3）连续两天创新价的突破或击穿。在上升趋势线被突破后连续两天创新低价，或是下跌趋势线被突破后连续两天创新高价，都可视为有效。

（4）长期趋势线的突破或击穿。时间跨度很长的趋势线一旦被突破或击穿，说明大势反转的可能性大，股价反向变化的力度强，形成新趋势线的时间跨度也大。

（5）与成交量配合的突破或击穿。股价从下降的趋势转为上升的趋势，必须有成交量的配合。当股票价格向上突破下降趋势线时，成交量随之放大，为有效突破。但是股价下跌击穿上升趋势线则不一定需要成交量配合。股价向下击穿上升趋势线后，如果跌幅不深，成交量不一定增加，甚至有所萎缩，但是当股价回弹至上升趋势线下方时，成交量明显放大，股价立即快速下跌，可确认上升趋势线已被有效击穿。

（6）趋势线与股价形态同时突破或击穿。趋势线与股价形态同时被突破或击穿会产生叠加效应，是一种有效突破。

案例链接 16-1：扫二维码阅读。

案例链接 16-1

二、支撑与阻力

（一）支撑与阻力的意义

在一段时间内，股价会多次出现上升到某一价位就不再继续上升，或下跌到某一价位就不再下跌的情况，这就表明股价运动遇到了阻力和支撑。支撑是指当股价下跌到某一价位附近时，会出现买方增加、卖方减少的情况，从而使股价暂停下跌甚至反弹上升。阻力是指当股价上升到某一价位附近时，会出现卖方增加、买方减少的情况，从而使股价上涨受阻甚至反转下跌。在股价得到支撑和受到阻力的价位附近画出的趋势线称为支撑线或阻力线。

有时股价运动在一段时间内会始终在下有支撑、上有阻力的空间内行进，在两条平行的支撑线和阻力线之间形成的区间称为轨道。按股价运动方向，可将轨道分为上升轨道、下降轨道和水平轨道。

（二）支撑与阻力的形成

股价运动在某一价位水平附近形成支撑和阻力的原因有以下几个。

（1）历史上的成交密集带。股票交易曾在某一区域内出现价格反复波动或交易量巨大的情况，说明这一区域换手率高，堆积着大量的筹码，股价再次接近这一区域就会遭到抵抗而形成支撑或受到阻力。

（2）百分之五十原则。股价上涨到一定程度时，会有投资者卖出而获利了结；下跌到一定程度时，也会有投资者逢低吸纳。因此，当股价运动到大涨大跌行情的百分之五十左右时，就出现了技术的出货点和入货点，形成阻力线和支撑线。

（3）过去出现过的最高点和最低点。股票价格水平的高低没有绝对标准，都是相对而言的，投资者会不自觉地将当前的股价与过去曾出现的股价进行比较。当股价下跌到过去的最低价位区域时，买方会增加大量的买盘使股价站稳；当股价上升到过去的最高价位区域时，卖方会增加大量的卖盘对股价造成巨大压力，于是形成支撑与阻力。

（三）支撑与阻力的分析要点

1. 支撑能止住回档，阻力会止住反弹

一个上升趋势的回档回落到支撑线附近将止跌回稳，而一个下降趋势跌至支撑线附近也可得到支撑不再进一步下跌。一个下跌趋势的反弹回升到阻力线附近将受阻回落，而一个上升趋势升至阻力线附近也会被止住继续上升的势头。一旦形成了支撑与阻力，投资者可在一定时间内预期未来股价涨跌的界限与区间。

2. 对支撑线与阻力线的突破是有效突破和有效击穿

当股价上升到阻力线遇到阻力而未跌落，在阻力线附近盘旋数日，伴随着较大的成交量而一举越过阻力线时，这是决定性的突破，表明股价将有上涨行情。反之，当股价下跌至支撑线附近未能反弹，而跌破支撑线时，可视为有效击穿。

3. 支撑线与阻力线有互换性

阻力线一旦被突破就转变成上升行情的支撑线，将来股价回跌到此时将止跌回稳。支撑线一旦被突破就转变为下跌行情的阻力线，将来股价反弹到此时将受阻回跌。

4. 对支撑线与阻力线的突破是观察二级趋势、基本趋势的重要信号

通常股价突破次级支撑或阻力，可视为二级趋势反转的第一信号，而突破中级支撑与阻力，可视为基本趋势反转的第一信号。

案例链接 16-2：扫二维码阅读。

案例链接 16-2

（四）典型形态与实际应用

1. 支撑线

支撑线是用来衡量股价底部的一条虚拟线（图 16-7），以供投资人判断当个股的股价在这条虚拟线附近时，是否值得投资买进这只股票。股价每次下跌到达某一价位、区位或是移动平均线（本章第四节介绍）时，就立刻止跌反弹或整盘待变，表示该处具有支撑股价的效果，一旦股价跌破支撑线，后续走势可能继续往下探底。

2. 阻力线

阻力线是用来衡量股价头部的一条虚拟线（图 16-8），以供投资人判断当个股的股价在这条虚拟线的附近时，是否值得投资买进或卖出这只股票。股价每次上涨到达某一价位、

区位或是移动平均线时，就立刻下跌或整盘待变，表示该处具有压抑股价的效果，一旦股价冲破压力线，后续走势可能继续往上创新高。

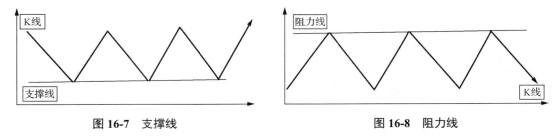

图 16-7　支撑线　　　　　　　　　图 16-8　阻力线

3. 头肩顶

头肩顶的线图很像一个人形，由左肩、头部和右肩三部分组成（图 16-9）。如果把 K 线图中的左右低点连成一线，这条线就类似人的颈部，所以将其称为头肩顶的颈线。K 线的走势一旦形成头肩顶，象征股价连续冲高了三次，都没有办法再创新高，当股价最后一次拉回跌破颈线，即使后续股价反弹也没有突破颈线时，代表股价 K 线已经形成头部，未来股价会继续探底，后续的跌势可以预见，市场的中长期下调趋势已经形成。投资人应卖出这只股票。

4. 多重顶

多重顶是指 K 线从上涨走势转变成在固定价格区间内来回盘整，并且向下跌破盘整区间（图 16-10），意味着该只股票的买方已经所剩不多，而卖方有越来越多的趋势，未来股价将反转，呈现下跌走势。

多重顶大多发生在多头市场的末段，因为买方追涨的气势日渐薄弱，所以股价会呈现"M"形的走势，此时投资者应尽快卖出所持股票，获利了结。

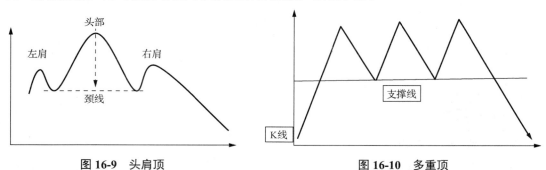

图 16-9　头肩顶　　　　　　　　　图 16-10　多重顶

案例链接 16-3：扫二维码阅读。

案例链接 16-3

5. 多重底

多重底是指K线从下跌走势转变成在固定价格区间内来回盘整，并且向上突破盘整区间（图16-11），意味着该只股票的卖方已经所剩不多，而买方有越来越多的趋势，未来股价将进一步上涨。

多重底大多发生在空头市场的末段，因为卖方已所剩不多，反而买方的气势会越来越强，所以股价会呈现"W"形的走势，此时投资者应尽快买进股票。

6. 头肩底

头肩底的线图很像一个倒立人形，由左肩、头部和右肩三部分组成（图16-12）。这种形态一共出现了三个底，也就是出现了三个局部的低点。中间的低点比另外两个都低，称为头部，左右两个相对较高的低点称为左肩和右肩。由K线图中的左右高点连成的线，称为头肩底的颈线。当股价最后一次突破该颈线，即使后续股价拉回也没有跌破该颈线，代表股价K线已经完成打底，后续的涨势可期。

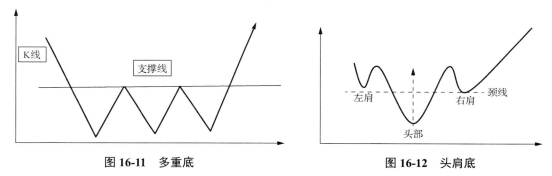

图16-11　多重底　　　　　　图16-12　头肩底

因此，头肩底是实际价格形态中出现较多的著名反转突破形态。K线的走势一旦形成头肩底，象征股价连续打底了三次，都没有办法再创下新低价格，反而向上突破了原有的阻力线，因此未来股票会继续上涨，投资者应买进这只股票。

7. 双底

双底是指当股价持续下跌到某一水平附近后，会出现技术性反弹，但反弹的幅度不大，时间也不长，然后股价又再次下跌。但这次回落只跌到上次的低点附近便获得了支撑，股价又一次出现反弹。整个股价的走势颇似英文字母W，因此双底形态又被称为W底（图16-13）。

8. 双顶

双顶是指当股价在成交量的配合下上升到某一水平附近时，可能会开始回落，成交量随之减少，接着股价再次上升，成交量又随之放大。但这次成交量已经不能放大到前次的高峰，而股价也基本在前次的高点附近受阻回落。如果股价在两次碰顶之后终于回落，甚至跌破前次回落的低点，就形成双顶形态。双顶形态类似于英文字母M，因此又被称为M头（图16-14）。

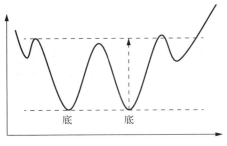
图 16-13　双底

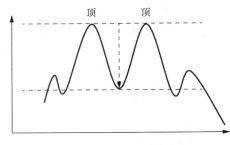
图 16-14　双顶

9．圆底

圆底是在冷清的市场气氛中长时间形成的底部形态（图 16-15）。由于它经历了较长时间的整理，因此具有较大的能量。圆底形态的形成往往需要花费几个月甚至更长的时间，这种底部一旦形成，便成为长期底部。

10．V 形走势

V 形走势一般是由三部分组成的：下跌阶段、转势点和回升阶段（图 16-16）。下跌阶段构筑成 V 形走势的左边部分，其跌势非常陡峭，持续的时间也不长；V 形走势的底部则十分尖锐，在几个交易日内形成，同时伴随有极大的成交量，这是因为在该点位置很容易出现恐慌性抛盘，当然这也反映出接盘的踊跃；回升阶段构筑 V 形走势的右边部分，该阶段成交量明显放大。

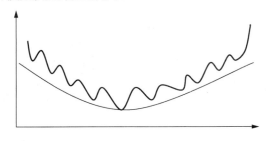
图 16-15　圆底

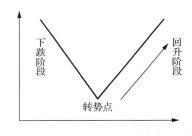
图 16-16　V 形走势

案例链接 16-4：扫二维码阅读。

案例链接 16-4

11．上升三角形

当股价在某一价位附近出现相当大的卖方压力时，每次股价上升到该价位附近便很容易回落。但是若市场的买方力量较强，股价也可能没有跌到上次的低点便会弹升。这种情形持续一段时间后，从形态上看，股价会随着一条水平阻力线波动，而波幅却日渐狭窄。把每一次短期波动的高点连起来，即水平阻力线；把每一次短期波动的低点连起来则可以画出一条向右上方倾斜的直线，如此便构成了一个上升三角形（图16-17）。上升三角形表示，在买卖双方中，买方的力量略占上风。

12．下降三角形

下降三角形的形状与上升三角形刚好相反，股价在某个特定区域会出现稳定的购买力，因此股价每次回落至该价位附近时便回升，形成一条水平需求线。但是市场的抛售力量却在不断加强，股价每一次波动的高点均比上一次的高点低，将这些高点连起来便形成一条向下倾斜的直线，如此便构成了一个下降三角形（图16-18）。

仔细观察该形态，我们发现每当股价反弹之时，成交量并不能有效放大，甚至会呈缩小的趋势，而下跌时则伴随着逐渐放大的成交量。这种不健康的量价配合关系预示着后市还有更大的下跌空间。

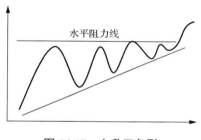

图16-17　上升三角形

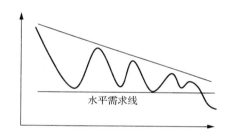

图16-18　下降三角形

13．对称三角形

对称三角形大多发生在一个大趋势进行的途中，这种形态表示股价在某个区域内出现了高点一次比一次低，而低点一次比一次高，股价的波幅越来越小的情况。将这些高点和低点用线连接起来，便形成了一个对称三角形（图16-19）。

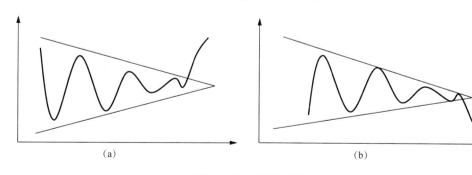

图16-19　对称三角形

它表明多空双方处于势均力敌的僵持阶段，股价走势不明朗，可能会向上突破，也可能会向下突破。

第四节　移动平均线理论

一、移动平均线理论的定义

移动平均线理论通过将一段时期内的证券价格的平均价（或平均指数）连成一条曲线，从曲线的波峰、谷底和转折之处研判证券价格运动方向。移动平均线理论也可称为移动平均理论。

根据时间的长短，移动平均线又可分为短期、中短期、中期和长期移动平均线。通常以 5 日、10 日移动平均线观察证券市场的短期走势；以 20 日移动平均线观察中短期走势；以 30 日、60 日移动平均线观察中期走势；以 13 周、26 周移动平均线观察长期趋势。西方投资机构非常看重 200 天移动平均线，并以此作为长期投资的依据：若行情价格在 200 天移动平均线以下，属空头市场；反之，则为多头市场。

综合短期、中期、长期移动平均线，亦可研判市场多空属性。当短期、中短期、中期、长期移动平均线由上而下依次排列时，可认为是多头市场（牛市）；反之，由上而下依次为长期、中期、中短期、短期移动平均线时，则认为是在空头市场（熊市）。由于短期移动平均线较长期移动平均线更易于反映行情价格的涨跌，所以一般把短期移动平均线称为快速移动平均线，把长期移动平均线称为慢速移动平均线。

二、移动平均线的理论依据、计算方法与特点

（一）移动平均线的理论依据

移动平均线的理论依据是道氏理论中的平均成本概念。道氏理论指出，证券市场的价格波动趋势可分为基本趋势、二级趋势和三级趋势。其中，基本趋势和二级趋势是两种主要的形式，其技术分析意义最大，而三级趋势的影响相对较小。为了消除三级趋势和其他偶然因素对证券价格变动所造成的影响，确认证券价格的变动趋势，可将一定时期内的价格或指数加以平均，即可得到一定时期的价格平均数，它反映了在这一时期内购买该证券的平均成本。通过将证券的当前价格与价格平均数进行比较，可以判断出证券价格的运动趋势。若证券价格在价格平均数之上，则意味着市场的买方需求较多，其价格将会继续上升；反之当证券价格落到价格平均数之下时，则意味着供过于求，其价格将会继续下跌。

移动平均线理论正是根据上述理论来对未来证券价格的变动趋势作出研判，以作出最佳的投资决策。

（二）移动平均线的计算方法

根据对数据统计处理方法的不同，可将移动平均线分为算术移动平均线、加权移动平均线和指数平滑移动平均线三种，但前两种移动平均线需要储存大量的数据资料，且费时费力。因此，实际应用中常使用指数平滑移动平均线，可避免以上弊端。

（三）移动平均线的特点

移动平均线的基本思想是消除偶然因素的影响。它具有以下几个特点。

（1）追踪趋势。移动平均线能够表示股价的趋势方向，并追踪这个趋势。如果从股价的图表中能够找出上升或下降趋势，那么，移动平均线将与趋势方向保持一致，能消除在这个过程中出现的起伏。

（2）滞后性。在股价原有趋势发生反转时，移动平均线由于具有追踪趋势的特征，往往行动迟缓，调头速度落后于大趋势。

（3）稳定性。根据移动平均线的计算方法，要想较大幅度地改变移动平均线的数值，当天的股价必须有很大的变化，因为移动平均线是几天变动的平均值。这个特点也决定了移动平均线对股价反映的滞后性。

（4）助涨助跌性。当股价突破移动平均线时，无论是向上还是向下突破，股价都有继续向突破方向发展的愿望，这就是移动平均线的助涨助跌性。

（5）支撑线和阻力线的作用。移动平均线在股价走势中起支撑线和阻力线的作用，即移动平均线被突破，实际上就是支撑线和阻力线的被突破。

三、格兰维尔法则与移动平均线的组合

（一）格兰维尔法则

格兰维尔法则以证券价格（或指数）与移动平均线之间的偏离关系作为研判的依据。其中，有四条是买进法则，四条是卖出法则。

1. 买进法则

（1）当移动平均线的走势由下降逐渐走平，而股价从移动平均线的下方突破移动平均线时，是买进信号，这种情况常在底部出现。

（2）当股价在移动平均线上移动，突然股价下跌，出现回落整理现象，但未跌破移动平均线，股价又继续上扬时，可加码买进。

（3）当股价跌至移动平均线下，但移动平均线仍在上扬，不久股价又回到移动平均线上时，是买进信号。

（4）当股价在移动平均线下移动，但突然出现暴跌，且跌幅加大，远离移动平均线时，常易出现向移动平均线拉回的反弹走势，此时也是买进时机。

2. 卖出法则

（1）当移动平均线走势由上升逐渐走平，而股价从移动平均线上方往下跌破移动平均线时，是卖出时机。

（2）当股价上升突破移动平均线，但又立刻回跌至移动平均线下，而且移动平均线仍继续下跌时，是卖出时机。

（3）当股价在移动平均线下，股价上升但未达到移动平均线而再度下跌时，是卖出时机。

（4）当股价上升，且在移动平均线之上，股价突然暴涨，距离移动平均线甚远，乖离率（将在后文介绍）过大时，是卖出时机。

（二）长期、短期移动平均线的配合作用

当行情站稳在长期与短期移动平均线之上，短期移动平均线向上突破长期移动平均线时，为买进信号，此种交叉为黄金交叉；反之，则为卖出信号，交叉为死亡交叉。

中期移动平均线很容易与股价缠绕在一起，不能正确地指明运动方向。有时短期移动平均线缠绕在中期移动平均线左右，此种情形表示整个股市缺乏弹性，在静待多方或空方打破僵局，使行情再度上升或下跌。

中期移动平均线向上移动，股价和短期移动平均线向下移动，表明股市上升趋势并未改变，只是暂时出现回落调整现象。只有当股价和短期移动平均线相继跌破中期移动平均线，并且中期移动平均线亦有向下反转迹象时，上升趋势才会改变。相反，若中期移动平均线仍向下移动，股价与短期移动平均线却向上移动，这表明下跌趋势并未改变，只是暂时出现一段反弹行情而已。只有当股价和短期移动平均线都回到中期移动平均线之上，并且中期移动平均线亦有向上反转迹象时，下跌趋势才会改变。

四、指数平滑移动平均线

指数平滑移动平均线（moving average convergence and divergence，MACD）是运用快速与慢速平滑移动平均线聚合和分离的征兆，研判证券买进与卖出时机的方法。

（一）计算方法

在应用 MACD 时，以 12 日移动平均值（EMA）为快速平滑移动平均线数值，26 日移动平均值为慢速平滑移动平均线数值。首先计算出两条平滑移动平均线数值间的离差值（DIF），将其作为研判行情的基础，然后再求高差值的最近 9 日指数平滑移动平均线（DEA），柱状值（BAR）为两者之差，再据此求出 MACD，来作为买卖时机的判断。具体步骤如下：

（1）计算移动平均值（EMA）：

$$EMA（12）=2/13×今日收盘价+11/13×昨日的 EMA$$

$$EMA（26）=2/27×今日收盘价+25/27×昨日的 EMA$$

（2）离差值（DIF）= EMA（12）−EMA（26）

（3）平均值（DEA）=最近 9 日的 DIF 之和/9

（4）柱状值（BAR）=DIF-DEA

（5）MACD=（当日的 DIF-昨日的 DIF）×0.2+昨日的 MACD

（二）运用法则

MACD 是一个长期趋势的投资技术工具，需和随机指标及相对强弱指标一起配合使用。

（1）当 DIF 由下向上突破 MACD 时，形成黄金交叉，即白色的 DIF 上穿黄色的 MACD 形成交叉，同时 BAR 负值减少时，为买入信号。

（2）当 DIF 由上向下突破 MACD，形成死亡交叉，即白色的 DIF 下穿黄色的 MACD 形成交叉，同时 BAR 正值减少时，为卖出信号。

（3）顶背离：当股价指数逐波升高，而 DIF 及 MACD 不是同步上升，而是逐波下降，与股价走势形成顶背离时，预示股价即将下跌。如果此时 DIF 两次由上向下穿过 MACD，形成两次死亡交叉，则股价将大幅下跌。

（4）底背离：当股价指数逐波下行，而 DIF 及 MACD 不是同步下降，而是逐波上升，与股价走势形成底背离，预示着股价即将上涨。如果此时 DIF 两次由下向上穿过 MACD，形成两次黄金交叉，则股价将大幅度上涨。

MACD 主要用于对中长期的上涨或下跌趋势进行判断，当股价处于盘整状态或指数波动不明显时，MACD 买卖信号较不明显。当股价在短时间内上下波动较大时，MACD 的移动相当缓慢，买卖信号反应较慢。

（三）特点

（1）自动定义市场趋势，避免逆势操作。

（2）在认定基本趋势后制订入市策略，避免无谓的入市次数。

（3）若错将熊市当牛市，损失也会受到控制而不致葬身牛腹。

（4）无法在升势的最高点发出出货讯号，也无法在跌势的最低点发出入货讯号，即讯号有滞后性。

五、乖离率

乖离率（BIAS）是测算股价与移动平均线偏离程度的指标，据此可以预测股价在剧烈波动时因偏离移动平均线可能造成的回档或反弹，以及股价在正常范围内移动而继续原有趋势的可信度。

其技术原理是，如果股价偏离移动平均线太远，不管是在移动平均线上方还是下方，都有可能趋向移动平均线。乖离率是表示股价偏离移动平均线的百分比值。

（一）计算方法

$$\text{BIAS} = \frac{C_t - \text{MA}_n}{\text{MA}_n}$$

式中，C_t 为当日指数或收盘价；MA_n 为 n 日移动平均价。

（二）运用法则

一般说来，乖离率的研判要点有以下几个。

（1）乖离率分为正乖离率和负乖离率。若股价在移动平均线之上，则为正乖离率，反之，则为负乖离率；若股价与移动平均线相交，则乖离率为零。正乖离率越大，表示短期多头的获利越多，获利回吐的可能性越高；负乖离率越大，则空头回补的可能性也越高。

（2）受多空双方激战的影响，乖离率容易出现异常现象（偏高或偏低），其操作策略也应随之而变。

（3）在大势上升的走势中如遇负乖离率，可择机跌价买进；在大势下跌的走势中如遇正乖离率，可以等待回升，在高价时卖出。

对于乖离率达到何种程度方为正确的买入点或卖出点，目前并无统一的标准，投资者可凭经验和对行情强弱的判断得出综合的结论。

一般情况，当股价与 6 日移动平均线的乖离率超过 5%时为超买，应卖出；反之，则买进。当股价与 12 日移动平均线的乖离率超过 7%时为超买，应卖出；反之，则买进。

第十六章习题

第十七章

技术指标分析

学习目标

- 了解主要的价量关系指标,理解价量关系指标的投资操作含义;
- 了解主要的涨跌指标,理解涨跌指标的投资操作含义;
- 了解主要的价差指标,理解价差指标的投资操作含义。

在技术分析方法中,价格、成交量和时间动态是研究股价趋势的三个重点因素,技术分析专家以这三大因素为依据,提出很多反映市场动态变化的技术指标。这些技术指标各有自己的设计依据和变化参数,经实践检验也有程度不同的适用性,但也存在某些方面的局限性。在使用这些技术指标时,投资者还要从不同市场的特性出发,在实践中修正指标的参数,验证其实用程度,并用若干指标相互印证,而不可盲目照搬。本章主要介绍各技术指标及其投资操作含义。本章思维导图如图 17-1 所示。

思维导图

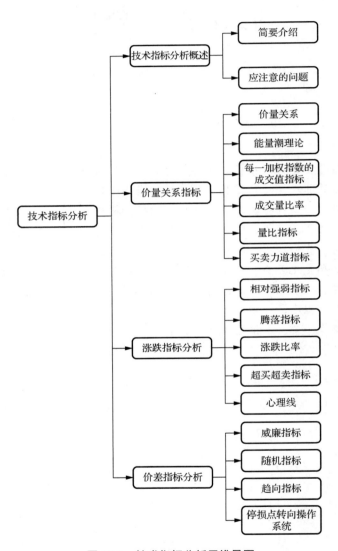

图 17-1　技术指标分析思维导图

第一节 技术指标分析概述

一、简要介绍

技术指标分析是指按事先规定好的固定的方法对原始数据进行处理,将处理之后的结果制成图表,并用制成的图表对市场进行行情研判。

(一)技术指标

技术指标是按一定的数学方法对行情数据进行处理所得到的指标,计算得到的结果就是技术指标的数值。

(二)技术指标的应用

技术指标的应用主要通过以下几方面进行:指标的背离、指标的交叉、指标的取值、指标的形态、指标的转折、指标的盲点。

(三)应用技术指标应注意的问题

每种技术指标都有自己的适用范围和应用条件。有些技术指标的效果有时很差,有时很好。在应用技术指标时,应注意以下几点。

(1)不要完全依赖技术指标。
(2)选取多个技术指标(4~5个)同时使用。
(3)当市场连续暴涨或连续暴跌时,有些技术指标可能会失效。

二、应注意的问题

(一)任何技术指标都有自己的适用范围和应用条件

任何技术指标都有自己的适用范围,也有自己的应用条件,得出的结论也都有成立的前提和可能发生的意外。因此,不问这些结论成立的条件,盲目绝对地相信技术指标,很可能会导致误判;当然,也不能认为技术指标有可能出现错误而完全否定技术指标的作用。

每种技术指标都有自己的盲点,也就是技术指标失效的时候。在实际应用中应不断总结,并找出盲点所在,这对更好地应用技术指标是很有益处的。当一个技术指标失效时,应考虑其他技术指标。

(二)在实际应用时,应将多种技术指标结合起来,进行组合分析

应用一种技术指标容易出现错误,但使用多个具有互补性的技术指标,可以大大提高

预测的精度。因此，实际应用时，常常以四五个具有互补性的技术指标为主要依据，辅以其他的技术指标，从而提高预测的精度，提高决策水平。

第二节　价量关系指标

在技术分析中，研究价与量的关系占有很重要的地位。一般认为价要有量的支持，甚至应"量在价先"。因此，将价与量联系起来分析是一个重要方法。

一、价量关系

要看股市的人气，就必须看成交量。股价持续上涨，成交量就必须放大。常见的六种价量关系意味着不同的投资阶段，如图 17-2 所示。

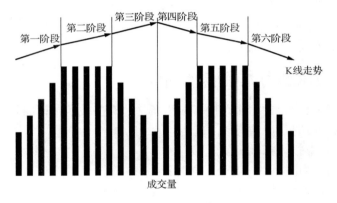

图 17-2　价量关系图

（一）第一阶段：价涨量增

股价上涨，成交量增加，代表许多投资人都认同这是一只好股票，即使股价贵一点也值得投资买进。价量关系里有一句著名的法则：量比价先行，指的是成交量突破新高通常股价也会跟着突破新高。价涨量增，意谓买气畅旺，投资人可以继续追买或抱牢持股。

（二）第二阶段：价涨量平

股价上涨但是成交量维持平稳，代表股价上涨至此，许多投资人开始对股价保持观望的态度，不愿意买进或卖出，因此股价面临转折期。价涨量平，意谓后续股价可能转折，投资人宜采取观望态度。

（三）第三阶段：价涨量缩

股价上涨但是成交量萎缩，代表该股票短期上涨太多，愿意追价购买的投资者变少了，因此股价可能会回跌找寻下个支撑点。价涨量缩的另一个可能性是股价上涨造成投资者惜售，成交量随之萎缩，例如涨停板死锁，那么股价的后续将随之看涨。

（四）第四阶段：价跌量增

股价下跌的同时成交量跟着放大，代表投资者不看好这只个股，才会毫不留情地卖出持股，因此股价依然有下跌的可能。价跌量增，意谓大家都不留情地大卖股票，投资者最好也卖出持股。

（五）第五阶段：价跌量平

股价下跌但是成交量仍然维持平稳，代表股价下跌至此，许多投资者开始对股价保持观望的态度，不愿随意买进或卖出，因此股价面临整盘待变的局面。价跌量平，意谓市场上已出现观望气氛，此时投资者最好不要躁进躁出，可以先退场观望。

（六）第六阶段：价跌量缩

股价下跌，同时成交量萎缩，代表股价跌幅够大，想继续卖出的投资者变少了，因此股价短时间可能出现跌深反弹的走势。价跌量缩的另一个可能性是股价下跌造成投资者狂卖股票，甚至出现跌停板死锁的现象，造成投资人想卖都卖不掉的现象，成交量因此萎缩，那么股价后续将持续下跌。

二、能量潮理论

（一）基本内容

能量潮（on balance volume，OBV）理论认为，股价走势基本上受市场上供求双方力量对比的影响，而成交量的多少是市场人气兴衰的代表，也是股市的动能。因而成交量是股价变化的先行指标，即常说的"量在价先"。能量潮理论就是利用累计成交量变化来分析市场内人气是汇集还是涣散，进而据以研判股价的走势。

能量潮理论成立有以下三点依据。

（1）交易双方对股价的评价越不一致，成交量越大；评价越一致，成交量越小。因此可用成交量来判断市场人气的兴衰。

（2）股价上升需要的能量较大，因而要伴随成交量的放大；股价下跌不必耗费很大的能量，因而成交量不一定放大，甚至会有萎缩倾向。

（3）股价波动有惯性可循，但波动到某一点后，总会改变方向。

（二）能量潮理论的计算公式和能量潮线的绘制

能量潮理论主要计算累计成交量，其计算方法是：今日收盘价高于上一交易日收盘价，则今日成交量为正值；今日收盘价低于上一交易日收盘价，则今日成交量为负值；今日收盘价与上一交易日收盘价持平，则今日成交量不予计算，只计算累计成交量。

第一次计算能量潮值时，基数可为0，也可为上一交易日成交量或若干日成交量之和。

所采用的成交量可以是成交手数，也可以是成交值，计算的对象可以是股价指数与当日全部成交量，也可以是某一只股票的收盘价与成交量。

能量潮线是将计算所得的能量潮指标绘于坐标图上，以时间为横坐标，以成交量为纵坐标。将每一交易日计算所得的能量潮值在坐标上标出位置并连接起来，即能量潮线。

（三）应用法则

（1）当能量潮线超过前一波高点时，可视为短线买进信号；当能量潮线低于前一波低点时，可视为短线卖出信号。

（2）如果股价创新高，而能量潮线也相应地升至新高点，表明股市会继续目前的上升趋势；反之，若股价持续下跌，能量潮线也相应地下滑，表示目前的下降趋势还将继续。

（3）当能量潮线与股价发生背离现象时，需要判断股市变动是否发生转折。如果股价继续上升，而能量潮线却已下降，表明买盘乏力，是卖出信号；如果股价仍在下跌，而能量潮线已开始上升，表明逢低接手转强，是买进信号；当能量潮值从负值转为正值时，有可能形成上升趋势，是买进信号；当能量潮值从正值转为负值时，有可能形成下降趋势，是卖出信号。

（4）当能量潮线伴随股价上涨而渐渐上升时，表明买盘逐渐增强，可以买入；当股市已近多头市场末期，股价急剧上升，能量潮线也突然急速上升，表明买盘大量涌入，要考虑卖出股票。

三、每一加权指数的成交值指标

每一加权指数的成交值指标（total amount per weighted stock index，TAPI）的立足点仍是"量在价先"这一观念，但这一指标引入加权指数这一因素，通过分析每日的成交量和加权指数的关系来研判未来大势变化。

（一）计算公式

$$TAPI=每日的成交量/当日加权指数$$

根据不同的计算周期，TAPI 可以分为日 TAPI、周 TAPI、月 TAPI、年 TAPI 及分钟 TAPI 等各种类型。经常被用于股市研判的是日 TAPI 和周 TAPI。

（二）一般研判标准

TAPI 主要是运用 TAPI 线与大盘加权指数的运动方向来判断股市未来的走势。其一般研判标准主要表现在以下几方面。

（1）TAPI 的上升和下降与成交量始终是同步的，若发生背离现象，则是买卖时机：指数上涨，TAPI 下降，是卖出时机，投资者可逢高出货；指数下跌，TAPI 上升，是买进时机，投资者可逢低吸纳。

（2）在连续上涨过程中，当股价处于明显转折处时，若 TAPI 异常下降，是市场即将向下的反转信号，持股者应逢高卖出；在连续下跌过程中，当股价处于明显转折处时，若 TAPI 异常上升，是市场向上反弹或反转的信号，投资者可短线买进。

（3）在多头市场的最后一段上升行情中，加权指数创新高而 TAPI 不能随之向上，则大势可能回档。

（4）用 TAPI 来研判指数时，不同的股市所选用的加权指数各不相同，甚至在同一股市中也存在着各种不同的加权指数，因此，在实际运用中，TAPI 的计算最好选用比较有代表性的加权指数。

（5）在多头市场中，大势回档整理，成交量缩小，此时若加权指数回升，TAPI 反而下降，也是短线买入的时机。

（6）在空头市场末期，加权指数已经跌至很低水平，而 TAPI 也无法下降，则表示大势已近阶段性底部。

（7）当多头市场来临时，TAPI 创新低的可能性为零；空头市场里，TAPI 创新高的可能性也极小。投资者可根据市场情况灵活划定 TAPI 的高低点。

（8）TAPI 无一定的高点、低点，必须与大势、K 线配合，或与其他指标配合才能发挥其价值。

四、成交量比率

成交量比率（volume ratio，VR）反映了股市买卖双方的气势，并可以借以预测股市可能的变动趋势。

（一）计算公式

$$VR = \frac{N\text{日内股价上涨日的交易额总和} + N\text{日交易额总和}/2}{N\text{日内股价下跌日的交易额总和} + N\text{日交易额总和}/2} \times 100\%$$

（二）研判要点

（1）成交量比率的值低于 60% 时是股价超卖区，特别是在 40% 到 60% 之间时很容易探底反弹。

（2）成交量比率的值在 80%～150% 区间时，股价波动较小。

（3）成交量比率的值在 160%～180% 区间时，成交量会逐渐萎缩，很容易进入调整期。

（4）成交量比率的值超过 350% 时，股价进入超买区。

（5）股价处于低价位区时，成交量比率的值上升而股价未升，为进货时机；股价处于高价位区时，成交量比率的值上升股价也上升，可考虑出货。

（6）成交量比率的值急升，交易额也突然增加，可能是多头行情的开始。

（三）不足

（1）成交量比率在低价区间时，可信度较强，而在高价区间时可信度相对较差。

（2）成交量比率无法保持与股价同步，这往往会降低它的预测效果。

五、量比指标

（一）计算公式

量比指标=当日每分钟平均成交量/过去 5 个交易日每分钟平均成交量

（二）研判要点

量比指标的值大于 1，表明当日每分钟的平均成交量大于过去 5 个交易日每分钟平均成交量，成交量放大；量比指标的值小于 1，则表明成交量萎缩。

量比指标的值在 0.8～1.5 的区间时，说明成交量处于正常水平；量比指标的值在 1.5～2.5 的区间时，则为温和放量，如果股价也处于温和缓升状态，则升势相对健康，可继续持股，若股价下跌，则可认定跌势难以在短期内结束，从量的方面判断应考虑止损退出；量比指标的值在 2.5～5 的区间时，则为明显放量，若股价相应地突破重要支撑位置或阻力位置，则突破有效的概率颇高，可以相应地采取行动。

六、买卖力道指标

买卖力道指标是衡量买卖双方力量大小的指标，买卖力道的计算方法非常简单，大盘中的即时买盘减去即时卖盘的差值，就是买卖力道指标，该指标一般用红、绿两种颜色显示为柱状，红色表示当前盘中的即时买盘大于即时卖盘，绿色则相反。若是红柱多且高，说明买方力量强大；反之则说明卖方力量强大。

通过买卖力道指标，可以定性地判断大盘实时的多空对比的态势。但用这种方式判断个股不准确，因为个股的买卖挂单经常是虚假的，大笔的买卖挂单经常暗示着主力的阴谋，因此买卖力道不准确。但大盘的买卖挂单造假则非常困难，基本可以反映当前的资金心态和流向，这就为把握大盘的方向找到一个简单的依据，可以用以减少失误率，作为中短线进出场的依据。

第三节　涨跌指标分析

涨跌指标主要是根据股票价格的涨跌来衡量市场买卖双方的力量对比和强弱程度。将收盘价的上涨只数、上涨幅度等视为买方力量；将收盘价的下跌只数、下跌幅度等视为卖方力量，以它们的对比关系来评估市场供需双方的力量对比及可能的发展趋势。

一、相对强弱指标

（一）相对强弱指标的原理

相对强弱指标（relative strength index，RSI）是目前较为流行、较为广泛使用的技术分析工具之一。相对强弱指标的依据在于，市场的价格走势取决于供需双方的力量对比，当市场上对某一证券的需求大于供给时，价格上扬；当需求小于供给时，价格下降；当供求基本平衡时，价格稳定。相对强弱指标以某一时间整个股市或某一只股票的涨跌幅平均值作为衡量供需双方力量对比的尺度，并以此作为预测未来股价变动的依据。

（二）相对强弱指标的计算公式

$$RSI = \frac{N日内收盘涨幅平均值}{N日内收盘涨幅平均值 + N日内收盘跌幅平均值} \times 100\%$$

在计算出某一日的相对强弱指标以后，可采用平滑运算法计算以后的相对强弱指标，根据相对强弱指标在横轴为时间、纵轴为相对强弱指标数值的坐标图上连成的曲线则为相对强弱指标线。

计算一般以10日、14日为单位，以6日、12日、24日为单位也较为普遍，还有以5日、8日、13日、21日为单位的。一般而言，样本数小的相对强弱指标易受当日股价变动的影响，图形上下振幅大，而样本数大的相对强弱指标受当日股价变动的影响小，图形上下振幅小。计算周期过短或过长发出的信号不是过于敏感就是过于迟钝，将其用于分析股价变动方向都可能会有较大误差，所以计算周期一般需要根据分析对象价格波动的特性和一般幅度来选择。

（三）相对强弱指标的研判要点

相对强弱指标的值始终介于0%～100%之间，其一般研判标准可以简单归纳如下。

（1）当相对强弱指标的值为50%时，表示买卖双方势均力敌，供求平衡；在40%～60%之间波动时，表明市场正处于牛市盘整行情；在50%以上表示涨势强于跌势，若相对强弱指标的值上升至70%或80%以上表示已有超买现象，继续上升则表示已进入严重超买警戒区，暗示股价极可能在短期内反转下跌；在50%以下表示市场弱势，若相对强弱指标的值下跌至30%或20%以下，表明已有超卖现象，一旦再度下跌表示已进入严重超卖警戒区，股价有可能止跌回升。

（2）相对强弱指标的最大功能在于图形研判，若将相对强弱指标线与K线等配合分析，可以发现相对强弱指标线能表现出清晰的头肩顶、头肩底、上升三角形或下降三角形、双顶、双底等形状，较容易判断出突破点、买入点和卖出点，还可以利用切线画出支撑线和阻力线以判定股价未来走向。

（3）相对强弱指标有比股价指数或股价先行显示未来行情走势的特征，在股价指数未涨时，相对强弱指标已先上升，当股价指数未跌时，相对强弱指标已先下降。这一特征在股价的峰谷区域尤其明显。利用这一特征，可作如下判断。

① 在股市盘整时，相对强弱指标一底比一底高表示多头势强，相反一底比一底低表示空头势强。

② 股价尚在盘旋，而相对强弱指标已整理完毕，领先突破趋势线，暗示股价即将突破整理。

③ 在股价不断创新高的同时，若相对强弱指标也创新高，则表示后势仍属强势，可能还会上涨。

④ 在股价不断创新低的同时，若相对强弱指标也创新低，则表示后市仍弱，可能还会下跌。

⑤ 在超买区域，相对强弱指标的图形比 K 线图形提早出现顶部或底部图形，如双顶或双底，则可能是反转或反弹信号。

（4）背离信号。当相对强弱指标与股价或股价指数呈现反方向变动时，通常是市场即将发生重大变化的信号。当日股价不断创新高，而相对强弱指标线未能同时创新高甚至出现走低时，表明出现了背离信号，这种背离表明股票价格有虚涨现象，通常是较大反转下跌的前兆；相反，若股价创新低而相对强弱指标未创新低，表明股价可能反转上升。

（四）相对强弱指标的缺点

相对强弱指标虽被普遍使用，但也有以下几个不足之处。

（1）相对强弱指标的计算周期与取值区间要根据市场特征进行变化，特别是对超买区和超卖区的确定，有时会发生相对强弱指标信号与实际行情不一致的情形。在特殊的涨跌行情中，相对强弱指标的值涨至 95%以上或跌至 5%以下都不足为奇，此时若根据相对强弱指标发出的信号在 70%附近卖出或在 30%附近买入都隐含着相当大的风险。

（2）相对强弱指标的值在 40%~60%区间时，变化较为敏感，而相对强弱指标的值在 20%以下和 80%以上的区间时，往往有钝化、失真现象，在使用上要谨慎。

（3）背离信号难以事先确认，有时要二次、三次出现背离信号后，行情才真正反转，也有发出背离信号后行情并无反转的情况，因此很难单纯依据背离信号确认行情是否会根本反转。

二、腾落指标

（一）腾落指标的原理

腾落指标（advance-decline line，ADL）是反映股价趋势的常用指标，它通过简单的加减每日股票涨跌只数来计算股市上所有股票的累积涨跌只数。腾落指标不考虑股票发行量或成交量的权数大小，将所有股票等同对待，认为所谓"大势"就是多数股票的共同趋势，即大多数股票上涨就是大势上涨，大多数股票下跌就是大势下跌。因此，通过连续、累积地计算涨跌只数可以反映股票价格走向的趋势。

腾落指标的这一特点弥补了加权股价指数的不足。由于大盘股在加权股价指数中占了较大权数，就给主力操纵大盘创造了条件，也让中小投资者产生错觉。有时加权股价指数上涨而市场上大多数股票价格却没有上涨；有时加权股价指数大幅下跌而大多数股票价格却跌幅不深。而腾落指标以逐只股票的涨跌为依据，计算累积涨跌只数。在多头市场里，不仅加权股价指数持续上升，每日股票上涨只数也应多于下跌只数，腾落指标也应上升；在空头市场里，不仅加权股价指数持续下跌，每日股票下跌只数也应多于上涨只数，腾落指标也应下跌。通过将腾落指标与加权股价指数相互印证，可以分析股价趋势。

（二）腾落指标的计算公式

腾落指标就是将每日股票上涨只数减去下跌只数的累积余额。将每日的腾落指标数值连接起来，就是腾落曲线。

$$ADL = \sum_{i=1}^{N}(上涨只数 - 下跌只数)$$

（三）腾落指标的研判要点

（1）腾落指标与股价指数走势一致时，可进一步确认大势的趋势。当股价指数连续下跌，腾落指标也持续下降甚至连创新低时，意味着近期股价还会继续走低。当股价指数持续上升，腾落指标也不断上升甚至连创新高时，意味着近期股价还会继续上涨。

（2）当腾落指标与股价指数走势背离时，预示股市可能会向相反方向变化。当股价指数持续数日上涨而腾落指标却连续数日下跌时，表示股票涨少跌多，向上的动量不足，这种不正常现象难以持久，通常是大势下跌的前兆。当股价指数持续数日下跌而腾落指标却连续数日上升时，表示多数股票已止跌回稳，大势底部已近，通常是大势上升的前兆。

（3）腾落指标的变化往往领先于股价指数，如在多头市场里，腾落指标领先于股价指数下跌；在空头市场里，腾落指标领先于股价指数反转上升，都提示大势可能变化。

（四）腾落指标的优缺点

腾落指标的优点是计算简便，可弥补加权股价指数的不足；缺点是只能反映大势的变化而不能提示买卖时机和个股的优劣，所以一般不能单独使用，要和其他指标结合运用。

三、涨跌比率

涨跌比率（advance-decline ratio，ADR），又称回归腾落指标。

（一）涨跌比率的计算公式

$$ADR = \frac{N日内股票上涨只数合计}{N日内股票下跌只数合计}$$

采样天数可用 6 日、10 日、14 日、24 日、6 周、13 周、26 周等。若采样天数太少，涨跌比率容易受当日股价变动影响而产生震荡性变动，从而失去作为重要参考指标的意义；若采样天数过多，涨跌比率又容易失去敏感性，也无多大参考价值，通常以 10 日为采样天数进行移动合计计算。

（二）涨跌比率的研判要点

（1）10 日涨跌比率的常态分布为 0.5～1.5 这一区间。

（2）当涨跌比率大于 1.5 时，表示股价上涨已超出常态，产生了超买现象，股价容易回跌，是卖出信号。

（3）当涨跌比率小于 0.5 时，表示股价下跌已超出常态，产生了超卖现象，股价可能会出现反弹或回升，是买进信号。

（4）若加权股价指数与涨跌比率呈背离现象，大势可能即将反转。

四、超买超卖指标

超买超卖（over bought & over sold，OBOS）指标是通过计算一定日期内的股票涨跌只数来测量市场买卖气势的强弱及趋势，以此作为投资决策的参考依据，一般以 10 日为参数，采用逐日移动方法计算。

$$OBOS = N日内股票上涨只数总和 - N日内股票下只家数总和$$

超买超卖指标计算时以当日为基准，向前推移 9 个交易日，计算近 10 个交易日的上涨只数和下跌只数，如果上涨只数总和大于下跌只数总和，超买超卖指标为正值；反之，超买超卖指标为负值。也可将计算的连续交易日的 OBOS 值画在坐标上，并连成趋势线加以分析。

超买超卖指标主要用于分析大势，因此要与加权股价指数联系起来加以分析。超买超卖指标有先行指标的特点，但对个别股价走势无法提供明确的提示。对超买超卖指标的研判主要是分析它与加权股价指数的分离现象。当超买超卖指标走势与加权股价指数相背离时，应随时注意大势可能反转。如果加权股价指数持续上升，且位居高档，而超买超卖指标开始下降，则表示大盘已是强弩之末，很多小股票已开始下跌，只能靠少数大盘股支撑指数，未来的市场可能转而走向弱势。如果加权股价指数持续下降，且位居低档，而超买超卖指标开始上升，显示上涨股票只数已超过下跌股票只数，未来市场可能即将反转上升。

超买超卖指标具有移动性特征，可看出一段时间的市场趋势，并可减少某些偶然因素的干扰，但以涨跌只数预测市场变化有较大的随机性，采用逐日移动方法计算又有一定的滞后性，所以一般仅作为辅助性工具使用。

五、心理线

心理线（psychological line，PSY）通过分析一段时间内投资者的心理，判断其是倾向于买入还是卖出，以此作为买卖决策的参考，一般以 12 日或 24 日作为采样天数。

（一）心理线的计算公式

$$PSY = \frac{12日（或24日）内股价指数上涨天数}{12日（或24日）} \times 100\%$$

（二）心理线的研判要点

（1）心理线的值在 25%～75%之间变动时，属正常情况。

（2）心理线的值超过 75%是超买，低于 25%是超卖，股价回跌或上涨的机会增多，可准备卖出或买进。

（3）当心理线的值高于90%时是真正的超买，低于10%时是真正的超卖，是卖出和买入时机。

（4）一段上涨行情展开前，通常超卖的低点会出现两次，因此低点密集出现两次是买入信号。一段下跌行情展开前，超买的高点也会出现两次，因此高点密集出现两次为卖出时机。

心理线与其他技术指标（如成交量比率等）配合使用，精确度可更高。

第四节　价差指标分析

价差指标分析主要是通过分析股票价格的差值或涨幅、跌幅的大小，推测多空双方的力量对比，判断超买和超卖现象。

一、威廉指标

（一）威廉指标的原理

威廉指标（WMS%R）主要是通过分析一段时间内股票的最高价、最低价和收盘价之间的关系，来判断股市的超买和超卖现象，预测股价短期的走势。

在运用威廉指标时，首先要决定计算周期。计算周期一般取一个适当的市场买卖循环期的半数。通常一个市场买卖循环期可取14日、28日或56日，扣除休息日，这些买卖循环期的实际交易日分别为10日、20日和40日，取其半数则为5日威廉指标、10日威廉指标和20日威廉指标。

（二）威廉指标的计算公式

$$\text{WMS\%R} = \frac{H_T - C_t}{H_T - L_T} \times 100\%$$

式中，H_T表示T日内的最高价；L_T表示T日内的最低价；C_t表示当日的收盘价；T表示计算周期天数。

威廉指标可以运用于行情的各个周期，可分为日、周、月、年、5分钟、15分钟、30分钟、60分钟等各种周期。

（三）威廉指标的研判要点

（1）威廉指标是一个随机性很强的波动指标。计算出的威廉指标位于0%~100%之间，当威廉指标为50%时，表示多空力量均衡；当威廉指标大于50%时，是空头市场；当威廉指标小于50%时，是多头市场。

（2）当威廉指标进入80%~100%区间时，处于超卖状态，表示行情已进入底部，可作为买入时机。

（3）威廉指标进入 0%～20% 区间时，处于超买状态，表示行情已近顶部，可卖出。

二、随机指标

随机指标（KDJ）是以股票的最高价、最低价及收盘价为基本数据，按一定的公式进行计算得出的指标。将得出的 K 值、D 值和 J 值分别标注在横轴为时间、纵轴为这三个指标数值的坐标图上，连接无数个这样的点位，就可以分别形成 K 线、D 线和 J 线。随机指标主要是利用价格波动的真实波幅来反映价格走势的强弱和超买、超卖现象，在价格尚未上涨或下跌之前发出买卖信号的一种技术工具。

随机指标主要是通过对三个指标的取值，以及三条曲线的形状、交叉、背离和运行状态进行分析来预测股票的走势。

（一）随机指标的计算公式

首先要计算周期（n 日、n 周等）的未成熟随机指标值（RSV），然后再计算 K 值、D 值、J 值。

以 n 日随机指标数值的计算为例，首先计算未成熟随机指标值。

$$n \text{日RSV} = \frac{C_n - L_n}{H_n - L_n} \times 100$$

式中，C_n 为第 n 日收盘价；L_n 为 n 日内的最低价；H_n 为 n 日内的最高价。n 日 RSV 始终在 1～100 间波动。

其次，计算 K 值、D 值和 J 值：

当日 K 值=2/3×前一日 K 值+1/3×当日 RSV

当日 D 值=2/3×前一日 D 值+1/3×当日 K 值

若无前一日 K 值与 D 值，则可分别用 50 来代替。

当日 J 值=3×当日 K 值-2×当日 D 值

（二）随机指标的研判要点

（1）K 线是快速确认线，数值在 90 以上为超买，在 10 以下为超卖；D 线是慢速主干线，数值在 80 以上为超买，在 20 以下为超卖；J 线为方向敏感线，当 J 值大于 100，特别是连续 5 天以上时，股价至少会形成短期头部，反之，当 J 值小于 0，特别是连续数天以上时，股价至少会形成短期底部。

（2）当 K 值由小变大，逐渐大于 D 值时，在图形上会显示为 K 线从下方上穿 D 线，表示趋势是向上的，即买进的信号。

（3）当 K 值由大变小，逐渐小于 D 值时，在图形上会显示为 K 线从上方下穿 D 线，表示趋势是向下的，即卖出的信号。

（4）通过随机指标与股价背离的走势，判断股价顶底也是颇为实用的方法：①股价创新高，而 K 值和 D 值没有创新高，为顶背离，应卖出；②股价创新低，而 K 值和 D 值没有创新低，为底背离，应买入；③股价没有创新高，而 K 值和 D 值创新高，为顶背离，应卖出；④股价没有创新低，而 K 值和 D 值创新低，为底背离，应买入。

需要注意的是，通过随机指标判定顶背离和底背离的方法，只能和前一波高、低点时 K 值和 D 值相比。

三、趋向指标

趋向指标（directional movement index，DMI）主要通过比较股票价格创新高和新低的动能来分析多空双方的力量对比，进而推断价格的变动趋向，这一指标计算过程比较复杂，但实际应用却简单明确，较有实效。

很多指标都是通过每一日的收盘价走势及涨跌幅情况来计算出不同的分析数据，其不足之处在于忽略了每一日的波动幅度。比如某只股票的两日收盘价可能是一样的，但其中一天股价上下波动的幅度不大，而另一天股价的上下波动幅度却很大。那么这两日行情走势的意义截然不同，但这点在其他大多数指标中很难表现出来。而趋向指标把每日的上下波动幅度因素计算在内，从而可以更加准确地反映行情的走势及更好地预测行情未来的发展变化。

（一）计算程序

趋向指标的计算方法和过程比较复杂，它涉及动向（DM）、真实波幅（TR）、每日动向值（DX）这些计算指标，以及方向线（DI）、动向平均数（ADX）和评估数值（ADXR）这些研判指标的运算。

例如，计算日动向指标的基本程序主要为以下几个。

（1）按一定的规则比较每日股价波动产生的最高价、最低价和收盘价，计算出每日股价波动的真实波幅、每日动向值，在运算基准日的基础上按一定的天数将其累加，以求 n 日的真实波幅、上升动向值和下降动向值。

（2）将 n 日内的上升动向值和下降动向值分别除以 n 日内的真实波幅，从而求出 n 日内的上升方向线和下降方向线。

（3）通过 n 内的上升方向线和下降方向线之间的差和之比，计算出每日动向值。

（4）按一定的天数将每日动向值累加后平均，求得 n 日内的动向平均数。

（5）再通过当日的动向平均数与前面某一日的动向平均数进行比较，计算出动向平均数的评估数值。

（二）具体过程

1. 计算每日动向值

每日动向值分为上升动向值（+DM）、下降动向值（-DM）和无动向值。

（1）上升动向值。

正趋向变动值即上升动向值，其数值等于当日的最高价减去前一日的最高价，如果该数值小于或等于零，则上升动向值为零。

（2）下降动向值。

负趋向变动值即下降动向值，其数值等于前一日的最低价减去当日的最低价，如果该数值小于或等于零，则下降动向值为零。注意，下降动向值也是非负数。

比较上升动向值和下降动向值，其中较大的值保留，较小的值归零。

（3）无动向值。

无动向代表当日动向值为零的情况，即当日的上升动向值和下降动向值同时等于零。在两种股价波动情况下可能出现无动向值的结果：一是当日的最高价低于前一日的最高价并且当日的最低价高于前一日的最低价；二是上升动向值正好等于下降动向值。

2. 计算真实波幅

真实波幅是当日价格较前一日价格的最大变动值。取以下三项价差数值中的最大值（取绝对值）为当日的真实波幅：

（1）当日最高价减去当日最低价的价差。

（2）当日最高价减去前一日收盘价的价差。

（3）当日最低价减去前一日收盘价的价差。

3. 计算方向线

方向线是衡量股价上涨或下跌的指标，分为上升方向线（+DI）和下降方向线（-DI）。其计算方法如下：

$$+DI=(+DM\div TR)\times 100$$
$$-DI=(-DM\div TR)\times 100$$

要使方向线具有参考价值，必须运用平滑移动平均的原理对其进行累积运算。以12日计算周期为例，先将12日内的上升动向值、下降动向值及真实波幅平均化，具体如下：

$$+DI(12)=(+DM12\div TR12)\times 100$$
$$-DI(12)=(-DM12\div TR12)\times 100$$

上升方向线和下降方向线的数值永远介于0与100之间。

4. 计算动向平均数

依据方向线可以计算出每日动向值。将上升方向线和下降方向线之间差的绝对值除以总和的百分比即可得到每日动向值。由于每日动向值的波动幅度比较大，一般以一定的周期为基础对其进行平滑计算，得到动向平均数。

5. 计算评估数值

在动向指标中还可以添加评估数值指标，以便对行情研判、分析。

评估数值的计算公式为：

$$评估数值=(当日的动向平均数+前一日的动向平均数)\div 2$$

和其他指标的计算一样，由于选用的计算周期的不同，趋向指标也包括日趋向指标、周趋向指标、月趋向指标、年趋向指标等各种类型。经常被用于对股市进行研判、分析的是日趋向指标和周趋向指标。虽然它们计算时的取值有所不同，但基本的计算方法一样。另外，随着股市软件分析技术的发展，投资者只需掌握趋向指标形成的基本原理和计算方法，不用去计算指标的数值。与之相比，更为重要的是利用趋向指标去研判、分析股票行情。

（三）趋向指标的研判要点

和其他技术指标不同的是，趋向指标主要是判别市场的趋势。在应用时，趋向指标的研判主要集中在两个方面：一是分析上升动向值、下降动向值和动向平均数之间的关系，二是对行情的趋势及转势特征进行判断。上升方向线和下降方向线两条曲线的走势关系是判断能否买卖的信号，动向平均数则是判断未来行情发展趋势的信号。

1. 上升动向值和下降动向值的研判功能

（1）当股价走势向上发展，而同时上升动向值从下向上突破下降动向值时，表明市场上有买家进场，为买入信号，如果动向平均数伴随上升，则预示股价的涨势可能更强劲。

（2）当股价走势向下发展，而同时下降动向值从上向下突破上升动向值时，表明市场上做空力量在加强，为卖出信号，如果动向平均数伴随下降，则预示跌势将加剧。

（3）当股价维持某种上升或下降行情时，上升动向值和下降动向值的交叉突破信号比较准确，但当股价维持盘整时，应将上升动向值和下降动向值交叉发出的买卖信号视为无效。

2. 动向平均数的研判功能

动向平均数为每日动向值的平均数，而每日动向值是根据上升方向线和下降方向线两数值的差和对比计算出来的百分比，因此，利用动向平均数指标可以更有效地判断市场行情的发展趋势。

（1）判断行情趋势。

当行情走势由横盘向上发展时，动向平均数会不断递增。因此，当动向平均数高于前一日时，可以判断当前市场行情仍在维持原有的上升趋势，即股价将继续上涨，如果上升动向值和下降动向值同时增加，则表明当前上升趋势十分强劲。

当行情走势进入横盘阶段时，动向平均数会不断递减。因此，判断行情时，应结合股价走势（上升动向值和下降动向值）走势进行判断。

当行情走势由盘整向下发展时，动向平均数会不断递增。因此，当动向平均数高于前一日时，可以判断当前市场行情仍维持原有的下降趋势，即股价将继续下跌，如果上升动向值和下降动向值同时减少，则表示当前的跌势将延续。

（2）判断行情是否盘整。

当市场行情在一定区域内小幅盘整时，动向平均数会出现递减情况。当动向平均数降至 20 以下，且呈横向窄幅移动时，可以判断行情为牛皮盘整，上升或下跌趋势不明朗，投资者应以观望为主，不可依据上升动向值和下降动向值的交叉信号来买卖股票。

（3）判断行情是否转势。

当动向平均数在高点由升转跌时，预示行情即将反转。在涨势中的动向平均数在高点由升转跌，预示涨势即将告一段落；在跌势中的动向平均数从高位回落，预示跌势可能停止。

四、停损点转向操作系统

（一）停损点转向操作系统的原理

停损点转向操作系统（stop and reverse，SAR）是利用价格变动和时间变动双重功能，随时调整停损点位置的技术分析方法。由于组成 SAR 曲线的停损点以弧线的方式移动，所以停损点转向操作系统又称抛物线指标，它的图形和运用与移动平均线非常相似。

从 SAR 英文全称可知道它有两层含义。一是"stop"，即停损、止损之意，这就要求投资者在买卖某个股票之前，先要设定一个止损价位，以减少投资风险。而这个止损价位也不是一直不变的，随着股价的波动，止损价位也要不断地随之调整。股市情况变幻莫测，而且不同的股票在不同时期的走势又各不相同。如果止损价位过高，就可能出现在股票调整回落时卖出，而卖出的股票却从此展开一轮新的升势，投资者因此错失赚取更大利润机会的情况；反之，止损价位过低，就根本起不到控制风险的作用。因此，如何准确地设定止损价位是各种技术分析方法的目的，而 SAR 在这方面有其独到的功能。二是"reverse"，即反转、反向操作之意，这要求投资者在决定投资股票前先设定止损价位，当价格达到止损价位时，投资者不仅可以对前期买入的股票进行平仓，还可以进行反向做空操作，以谋求收益的最大化。这种方法在有做空机制的证券市场可以操作。

（二）停损点转向操作系统的计算公式

SAR 的计算工作主要是针对每个周期不断变化的止损价位的计算。在计算 SAR 之前，要先选定一段周期，比如 n 日或 n 周等，参数 n 一般为 4。接下来要判断这个周期的股价是在上涨还是下跌，然后再按逐步推理方法计算 SAR。

例如，每日 SAR 的计算公式如下：

$$SAR(n)=SAR(n-1)+AF[EP(n-1)-SAR(n-1)]$$

式中，$SAR(n)$ 为第 n 日的 SAR 值，$SAR(n-1)$ 为第 $n-1$ 日的 SAR 值，AF 为加速因子（或叫加速系数），EP 为极点价（最高价或最低价）。

（三）停损点转向操作系统的计算原则

（1）如果是看涨行情，则 SAR（0）为近期底部最低价；如果是看跌行情，则 SAR（0）为近期顶部最高价。

（2）加速因子分为向上加速因子和向下加速因子。若是看涨行情，则为向上加速因子；若是看跌行情，则为向下加速因子。

（3）加速因子的初始值是 0.02。如果在看涨行情中买入股票，且某天的最高价比前一天的最高价还要高，则加速因子递增 0.02，并入计算。但加速因子最高不超过 0.2。反之，看跌行情中也以此类推。

（4）如果在看涨行情中，计算出的某日的 SAR 比当日或前一日的最低价高，则应以当日或前一日的最低价为该日的 SAR。如果在看跌行情中，计算出的某日的 SAR 比当日或前一日的最高价低，则应以当日或前一日的最高价为某日的 SAR。总之，SAR 不得定于当日或前一日的行情价格变动幅度之内。

（5）任何一次行情转变，加速因子都必须重新由 0.02 起算。

（6）SAR 的计算周期的参数变动范围为 2～8。

（7）SAR 的计算方法和过程比较烦琐，对于投资者来说只需要掌握其演算过程和原理，在实际操作中并不需要投资者自己计算，比这更重要的是投资者要灵活掌握和运用 SAR 的研判标准和功能。

（四）停损点转向操作系统的研判要点

SAR 有简单易懂、稳重可靠等优势，因此，SAR 又被称为"傻瓜"指标，在广大投资者特别是中小散户得到广泛运用。SAR 的一般研判标准包括以下几个方面。

（1）当股价从 SAR 曲线下方开始向上突破 SAR 曲线时，为买入信号，预示着一轮股价上升行情可能会展开，投资者应迅速及时地买进股票。

（2）若股价向上突破 SAR 曲线后继续向上运动，而 SAR 曲线也同时向上运动，表明股价的上涨趋势已经形成，SAR 曲线对股价构成强劲的支撑，投资者应坚决持股待涨或逢低加码买进股票。

（3）当股价从 SAR 曲线上方开始向下突破 SAR 曲线时，为卖出信号，预示着一轮股价下跌行情可能展开，投资者应迅速及时地卖出股票。

（4）当股价向下突破 SAR 曲线后继续向下运动，而 SAR 曲线也同时向下运动，表明股价的下跌趋势已经形成，SAR 曲线对股价构成巨大的压力，投资者应坚决持币观望或逢高减持股票。

SAR 发出的买卖信号明确，操作简便，适用于中长期投资者，特别在大行情中效果明显，但在盘整行情中失误率较高。

市场指标还有动量指标（MTM）、震荡量指标（OSC）、逆势操作系统（CDP）、买卖气势指标（AR）、买卖意愿指标（BR）等，不再一一列举。

第十七章习题

第四篇

证券监管

尽管证券市场在资源配置、价格发现等方面具有积极的作用，但受信息不对称、外部性、垄断等因素影响，证券市场往往也存在市场失灵现象，具有一定的内在脆弱性、剧烈波动性，甚至会引发金融体系的动荡和服务中断。因此，政府有必要对证券市场的机构、行为等方面进行监管，从而维护证券市场的秩序和信用、保障投资者利益、防范系统性金融风险、服务实体经济发展。

第十八章

证券投资监管

学习目标

- 了解证券监管制度类型;
- 理解中国证券监管法律要点;
- 了解中国证券监管体系框架。

为了保护投资者利益、规范市场秩序,各国对证券市场常常进行较为规范的监管。了解证券监管制度和体系,有利于投资者识别证券风险、保护自身权利。本章主要介绍证券监管制度、证券监管体系等内容。本章思维导图如图18-1所示。

> 思维导图

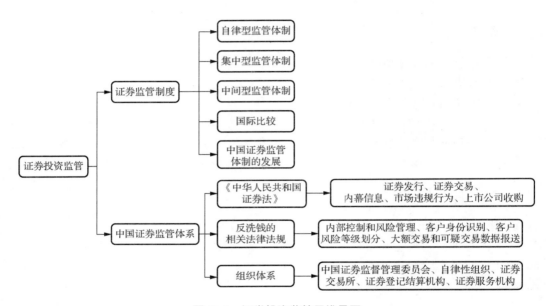

图 18-1　证券投资监管思维导图

第一节 证券监管制度

国际上,证券监管制度主要分为三种类型:自律型监管体制、集中型监管体制、中间型监管体制。

一、自律型监管体制

自律型监管体制是指由同一行业的从业人员组织,共同制定规则,实现行业内部自我监管的模式。通过这种模式,该行业可以保护自身利益并保障本行业的繁荣发展。

这种体制的特点是:①立法较松弛,管理以自律为主,通常没有单独制定直接的证券市场管理法规,而是通过一些间接的法规来制约证券市场的活动;②没有专门设立全国性的证券管理机构,而是靠证券市场的参与者,如证券交易所等进行自我监管。

英国是自律型监管体制的典型代表。

二、集中型监管体制

集中型监管体制是指由行业外部的国家监督管理部门、社会中介机构依法对该行业进行监管的模式。在这种模式下,由政府下属的部门或由直接隶属于立法机关的国家证券监管机构对证券市场进行集中统一监管,而各种自律性组织,如证券交易所、行业协会等起协助监管作用。

集中型监管体制主要有两种模式:①以由独立于其他国家机关的专门委员会来对证券行业进行监管,此种监管体制以美国为典型代表;②由政府部门直接对证券行业进行监管,例如由财政部或中央银行全权负责证券监管,此种监管体制以日本为典型代表。

三、中间型监管体制

中间型监管体制是介于集中型监管体制和自律型监管体制之间的一种模式,它既强调集中统一的立法监管,又强调自律管理,可以说是集中型监管体制和自律型监管体制相互协调、渗透的产物。

中间型监管体制有时也被称为分级监管体制,包括二级监管和三级监管两种类型。二级监管是指中央政府和自律机构相结合的监管;三级监管是指中央、地方两级政府和自律机构相结合的监管。

德国是中间型监管体制的典型代表,此外,意大利、泰国等国也采取这种监管体制。

四、国际比较

采取什么样的证券监管体制,并没有一个绝对的标准。每个国家都应根据本国的经济、文化、历史背景等具体情况,制定适合本国特点的证券监管体制。上面三种证券监管体制,都是证券行业较为发达的国家经过长期的探索实践，并付出了一定代价之后，逐步形成并完善的。

五、中国证券监管体制的发展

（1）第一阶段，20世纪80年代中期到1991年。

这是中国证券市场的起步阶段，出现了一些初级形式的证券场外市场，同时，上海证券交易所和深圳证券交易所成立。但此时的证券监管是由各地方政府负责。

（2）第二阶段，1992年至1998年8月。

国务院决定成立国务院证券委员会和中国证券监督管理委员会，负责对全国证券市场进行统一监管。本阶段证券监管体制的问题是存在双重领导、多头管理的现象，但是却没有设置分支机构，政令难以下达。

（3）第三阶段，1998年8月至今。

1998年，国务院决定撤销国务院证券委员会，其职能并入中国证券监督管理委员会，并决定中国证券监督管理委员会对地方证券管理部门实行垂直领导，从而形成了集中统一的证券监管体制。

2022年，中国证券监管体制进入新的阶段。党的二十大报告提出，加强和完善现代金融监管，强化金融稳定保障体系，依法将各类金融活动全部纳入监管，守住不发生系统性风险底线。这要求证券行业监管加强和完善现代金融监管，强化金融稳定保障体系，依法将各类金融活动全部纳入监管，守住不发生系统性风险底线。

第二节 中国证券监管体系

一、法律体系

中国有关证券行业的法律规定主要有《中华人民共和国证券法》《中华人民共和国反洗钱法》等。

（一）《中华人民共和国证券法》

1. 证券发行

（1）公开发行须注册。

党的二十大报告提出，健全资本市场功能，提高直接融资比重。公开发行证券，必须符合法律、行政法规规定的条件，并依法报经国务院证券监督管理机构或者国务院授权的部门注册。未经依法注册，任何单位和个人不得公开发行证券。证券发行注册制的具体范围、实施步骤，由国务院规定。有下列情形之一的，为公开发行：向不特定对象发行证券；向特定对象发行证券累计超过二百人，但依法实施员工持股计划的员工人数不计算在内；法律、行政法规规定的其他发行行为。

非公开发行证券,不得采用广告、公开劝诱和变相公开方式。

(2) 公开发行须有证券公司担任保荐人。

发行人申请公开发行股票、可转换为股票的公司债券,依法采取承销方式的,或者公开发行法律、行政法规规定实行保荐制度的其他证券的,应当聘请证券公司担任保荐人。保荐人应当遵守业务规则和行业规范,诚实守信,勤勉尽责,对发行人的申请文件和信息披露资料进行审慎核查,督导发行人规范运作。

(3) 公开发行股票须满足条件、须报送规定的文件。

设立股份有限公司公开发行股票,应当符合《中华人民共和国公司法》规定的条件和经国务院批准的国务院证券监督管理机构规定的其他条件,向国务院证券监督管理机构报送募股申请和下列文件:①公司章程;②发起人协议;③发起人姓名或者名称,发起人认购的股份数、出资种类及验资证明;④招股说明书;⑤代收股款银行的名称及地址;⑥承销机构名称及有关的协议。依照《中华人民共和国证券法》规定聘请保荐人的,还应当报送保荐人出具的发行保荐书。法律、行政法规规定设立公司必须报经批准的,还应当提交相应的批准文件。

公司首次公开发行新股,应当符合下列条件:①具备健全且运行良好的组织机构;②具有持续经营能力;③最近三年财务会计报告被出具无保留意见审计报告;④发行人及其控股股东、实际控制人最近三年不存在贪污、贿赂、侵占财产、挪用财产或者破坏社会主义市场经济秩序的刑事犯罪;⑤经国务院批准的国务院证券监督管理机构规定的其他条件。

上市公司发行新股,应当符合经国务院批准的国务院证券监督管理机构规定的条件,具体管理办法由国务院证券监督管理机构规定。

公开发行存托凭证的,应当符合首次公开发行新股的条件以及国务院证券监督管理机构规定的其他条件。

公司公开发行新股,应当报送募股申请和下列文件:①公司营业执照;②公司章程;③股东大会决议;④招股说明书或者其他公开发行募集文件;⑤财务会计报告;⑥代收股款银行的名称及地址。

依照《中华人民共和国证券法》规定聘请保荐人的,还应当报送保荐人出具的发行保荐书。依照《中华人民共和国证券法》规定实行承销的,还应当报送承销机构名称及有关的协议。

公司对公开发行股票所募集资金,必须按照招股说明书或者其他公开发行募集文件所列资金用途使用;改变资金用途,必须经股东大会作出决议。擅自改变用途,未作纠正的,或者未经股东大会认可的,不得公开发行新股。

(4) 公开发行公司债券。

公开发行公司债券,应当符合下列条件:①具备健全且运行良好的组织机构;②最近三年平均可分配利润足以支付公司债券一年的利息;③国务院规定的其他条件。

公开发行公司债券筹集的资金,必须按照公司债券募集办法所列资金用途使用;改变资金用途,必须经债券持有人会议作出决议。公开发行公司债券筹集的资金,不得用于弥补亏损和非生产性支出。

上市公司发行可转换为股票的公司债券,还应当符合相关规定①的条件。但是,按

---

① 《中华人民共和国证券法》第十二条第二款:上市公司发行新股,应当符合经国务院批准的国务院证券监督管理机构规定的条件,具体管理办法由国务院证券监督管理机构规定。

照公司债券募集办法，上市公司通过收购本公司股份的方式进行公司债券转换的除外。

申请公开发行公司债券，应当向国务院授权的部门或者国务院证券监督管理机构报送下列文件：①公司营业执照；②公司章程；③公司债券募集办法；④国务院授权的部门或者国务院证券监督管理机构规定的其他文件。

依照《中华人民共和国证券法》规定聘请保荐人的，还应当报送保荐人出具的发行保荐书。

有下列情形之一的，不得再次公开发行公司债券：①对已公开发行的公司债券或者其他债务有违约或者延迟支付本息的事实，仍处于继续状态；②违反《中华人民共和国证券法》规定，改变公开发行公司债券所募资金的用途。

（5）发行注册。

国务院证券监督管理机构或者国务院授权的部门依照法定条件负责证券发行申请的注册。证券公开发行注册的具体办法由国务院规定。按照国务院的规定，证券交易所等可以审核公开发行证券申请，判断发行人是否符合发行条件、信息披露要求，督促发行人完善信息披露内容。依照这些规定参与证券发行申请注册的人员，不得与发行申请人有利害关系，不得直接或者间接接受发行申请人的馈赠，不得持有所注册的发行申请的证券，不得私下与发行申请人进行接触。

国务院证券监督管理机构或者国务院授权的部门应当自受理证券发行申请文件之日起三个月内，依照法定条件和法定程序作出予以注册或者不予注册的决定，发行人根据要求补充、修改发行申请文件的时间不计算在内。不予注册的，应当说明理由。

国务院证券监督管理机构或者国务院授权的部门对已作出的证券发行注册的决定，发现不符合法定条件或者法定程序，尚未发行证券的，应当予以撤销，停止发行。已经发行尚未上市的，撤销发行注册决定，发行人应当按照发行价并加算银行同期存款利息返还证券持有人；发行人的控股股东、实际控制人以及保荐人，应当与发行人承担连带责任，但是能够证明自己没有过错的除外。

股票的发行人在招股说明书等证券发行文件中隐瞒重要事实或者编造重大虚假内容，已经发行并上市的，国务院证券监督管理机构可以责令发行人回购证券，或者责令负有责任的控股股东、实际控制人买回证券。

（6）非公开发行方式。

发行人向不特定对象发行的证券，法律、行政法规规定应当由证券公司承销的，发行人应当同证券公司签订承销协议。证券承销业务采取代销或者包销方式。

证券代销是指证券公司代发行人发售证券，在承销期结束时，将未售出的证券全部退还给发行人的承销方式。

证券包销是指证券公司将发行人的证券按照协议全部购入或者在承销期结束时将售后剩余证券全部自行购入的承销方式。

（7）承销的证券公司。

公开发行证券的发行人有权依法自主选择承销的证券公司。

证券公司承销证券，应当同发行人签订代销或者包销协议，载明下列事项：①当事人的名称、住所及法定代表人姓名；②代销、包销证券的种类、数量、金额及发行价格；③代销、包销的期限及起止日期；④代销、包销的付款方式及日期；⑤代销、包销的费用和结算办法；⑥违约责任；⑦国务院证券监督管理机构规定的其他事项。

证券公司承销证券，应当对公开发行募集文件的真实性、准确性、完整性进行核查。发现有虚假记载、误导性陈述或者重大遗漏的，不得进行销售活动；已经销售的，必须立即停止销售活动，并采取纠正措施。

证券公司承销证券，不得有下列行为：①进行虚假的或者误导投资者的广告宣传或者其他宣传推介活动；②以不正当竞争手段招揽承销业务；③其他违反证券承销业务规定的行为。证券公司有上述所列行为，给其他证券承销机构或者投资者造成损失的，应当依法承担赔偿责任。

向不特定对象发行证券聘请承销团承销的，承销团应当由主承销和参与承销的证券公司组成。

证券的代销、包销期限最长不得超过九十日。

证券公司在代销、包销期内，对所代销、包销的证券应当保证先行出售给认购人，证券公司不得为本公司预留所代销的证券和预先购入并留存所包销的证券。

2．证券交易

（1）交易对象的限制。

证券交易当事人依法买卖的证券，必须是依法发行并交付的证券。

依法发行的证券，《中华人民共和国公司法》和其他法律对其转让期限有限制性规定的，在限定的期限内不得转让。

上市公司持有百分之五以上股份的股东、实际控制人、董事、监事、高级管理人员，以及其他持有发行人首次公开发行前发行的股份或者上市公司向特定对象发行的股份的股东，转让其持有的本公司股份的，不得违反法律、行政法规和国务院证券监督管理机构关于持有期限、卖出时间、卖出数量、卖出方式、信息披露等规定，并应当遵守证券交易所的业务规则。

公开发行的证券，应当在依法设立的证券交易所上市交易或者在国务院批准的其他全国性证券交易场所交易。

非公开发行的证券，可以在证券交易所、国务院批准的其他全国性证券交易场所、按照国务院规定设立的区域性股权市场转让。

（2）交易主体的限制。

① 从业人员。

证券交易场所、证券公司和证券登记结算机构的从业人员，证券监督管理机构的工作人员以及法律、行政法规规定禁止参与股票交易的其他人员，在任期或者法定限期内，不得直接或者以化名、借他人名义持有、买卖股票或者其他具有股权性质的证券，也不得收受他人赠送的股票或者其他具有股权性质的证券。

任何人在成为上述所列人员时，其原已持有的股票或者其他具有股权性质的证券，必须依法转让。

实施股权激励计划或者员工持股计划的证券公司的从业人员，可以按照国务院证券监督管理机构的规定持有、卖出本公司股票或者其他具有股权性质的证券。

为证券发行出具审计报告或者法律意见书等文件的证券服务机构和人员，在该证券承销期内和期满后六个月内，不得买卖该证券。

除此之外，为发行人及其控股股东、实际控制人，或者收购人、重大资产交易方出具审计报告或者法律意见书等文件的证券服务机构和人员，自接受委托之日起至上述文件公开后五日内，不得买卖该证券。实际开展上述有关工作之日早于接受委托之日的，自实际开展上述有关工作之日起至上述文件公开后五日内，不得买卖该证券。

② 公司高管层及主要股东。

上市公司、股票在国务院批准的其他全国性证券交易场所交易的公司持有百分之五以上股份的股东、董事、监事、高级管理人员，将其持有的该公司的股票或者其他具有股权性质的证券在买入后六个月内卖出，或者在卖出后六个月内又买入，由此所得收益归该公司所有，公司董事会应当收回其所得收益。但是，证券公司因购入包销售后剩余股票而持有百分之五以上股份，以及有国务院证券监督管理机构规定的其他情形的除外。

此处所称董事、监事、高级管理人员、自然人股东持有的股票或者其他具有股权性质的证券，包括其配偶、父母、子女持有的及利用他人账户持有的股票或者其他具有股权性质的证券。

公司董事会不按照规定执行的，股东有权要求董事会在三十日内执行。公司董事会未在上述期限内执行的，股东有权为了公司的利益以自己的名义直接向人民法院提起诉讼。

公司董事会不按照规定执行的，负有责任的董事依法承担连带责任。

(3) 交易客体。

申请证券上市交易，应当符合证券交易所上市规则规定的上市条件。证券交易所上市规则规定的上市条件，应当对发行人的经营年限、财务状况、最低公开发行比例和公司治理、诚信记录等提出要求。

(4) 交易终止。

上市交易的证券，有证券交易所规定的终止上市情形的，由证券交易所按照业务规则终止其上市交易。证券交易所决定终止证券上市交易的，应当及时公告，并报国务院证券监督管理机构备案。

3．内幕信息

(1) 知情人。

证券交易内幕信息的知情人包括：①发行人及其董事、监事、高级管理人员；②持有公司百分之五以上股份的股东及其董事、监事、高级管理人员，公司的实际控制人及其董事、监事、高级管理人员；③发行人控股或者实际控制的公司及其董事、监事、高级管理人员；④由于所任公司职务或者因与公司业务往来可以获取公司有关内幕信息的人员；⑤上市公司收购人或者重大资产交易方及其控股股东、实际控制人、董事、监事和高级管理人员；⑥因职务、工作可以获取内幕信息的证券交易场所、证券公司、证券登记结算机构、证券服务机构的有关人员；⑦因职责、工作可以获取内幕信息的证券监督管理机构工作人员；⑧因法定职责对证券的发行、交易或者对上市公司及其收购、重大资产交易进行管理可以获取内幕信息的有关主管部门、监管机构的工作人员；⑨国务院证券监督管理机构规定的可以获取内幕信息的其他人员。

（2）内幕信息情形。

证券交易活动中，涉及发行人的经营、财务或者对该发行人证券的市场价格有重大影响的尚未公开的信息，为内幕信息。《中华人民共和国证券法》第八十条第二款、第八十一条第二款所列重大事件①属于内幕信息。

（3）交易限制。

证券交易内幕信息的知情人和非法获取内幕信息的人，在内幕信息公开前，不得买卖该公司的证券，或者泄露该信息，或者建议他人买卖该证券。

持有或者通过协议、其他安排与他人共同持有公司百分之五以上股份的自然人、法人、非法人组织收购上市公司的股份，《中华人民共和国证券法》另有规定的，适用其规定。

内幕交易行为给投资者造成损失的，应当依法承担赔偿责任。

4. 市场违规行为

（1）操纵证券市场行为。

禁止任何人以下列手段操纵证券市场，影响或者意图影响证券交易价格或者证券交易量：①单独或者通过合谋，集中资金优势、持股优势或者利用信息优势联合或者连续买卖；②与他人串通，以事先约定的时间、价格和方式相互进行证券交易；③在自己实际控制的账户之间进行证券交易；④不以成交为目的，频繁或者大量申报并撤销申报；⑤利用虚假或者不确定的重大信息，诱导投资者进行证券交易；⑥对证券、发行人公开作出评价、预测

---

① 《中华人民共和国证券法》第八十条第二款：前款所称重大事件包括：（一）公司的经营方针和经营范围的重大变化；（二）公司的重大投资行为，公司在一年内购买、出售重大资产超过公司资产总额百分之三十，或者公司营业用主要资产的抵押、质押、出售或者报废一次超过该资产的百分之三十；（三）公司订立重要合同、提供重大担保或者从事关联交易，可能对公司的资产、负债、权益和经营成果产生重要影响；（四）公司发生重大债务和未能清偿到期重大债务的违约情况；（五）公司发生重大亏损或者重大损失；（六）公司生产经营的外部条件发生的重大变化；（七）公司的董事、三分之一以上监事或者经理发生变动，董事长或者经理无法履行职责；（八）持有公司百分之五以上股份的股东或者实际控制人持有股份或者控制公司的情况发生较大变化，公司的实际控制人及其控制的其他企业从事与公司相同或者相似业务的情况发生较大变化；（九）公司分配股利、增资的计划，公司股权结构的重要变化，公司减资、合并、分立、解散及申请破产的决定，或者依法进入破产程序、被责令关闭；（十）涉及公司的重大诉讼、仲裁，股东大会、董事会决议被依法撤销或者宣告无效；（十一）公司涉嫌犯罪被依法立案调查，公司的控股股东、实际控制人、董事、监事、高级管理人员涉嫌犯罪被依法采取强制措施；（十二）国务院证券监督管理机构规定的其他事项。

《中华人民共和国证券法》第八十一条第二款：前款所称重大事件包括：（一）公司股权结构或者生产经营状况发生重大变化；（二）公司债券信用评级发生变化；（三）公司重大资产抵押、质押、出售、转让、报废；（四）公司发生未能清偿到期债务的情况；（五）公司新增借款或者对外提供担保超过上年末净资产的百分之二十；（六）公司放弃债权或者财产超过上年末净资产的百分之十；（七）公司发生超过上年末净资产百分之十的重大损失；（八）公司分配股利，作出减资、合并、分立、解散及申请破产的决定，或者依法进入破产程序、被责令关闭；（九）涉及公司的重大诉讼、仲裁；（十）公司涉嫌犯罪被依法立案调查，公司的控股股东、实际控制人、董事、监事、高级管理人员涉嫌犯罪被依法采取强制措施；（十一）国务院证券监督管理机构规定的其他事项。

或者投资建议,并进行反向证券交易;⑦利用在其他相关市场的活动操纵证券市场;⑧操纵证券市场的其他手段。

操纵证券市场行为给投资者造成损失的,应当依法承担赔偿责任。

(2) 编造、传播虚假信息或误导性信息。

禁止任何单位和个人编造、传播虚假信息或者误导性信息,扰乱证券市场。

禁止证券交易场所、证券公司、证券登记结算机构、证券服务机构及其从业人员,证券业协会、证券监督管理机构及其工作人员,在证券交易活动中作出虚假陈述或者信息误导。

各种传播媒介传播证券市场信息必须真实、客观,禁止误导。传播媒介及其从事证券市场信息报道的工作人员不得从事与其工作职责发生利益冲突的证券买卖。

编造、传播虚假信息或者误导性信息,扰乱证券市场,给投资者造成损失的,应当依法承担赔偿责任。

(3) 损害客户利益。

禁止证券公司及其从业人员从事下列损害客户利益的行为:①违背客户的委托为其买卖证券;②不在规定时间内向客户提供交易的确认文件;③未经客户的委托,擅自为客户买卖证券,或者假借客户的名义买卖证券;④为牟取佣金收入,诱使客户进行不必要的证券买卖;⑤其他违背客户真实意思表示,损害客户利益的行为。

违反上述规定给客户造成损失的,应当依法承担赔偿责任。

5. 上市公司收购

通过证券交易所的证券交易,投资者持有或者通过协议、其他安排与他人共同持有一个上市公司已发行的有表决权股份达到百分之五时,应当在该事实发生之日起三日内,向国务院证券监督管理机构、证券交易所作出书面报告,通知该上市公司,并予公告,在上述期限内不得再行买卖该上市公司的股票,但国务院证券监督管理机构规定的情形除外。

投资者持有或者通过协议、其他安排与他人共同持有一个上市公司已发行的有表决权股份达到百分之五后,其所持该上市公司已发行的有表决权股份比例每增加或者减少百分之五,应当依照上述规定进行报告和公告,在该事实发生之日起至公告后三日内,不得再行买卖该上市公司的股票,但国务院证券监督管理机构规定的情形除外。

投资者持有或者通过协议、其他安排与他人共同持有一个上市公司已发行的有表决权股份达到百分之五后,其所持该上市公司已发行的有表决权股份比例每增加或者减少百分之一,应当在该事实发生的次日通知该上市公司,并予公告。

违反上述规定买入上市公司有表决权的股份的,在买入后的三十六个月内,对该超过规定比例部分的股份不得行使表决权。

通过证券交易所的证券交易,投资者持有或者通过协议、其他安排与他人共同持有一个上市公司已发行的有表决权股份达到百分之三十时,继续进行收购的,应当依法向该上市公司所有股东发出收购上市公司全部或者部分股份的要约。

收购上市公司部分股份的要约应当约定，被收购公司股东承诺出售的股份数额超过预定收购的股份数额的，收购人按比例进行收购。

依照上述规定发出收购要约，收购人必须公告上市公司收购报告书，并载明下列事项：①收购人的名称、住所；②收购人关于收购的决定；③被收购的上市公司名称；④收购目的；⑤收购股份的详细名称和预定收购的股份数额；⑥收购期限、收购价格；⑦收购所需资金额及资金保证；⑧公告上市公司收购报告书时持有被收购公司股份数占该公司已发行的股份总数的比例。

收购要约约定的收购期限不得少于三十日，并不得超过六十日。

在收购要约确定的承诺期限内，收购人不得撤销其收购要约。收购人需要变更收购要约的，应当及时公告，载明具体变更事项，且不得存在下列情形：①降低收购价格；②减少预定收购股份数额；③缩短收购期限；④国务院证券监督管理机构规定的其他情形。

收购要约提出的各项收购条件，适用于被收购公司的所有股东。

上市公司发行不同种类股份的，收购人可以针对不同种类股份提出不同的收购条件。

采取要约收购方式的，收购人在收购期限内，不得卖出被收购公司的股票，也不得采取要约规定以外的形式和超出要约的条件买入被收购公司的股票。

收购期限届满，被收购公司股权分布不符合证券交易所规定的上市交易要求的，该上市公司的股票应当由证券交易所依法终止上市交易；其余仍持有被收购公司股票的股东，有权向收购人以收购要约的同等条件出售其股票，收购人应当收购。

收购行为完成后，被收购公司不再具备股份有限公司条件的，应当依法变更企业形式。

在上市公司收购中，收购人持有的被收购的上市公司的股票，在收购行为完成后的十八个月内不得转让。

（二）反洗钱的相关法律法规

证券公司[①]账户的未来交易规模不具有预判性，类似于银行账户，开户时资金可能很小，但资金交易规模随时可能放大；同时，证券公司账户资金转移的便利程度低于银行账户。因此，证券账户开户的客户身份识别要求类似于银行账户，但后期洗钱风险主要集中在非法所得的藏匿、隐藏上，洗钱风险评估与控制简单于银行账户。

1. 内部控制和风险管理

2021年4月12日审议通过、2021年8月1日起施行的《金融机构反洗钱和反恐怖融资监督管理办法》规定：

（1）金融机构应当按照规定，结合本机构经营规模以及洗钱和恐怖融资风险状况，建立健全反洗钱和反恐怖融资内部控制制度。

（2）金融机构应当在总部层面建立洗钱和恐怖融资风险自评估制度，定期或不定期评

---

① 根据《中华人民共和国反洗钱法》及相关法规，这里证券公司泛指证券公司、期货公司、基金管理公司以及其他从事基金销售业务的机构等具有证券业务的单位。

估洗钱和恐怖融资风险,经董事会或者高级管理层审定之日起10个工作日内,将自评估情况报送中国人民银行或者所在地中国人民银行分支机构。

金融机构洗钱和恐怖融资风险自评估应当与本机构经营规模和业务特征相适应,充分考虑客户、地域、业务、交易渠道等方面的风险要素类型及其变化情况,并吸收运用国家洗钱和恐怖融资风险评估报告、监管部门及自律组织的指引等。金融机构在采用新技术、开办新业务或者提供新产品、新服务前,或者其面临的洗钱或者恐怖融资风险发生显著变化时,应当进行洗钱和恐怖融资风险评估。

金融机构应当定期审查和不断优化洗钱和恐怖融资风险评估工作流程和指标体系。

(3) 金融机构应当根据本机构经营规模和已识别出的洗钱和恐怖融资风险状况,经董事会或者高级管理层批准,制定相应的风险管理政策,并根据风险状况变化和控制措施执行情况及时调整。

(4) 金融机构应当将洗钱和恐怖融资风险管理纳入本机构全面风险管理体系,覆盖各项业务活动和管理流程;针对识别的较高风险情形,应当采取强化措施,管理和降低风险;针对识别的较低风险情形,可以采取简化措施;超出金融机构风险控制能力的,不得与客户建立业务关系或者进行交易,已经建立业务关系的,应当中止交易并考虑提交可疑交易报告,必要时终止业务关系。

2. 客户身份识别

《金融机构客户身份识别和客户身份资料及交易记录保存管理办法》规定,证券公司、期货公司、基金管理公司以及其他从事基金销售业务的机构在办理以下业务时,应当识别客户身份,了解实际控制客户的自然人和交易的实际受益人,核对客户的有效身份证件或者其他身份证明文件,登记客户身份基本信息,并留存有效身份证件或者其他身份证明文件的复印件或者影印件:①资金账户开户、销户、变更,资金存取等。②开立基金账户。③代办证券账户的开户、挂失、销户或者期货客户交易编码的申请、挂失、销户。④与客户签订期货经纪合同。⑤为客户办理代理授权或者取消代理授权。⑥转托管、指定交易、撤销指定交易。⑦代办股份确认。⑧交易密码挂失。⑨修改客户身份基本信息等资料。⑩开通网上交易、电话交易等非柜面交易方式。⑪与客户签订融资融券等信用交易合同。⑫办理中国人民银行和中国证券监督管理委员会确定的其他业务。

3. 客户风险等级划分

为了提高洗钱风险识别与控制的针对性,金融机构需要根据客户的有关信息评估客户的洗钱风险等级,提高对高风险客户的关注和监测频率,在适当时机强化客户尽职调查措施、控制洗钱风险。

这一方面,《中华人民共和国反洗钱法》及相关法律主要规定了三项前后衔接的内容:一是对客户风险进行评估和等级划分;二是对客户风险进行定期调整;三是对不同风险等级的客户采用不同的控制措施。

《金融机构客户身份识别和客户身份资料及交易记录保存管理办法》第十八条规定,①金融机构应按照客户的特点或者账户的属性,并考虑地域、业务、行业、客户是否为外国政要等因素,划分风险等级;②在持续关注的基础上,适时调整风险等级;③金融机构应当根据客户或者账户的风险等级,定期审核本金融机构保存的客户基本信息,对风险等级较高客户或者账户的审核应严于对风险等级较低客户或者账户的审核。对本金融机构风险等级最高的客户或者账户,至少每半年进行一次审核。

《金融机构洗钱和恐怖融资风险评估及客户分类管理指引》规定,对于具有下列情形之一的客户,金融机构可直接将其风险等级确定为最高,而无需逐一对照上述风险要素及其子项进行评级:①客户被列入中国发布或承认的应实施反洗钱监控措施的名单;②客户为外国政要或其亲属、关系密切人;③客户实际控制人或实际受益人属前两项所述人员;④客户多次涉及可疑交易报告;⑤客户拒绝金融机构依法开展的客户尽职调查工作;⑥金融机构自定的其他可直接认定为高风险客户的标准。不具有上述情形的客户,金融机构逐一对照各项风险基本要素及其子项进行风险评估后,仍可能将其定级为高风险。

对于风险程度显著较低且预估能够有效控制其风险的客户,金融机构可自行决定不按上述风险要素及其子项评定风险,直接将其定级为低风险,但此类客户不应具有以下任何一种情形:①在同一金融机构的金融资产净值超过一定限额(原则上,自然人客户限额为20万元人民币,非自然人客户限额为50万元人民币),或寿险保单年缴保费超过1万元人民币或外币等值超过1000美元,以及非现金趸交保费超过20万元人民币或外币等值超过2万美元;②与金融机构建立或开展了代理行、信托等高风险业务关系;③客户为非居民,或者使用了境外发放的身份证件或身份证明文件;④涉及可疑交易报告;⑤由非职业性中介机构或无亲属关系的自然人代理客户与金融机构建立业务关系;⑥拒绝配合金融机构客户尽职调查工作。对于按照上述要求不能直接定级为低风险的客户,金融机构逐一对照各项风险要素及其子项进行风险评估后,仍可能将其定级为低风险。

4. 大额交易和可疑交易数据报送

(1) 大额交易。

根据《金融机构大额交易和可疑交易报告管理办法》,金融机构应当报告下列大额交易:

① 当日单笔或者累计交易人民币5万元以上(含5万元)、外币等值1万美元以上(含1万美元)的现金缴存、现金支取、现金结售汇、现钞兑换、现金汇款、现金票据解付及其他形式的现金收支;

② 非自然人客户银行账户与其他的银行账户发生当日单笔或者累计交易人民币200万元以上(含200万元)、外币等值20万美元以上(含20万美元)的款项划转;

③ 自然人客户银行账户与其他的银行账户发生当日单笔或者累计交易人民币50万元以上(含50万元)、外币等值10万美元以上(含10万美元)的境内款项划转;

④ 自然人客户银行账户与其他的银行账户发生当日单笔或者累计交易人民币20万元以上(含20万元)、外币等值1万美元以上(含1万美元)的跨境款项划转。

(2) 可疑交易。

根据《金融机构大额交易和可疑交易报告管理办法》,金融机构发现或者有合理理由怀疑客户、客户的资金或者其他资产、客户的交易或者试图进行的交易与洗钱、恐怖融资等犯罪活动相关的，不论所涉资金金额或者资产价值大小，应当提交可疑交易报告。

金融机构应当制定本机构的交易监测标准，并对其有效性负责。交易监测标准包括并不限于客户的身份、行为，交易的资金来源、金额、频率、流向、性质等存在异常的情形，并应当参考以下因素：①中国人民银行及其分支机构发布的反洗钱、反恐怖融资规定及指引、风险提示、洗钱类型分析报告和风险评估报告。②公安机关、司法机关发布的犯罪形势分析、风险提示、犯罪类型报告和工作报告。③本机构的资产规模、地域分布、业务特点、客户群体、交易特征，洗钱和恐怖融资风险评估结论。④中国人民银行及其分支机构出具的反洗钱监管意见。⑤中国人民银行要求关注的其他因素。

金融机构应当定期对交易监测标准进行评估，并根据评估结果完善交易监测标准。如发生突发情况或者应当关注的情况的，金融机构应当及时评估和完善交易监测标准。

金融机构应当对通过交易监测标准筛选出的交易进行人工分析、识别，并记录分析过程；不作为可疑交易报告的，应当记录分析排除的合理理由；确认为可疑交易的，应当在可疑交易报告理由中完整记录对客户身份特征、交易特征或行为特征的分析过程。

金融机构应当在按本机构可疑交易报告内部操作规程确认为可疑交易后，及时以电子方式提交可疑交易报告，最迟不超过5个工作日。

既属于大额交易又属于可疑交易的交易，金融机构应当分别提交大额交易报告和可疑交易报告。

可疑交易符合下列情形之一的，金融机构应当在向中国反洗钱监测分析中心提交可疑交易报告的同时，以电子形式或书面形式向所在地中国人民银行或者其分支机构报告，并配合反洗钱调查：①明显涉嫌洗钱、恐怖融资等犯罪活动的；②严重危害国家安全或者影响社会稳定的；③其他情节严重或者情况紧急的情形。

金融机构应当对下列恐怖活动组织及恐怖活动人员名单开展实时监测，有合理理由怀疑客户或者其交易对手、资金或者其他资产与名单相关的，应当在立即向中国反洗钱监测分析中心提交可疑交易报告的同时，以电子形式或书面形式向所在地中国人民银行或者其分支机构报告，并按照相关主管部门的要求依法采取措施。

① 中国政府发布的或者要求执行的恐怖活动组织及恐怖活动人员名单。
② 联合国安理会决议中所列的恐怖活动组织及恐怖活动人员名单。
③ 中国人民银行要求关注的其他涉嫌恐怖活动的组织及人员名单。

恐怖活动组织及恐怖活动人员名单调整的，金融机构应当立即开展回溯性调查，并按前款规定提交可疑交易报告。

法律、行政法规、规章对上述名单的监控另有规定的，从其规定。

二、组织体系

（一）中国证券监督管理委员会

中国证券监督管理委员会简称中国证监会，中国证监会是全国证券期货市场的主管部门，按照国务院授权履行行政管理职能，依照法律、法规对全国证券、期货业务进行集中统一监管，维护证券市场秩序，保障其合法运行。中国证监会设有发行监管部、上市公司监管部、证券基金机构监管部等内部职能部门。

根据《中华人民共和国证券法》，国务院证券监督管理机构在对证券市场实施监督管理中履行下列职责：①依法制定有关证券市场监督管理的规章、规则，并依法进行审批、核准、注册，办理备案；②依法对证券的发行、上市、交易、登记、存管、结算等行为，进行监督管理；③依法对证券发行人、证券公司、证券服务机构、证券交易场所、证券登记结算机构的证券业务活动，进行监督管理；④依法制定从事证券业务人员的行为准则，并监督实施；⑤依法监督检查证券发行、上市和交易的信息披露；⑥依法对证券业协会的自律管理活动进行指导和监督；⑦依法监测并防范、处置证券市场风险；⑧依法开展投资者教育；⑨依法对证券违法行为进行查处；⑩法律、行政法规规定的其他职责。

国务院证券监督管理机构依法履行职责，有权采取下列措施：①对证券发行人、证券公司、证券服务机构、证券交易场所、证券登记结算机构进行现场检查；②进入涉嫌违法行为发生场所调查取证；③询问当事人和与被调查事件有关的单位和个人，要求其对与被调查事件有关的事项作出说明，或者要求其按照指定的方式报送与被调查事件有关的文件和资料；④查阅、复制与被调查事件有关的财产权登记、通讯记录等文件和资料；⑤查阅、复制当事人和与被调查事件有关的单位和个人的证券交易记录、登记过户记录、财务会计资料及其他相关文件和资料，对可能被转移、隐匿或者毁损的文件和资料，可以予以封存、扣押；⑥查询当事人和与被调查事件有关的单位和个人的资金账户、证券账户、银行账户以及其他具有支付、托管、结算等功能的账户信息，可以对有关文件和资料进行复制，对有证据证明已经或者可能转移或者隐匿违法资金、证券等涉案财产或者隐匿、伪造、毁损重要证据的，经国务院证券监督管理机构主要负责人或者其授权的其他负责人批准，可以冻结或者查封，期限为六个月，因特殊原因需要延长的，每次延长期限不得超过三个月，冻结、查封期限不得超过两年；⑦在调查操纵证券市场、内幕交易等重大证券违法行为时，经国务院证券监督管理机构主要负责人或者其授权的其他负责人批准，可以限制被调查的当事人的证券买卖，但限制的期限不得超过三个月，案情复杂的，可以延长三个月。⑧通知出境入境管理机关依法阻止涉嫌违法人员、涉嫌违法单位的主管人员和其他直接责任人员出境。

为防范证券市场风险，维护市场秩序，国务院证券监督管理机构可以采取责令改正、监管谈话、出具警示函等措施。

（二）自律性组织

《中华人民共和国证券法》规定，证券业协会是证券业的自律性组织，是社会团体法人。

证券公司应当加入证券业协会。

证券业协会的权力机构为全体会员组成的会员大会。

证券业协会章程由会员大会制定，并报国务院证券监督管理机构备案。

证券业协会履行下列职责：①教育和组织会员及其从业人员遵守证券法律、行政法规，组织开展证券行业诚信建设，督促证券行业履行社会责任；②依法维护会员的合法权益，向证券监督管理机构反映会员的建议和要求；③督促会员开展投资者教育和保护活动，维护投资者合法权益；④制定和实施证券行业自律规则，监督、检查会员及其从业人员行为，对违反法律、行政法规、自律规则或者协会章程的，按照规定给予纪律处分或者实施其他自律管理措施；⑤制定证券行业业务规范，组织从业人员的业务培训；⑥组织会员就证券行业的发展、运作及有关内容进行研究，收集整理、发布证券相关信息，提供会员服务，组织行业交流，引导行业创新发展；⑦对会员之间、会员与客户之间发生的证券业务纠纷进行调解；⑧证券业协会章程规定的其他职责。

证券业协会设理事会。理事会成员依章程的规定由选举产生。

（三）证券交易所

证券交易所是为证券集中交易提供场所和设施，组织和监督证券交易，实行自律管理的法人。证券交易所的设立、变更和解散，由国务院决定。实行会员制的证券交易所设理事会、监事会。证券交易所设总经理一人，由国务院证券监督管理机构任免。

证券交易所可以自行支配的各项费用收入，应当首先用于保证其证券交易场所和设施的正常运行并逐步改善。实行会员制的证券交易所的财产积累归会员所有，其权益由会员共同享有，在其存续期间，不得将其财产积累分配给会员。

投资者应当与证券公司签订证券交易委托协议，并在证券公司开立证券交易账户，以书面、电话以及其他方式，委托该证券公司代其买卖证券。证券公司根据投资者的委托，按照证券交易规则提出交易申报，参与证券交易所场内的集中交易，并根据成交结果承担相应的清算交收责任；证券登记结算机构根据成交结果，按照清算交收规则，与证券公司进行证券和资金的清算交收，并为证券公司客户办理证券的登记过户手续。

证券交易所应当从其收取的交易费用和会员费、席位费中提取一定比例的金额设立风险基金。风险基金由证券交易所理事会管理。风险基金提取的具体比例和使用办法，由国务院证券监督管理机构会同国务院财政部门规定。

（四）证券登记结算机构

证券登记结算机构为证券交易提供集中登记、存管与结算服务，不以营利为目的，依法登记，取得法人资格。

设立证券登记结算机构必须经国务院证券监督管理机构批准。

设立证券登记结算机构，应当具备下列条件：①自有资金不少于人民币二亿元；②具有证券登记、存管和结算服务所必须的场所和设施；③国务院证券监督管理机构规定的其他条件。

证券登记结算机构的名称中应当标明证券登记结算字样。

证券登记结算机构履行下列职能：①证券账户、结算账户的设立；②证券的存管和过户；③证券持有人名册登记；④证券交易的清算和交收；⑤受发行人的委托派发证券权益；⑥办理与上述业务有关的查询、信息服务；⑦国务院证券监督管理机构批准的其他业务。

（五）证券服务机构

从事证券投资咨询服务业务，必须经国务院证券监督管理机构核准；未经核准，不得为证券的交易及相关活动提供服务。从事其他证券服务业务，应当报国务院证券监督管理机构和国务院有关主管部门备案。

证券投资咨询机构及其从业人员从事证券服务业务不得有下列行为：①代理委托人从事证券投资；②与委托人约定分享证券投资收益或者分担证券投资损失；③买卖本证券投资咨询机构提供服务的证券；④法律、行政法规禁止的其他行为。有所列行为之一，给投资者造成损失的，应当依法承担赔偿责任。

从事证券服务业务的投资咨询机构和资信评级机构，应当按照规定的标准或者收费办法收取服务费用。

证券服务机构为证券的发行、上市、交易等证券业务活动制作、出具审计报告及其他鉴证报告、资产评估报告、财务顾问报告、资信评级报告或者法律意见书等文件，应当勤勉尽责，对所依据的文件资料内容的真实性、准确性、完整性进行核查和验证。其制作、出具的文件有虚假记载、误导性陈述或者重大遗漏，给他人造成损失的，应当与委托人承担连带赔偿责任，但是能够证明自己没有过错的除外。

第十八章习题

参 考 文 献

爱德华兹, 迈吉, 巴塞蒂, 2008. 股市趋势技术分析: 原书第9版[M]. 郑学勤, 朱玉辰, 译. 北京: 机械工业出版社.

博迪, 凯恩, 马科斯, 2016. 投资学精要: 第9版[M]. 胡波, 王鳌然, 纪晨, 译. 北京: 中国人民大学出版社.

黄达, 2003. 金融学[M]. 北京: 中国人民大学出版社.

罗斯, 威斯特菲尔德, 杰富, 2012. 公司理财: 原书第9版[M]. 吴世农, 沈艺峰, 王志强, 等译. 北京: 机械工业出版社.

米什金, 2019. 货币金融学: 第十一版: 英文[M]. 北京: 中国人民大学出版社.

米什金, 2021. 货币金融学: 第十二版[M]. 王芳, 译. 北京: 中国人民大学出版社.

苗文龙, 2018. 中国金融周期与宏观经济政策效应[M]. 北京: 中国社会科学出版社.

苗文龙, 等, 2017. 洗钱风险管理导论[M]. 北京: 经济科学出版社.

徐忠, 邹传伟, 2020. 金融科技: 前沿与趋势[M]. 北京: 中信出版社.

易纲, 2020. 建设现代中央银行制度: 深入学习贯彻党的十九届五中全会精神[N]. 人民日报, 2020-12-24(09).

张亦春, 1999. 金融市场学[M]. 北京: 高等教育出版社.

张亦春, 郑振龙, 林海, 2020. 金融市场学[M]. 6版. 北京: 高等教育出版社.

中国注册会计师协会, 2020. 财务成本管理[M]. 北京: 中国财政经济出版社.

AKINCI O, OLMSTEAD-RUMSEY J, 2018. How effective are macroprudential policies? An empirical investigation[J]. Journal of financial intermediation, 33: 33-57.

CHEN N F, ROLL R, ROSS S A, 1986. Economic forces and the stock market[J]. The journal of business, 59 (3): 383-403.

CLAESSENS S, GHOSH S R, MIHET R, 2013. Macro-prudential policies to mitigate financial system vulnerabilities[J]. Journal of international money and finance, 39: 153-185.

CLEMENT P, 2010. The term "macroprudential": origins and evolution[J]. BIS quarterly review, 2010(1): 59-67.

FAMA E F, FRENCH K R, 1993. Common risk factors in the returns on stocks and bonds[J]. Journal of financial economics, 33 (1): 3-56.

Financial Stability Board, International Monetary Fund, Bank for International Settlements, 2011. Macroprudential policy tools and frameworks: progress report to G20[R/OL]. (10-27)[2023-10-09]. https://www.imf.org/external/np/g20/pdf/102711.pdf.

International Monetary Fund, 2018. The IMF's annual macroprudential policy survey: objectives, design, and country responses[R/OL]. (04-30)[2023-10-10]. https://www.imf.org/en/Publications/Policy-Papers/Issues/2018/04/30/pp043018-imf-annual-macroprudential-policy-survey.

International Monetary Fund, Financial Stability Board, Bank for International Settlements, 2016. IMF-FSB-BIS: elements of effective macroprudential policies[R/OL]. (08-31) [2023-10-10]. https://www.imf.org/external/np/g20/pdf/2016/083116.pdf.

KANDEL S, STAMBAUGH R F, 1995. Portfolio inefficiency and the cross-section of expected returns[J]. The journal of finance, 50 (1): 157-184.

KRISHNAMURTI D, LEE Y C, 2014. Macroprudential policy framework: a practice guide[M]. Washington DC: The world bank.

ROELSE H V, MACAULAY F R, MITCHELL W, 1938. Some theoretical problems suggested by the movements of interest rates, bond yields and stock prices in the United States since 1856[J]. Journal of the royal statistical society, 101(3):620-623.

ROLL R, ROSS S A, 1994. On the cross-sectional relation between expected returns and betas[J]. The journal of finance, 49 (1): 101-121.